民间信仰与客家社会

陈弦章 著

九州出版社 JIUZHOUPRESS | 全国百佳图书出版单位

图书在版编目（CIP）数据

民间信仰与客家社会 / 陈弦章著. -- 北京 : 九州
出版社，2018.11

　　ISBN 978-7-5108-7586-1

　　Ⅰ．①民… Ⅱ．①陈… Ⅲ．①客家－信仰－民间文化
－研究－中国②客家－风俗习惯－研究－中国 Ⅳ.
①B933②K892.311

中国版本图书馆CIP数据核字(2018)第246931号

民间信仰与客家社会

作　　者	陈弦章 著
出版发行	九州出版社
地　　址	北京市西城区阜外大街甲 35 号 （100037）
发行电话	(010)68992190/3/5/6
网　　址	www.jiuzhoupress.com
电子信箱	jiuzhou@jiuzhoupress.com
印　　刷	北京九州迅驰文化传媒有限公司
开　　本	787 毫米×1092 毫米　16 开
印　　张	17.5
字　　数	310 千字
版　　次	2018 年 11 月第 1 版
印　　次	2018 年 11 月第 1 次印刷
书　　号	ISBN 978-7-5108-7586-1
定　　价	78.00 元

　　陈弦章，1963 年生，闽西永定人，文学硕士。现任龙岩学院师范教育学院教授、院长，兼任闽台客家研究院院长、龙岩市闽西客家联谊会副会长，曾任龙岩学院文学与传媒学院院长、图书馆馆长。致力于中国文学、客家文化、语文教育、文化传播等方向的教学与研究，承担和主持过多项教育部和省级科研课题，出版专著《歌唱：生命的律动》《语文教育文化论》《闽西客家民间信仰与风俗研究》，合作出版《美育教程》《客家文化概论》等，并在学术期刊上发表论文六十余篇，在《光明日报》《闽西日报》等报刊上发表文艺评论、散文、诗歌等数十篇。

连城北团镇石丰村栌槌石

连城将军山顶八仙庙

连城赖源南天山上寺庙

连城林坊客家人祭祖

连城客家艾叶粄

连城芷溪正月灯会

连城冠豸山家族书院

连城培田文武庙

连城中国四堡雕版印刷展览馆

清流大丰山

上杭双髻山寺庙

上杭双髻山顶土地坛

上杭马头山供奉本地至道生佛

武平梁野山顶古母石

永定第二峰仙洞山九鲤仙师

永定高陂客家大年三十祭天地

永定高陂睦邻村福梓村大年三十祭公王

永定高陂客家正月家庭祭墓

永定东华山胜景

永定湖坑奥杳村"做大福"

永定湖坑镇"做大福"

永定高陂镇西陂村天后宫

永定陈东修路时幸免的榕树

永定坎市镇卢氏"打新婚"

永定坎市镇青坑廖氏宗祠

永定王寿山寺庙

永定客家人过大年杀年猪祭祀仪式

长汀汀江龙门胜景

长汀童坊广福院

序

自 20 世纪 80 年代始，中国大陆改革开放以后宽松的社会环境，使得海内外的经济文化交流越来越频繁。海外客家研究热潮的影响所及，中国大陆掀起了新一轮的客家研究热，同时更激发了海外华人的寻根意识，兴起了新一轮的寻根热。海外客家人寻根觅祖的归属欲望，中国大陆客家人谋求发展的经济诉求，两者的结合，使得世界客家人的联谊活动达到了前所未有的高潮。作为客家祖地的闽西，迅速加入了这一热潮。尤其是当时的龙岩师专，及时成立了胡文虎研究室，从客家杰出人物个案研究入手，切入客家文化研究，此后又成立客家文化研究所。龙岩师专升格为龙岩学院后，成立了闽台客家研究院。近年来，研究院在陈弦章教授执掌下，又取得了一系列新的成果，成为海内外研究客家文化的一个重镇。

客家是汉民族的一个"民系"。"民系"概念最早由客家研究的奠基人罗香林先生提出，即指某一民族下的支系，如汉族内部就包括很多个支系，仅福建而言，就有客家民系、闽南民系等；而广东省，除客家民系外，还有广府民系和潮汕民系。"民系"概念一直为学术界所沿用。作为民族的分支，它与"民族"一样，是一个文化概念，是社会科学和行为科学研究的对象。

客家是中原汉民南迁形成的一个分支。由于战乱与天灾，他们举族迁徙，历经艰辛，辗转来到闽粤赣边的广袤山区，与原住民相互交流，融合成为一个吃苦耐劳、团结进取的特殊族群。客家在闽粤赣边形成后，又向海内外播迁，尤其是明清时期的"湖广填四川""下南洋"两次移民潮，使客家人遍布各地，繁衍甚众，迄今已分布于七十多个国家和地区。客家民系是汉民族中的优秀支系。客家人吃苦耐劳、艰苦奋斗、勇于拼搏、勇于开拓、不断进取，富有强烈的民族意识和爱国心，有着深厚的溯本思源、崇宗敬祖情怀。客家文化是中华民族优秀文化的重要组成部分。

随着客家研究的深入，客家研究的资料和观点越来越丰富，成果越来越多，特别是在客家源流、客家民俗、客家方言、客家风情和客家的迁移史、人口分布等方面，众彩纷呈，百花齐放，论著颇丰。

　　客家民间信仰与民俗体系繁杂而庞大，各类活动丰富多彩。2018 年春节前后，著名礼制学者、清华大学教授彭林先生到闽西采风，即被闽西客家丰富的民俗活动深深地震撼，矢口称赞，认为闽西客家的民间信仰与民俗保存了大量的古代礼俗的遗存。这的确是一份非常丰富的文化遗产。其实，对这份文化遗产，弦章已经留意多年，并搜集掌握了大量第一手来自客家民间的材料。如今，弦章的大作已完成。弦章的书中用十一章的篇幅，把客家民间各种信仰几乎搜集殆尽，对各种信仰的起源、表现形态，以及由此所形成的民间风俗，都有详尽的描述。他通过深入的田野调查，掌握生动的来自民间的具体事象，又在写作中融入了自身亲历而得的感悟，让我们全方位地了解客家民间信仰与民俗，亲切而自然。从中我们了解到，客家民间信仰与民俗的特点就是泛神泛灵、随意随性、包容混杂，形成了包含天地崇拜、自然物崇拜、祖先崇拜、圣贤崇拜、鬼神崇拜、巫术信仰、生活禁忌等的大杂烩式的民间信仰体系。这些民间信仰既有中原民俗和信仰的遗痕，又有客家人定居南方以后吸收南方其他民系民俗而形成的新鲜气息。它们构成了客家文化的绚烂图景。

　　弦章生于闽西永定，标准的客家之子。生于斯，长于斯，弦章对客家祖地充满着感情。又因任职龙岩学院，出于对客家文化的热爱，多年来他致力于客家文化的研究，著论颇多。他还特别重视民间优秀传统文化的教化作用，2002 年就立项福建省《民系文化与语文教育》课题，把地域文化融入学校教育，选取了闽西多所学校开展客家文化、闽南支系文化进中小学课堂的教学改革。他认为"民系文化以其丰富的社会内容，浓厚的感情色彩，深沉的乡土情怀，最能影响正在成长的莘莘学子"。足见其对优秀民系文化挖掘利用的良苦用心。弦章引领的基础教育融入地方民系文化的改革实验，取得很大成绩，影响了闽西许多中小学的教育教学改革。

　　我与弦章有师生之谊。1979 年，他就读龙岩师专中文系，我担任他的古典文学课教师；2003 年，他到福建师范大学攻读古代文学硕士学位，我又一次担任他的导师，可谓有很深的缘分。龙岩学院成立时，我受聘为客座教授，他则在文学与传媒学院任教，渊源又深一层。今遵嘱写序，欣然命笔，写下如上一些感受。

　　谨以为序。

郭丹

2018 年 8 月 25 日

目　录

导　论

　　民间信仰是民俗的重要组成部分，是民众精神生活的一种表现形式。中国民间信仰源远流长，中国历史文献典籍中关于民间信仰及民俗的记载浩如烟海，经过五千年的演进，民间信仰形成了纷繁复杂而又庞大的文化体系，成为中华传统文化的重要组成部分。"宗教事象（广义的，其中包括民间俗信）是一定人群社会生活的产物，是在人们心理活动规律上有一定根据的思想反映。"[①] 民间信仰问题从 20 世纪初开始引起学术界的关注，并提出了许多观点。著名学者乌丙安认为，民间信仰是指普通民众的宗教观念、行为实践与宗教仪式。有学者又把民俗分为心理的民俗、行动的民俗、语言的民俗，认为"心理的民俗，是以信仰为核心，包括各种禁忌在内的反映在心理上的习俗。它更多地表现为心理活动和信念上的传承"[②]。

一、客家民间信仰的形成及规模

　　严格来讲，民间信仰与宗教是两个完全不同的概念。宗教是一种具有完整理论体系的特殊的社会意识形态，而民间信仰则是一种在特定社会经济文化背景下产生的以鬼神信仰和崇拜为核心的民间文化现象。然而，在现实生活中，民间信仰和宗教之间存在很多关联。有研究表明，民间信仰的认识来源，主要是历史遗留的原始宗教，其次是已经消亡的传统宗教的历史残骸，或者传统宗教在民间社会的变异形态。因此，民间信仰在心理根源上和宗教如出一辙，它关注普通民众，特别是弱势群体的需求和呼声，给人们精神支持。

　　我国民间信仰可以上溯到原始社会，源于最古老的"有灵崇拜"和对未知世界

---

① 钟敬文：《〈中国符咒文化大观〉序言》，刘晓明《中国符咒文化大观》，百花洲文艺出版社，1999，第 1 页。

② 张紫晨：《民俗学讲演集·中国民俗概说》，书目文献出版社，1986，第 226 页。

的敬畏，对大自然、祖先、伟人的感恩，等等。客家民间信仰深受中华传统文化的影响，且与客家地区的自然和人文状况密切相关。从现有客家民间供奉的神灵看，其民间信仰主要有三种来源：

一是由中原带来，与中原汉族的民间信仰相同。如受传统儒家思想的影响产生的孔子崇拜、关帝崇拜、圣贤崇拜、祖宗崇拜等，还有对佛教、道教的各种神祇和各行各业的祖师神的信仰和崇拜。

二是因客家的生产生活环境，产生新的民间信仰。如定光古佛信仰诞生在闽西客家，梅溪公王信仰诞生在梅州客家，等等。这些新的信仰定型后，又随着移民的脚步走向远方。明清时期客家人移居、开拓台湾，"汀州人迁台后，仍念念不忘定光公的洪恩。台北一带的汀州人聚落，如淡水阿里薯沿岸，家户均供定光佛。'乾隆二十六年（公元 1761 年），永定士民鸠金公建彰化的定光庙，道光十年贡生吕彰定等捐修。'淡水也建有定光寺。淡水的定光寺又称鄞山寺，位于淡水镇淡水街芊攀林字庄，为汀州移民罗可斌、罗可章首倡，汀州八县移民共同捐资修建。道光三年（公元 1823 年），汀州移民分香迎定光佛到淡水镇鄞山寺。定光佛在台湾的'落户'，遂了汀州移民多年的心愿"①。后来汀州移民逐渐向台中发展，定光佛信仰也随之传播到台湾中部地区。

三是受闽越族"好巫尚鬼"传统和周边民系的影响，融合吸收他们的民间信仰。如妈祖信仰，闽南保生大帝传入客家地区，开漳圣王传入永定与南靖交界的奥杳等。

当代客家地区民间信仰神灵繁杂，多达千余种，根基深厚，其规模和影响远远超过传统宗教。2002 年福建省政协的调研报告指出，"根据九市政协调研材料统计全省形成规模（建筑面积在 10 平方以上至几百上千平方不等）的民间信仰活动场所 25102 座。福州市有 3000 座（根据 2001 年统计的数据）；泉州有近万座民间信仰活动场所，较成规模的有 4002 座；厦门市有 1524 座；漳州市有 2363 座；莆田市有 3000 座左右（其中'三一教'祠堂 1285 座）；南平市有 750 座；三明市有 522 座；龙岩市有 609 座；宁德市有 3343 座。当然，还有数以万计散布在各村落的极小的土地庙和神龛等不在统计之列"。2002 年福建省民宗厅的调研报告则指出："在全省范围内，几乎村村皆有庙，无庙不成村。据不完全统计，全省共有34028 座上规模的民间信仰宫庙。""宫庙的规模相差悬殊，大者建筑面积可达几百

---

① 高峻、俞如先：《清代福建汀州人入台垦殖及文化展拓》，《福建师范大学学报（哲学社会科学版）》1994 年第 1 期。

平方甚至几千平方米；小者仅为两三平方米。"①

民间信仰深刻而广泛地影响着客家社会。

二、客家民间信仰的特点

关于中国民间信仰的特性，乌丙安认为是多样性、多功利性和多神秘性。② 林国平则总结为自发性、功利性、任意性、庞杂性、融合性、区域性、民俗性、民族性、草根性和顽强性等十个特点。③

客家民间信仰的特点主要表现为以下几点。

1. 杂糅性

中国民间信仰带有泛宗教性，不同宗教的混杂是中国民间信仰的基本特征之一。客家民间信仰也不例外。由于不同宗教混杂，宗教仪式同生活习俗活动混杂，宗教文化与非宗教文化混杂，客家形成了泛神泛灵崇拜。故有学者提出不以"什么教"对其进行分类，而是直接用"民间信仰"或"民间宗教"称之，甚至有人称其为"民间俗信"。客家民间信仰中保留了不少原始宗教的内容。原始宗教以灵魂不死、万物有灵、图腾崇拜、祖先崇拜、圣贤崇拜、风水堪舆、神迹膜拜（包括汉字）、生活禁忌为主要内容。丰富多彩的传统民俗事象，体现了客家人独特的人生哲学、信仰心理和价值取向。尤其是众多生活习俗中表现出来的泛神泛灵崇拜意识，体现了客家人对生命、对自然的敬畏之情。

中国人的宗教情结并不强烈，不像世界其他地方，信仰某一宗教之后排斥其他宗教，中国人始终维持着多神信仰。故有人说中国人没有信仰，因为什么神都信，等同于无。在客家民间，一般人天、地、君、亲、师都拜，佛、道、儒都信，而且三教合一，混杂糅合，不易区分。在普通百姓心目中，儒释道与民间信仰交融为一体。这种混杂糅合既体现在一座寺庙里，儒、佛、道三教神灵并列，混杂摆供，常常出现"神佛杂陈、释道莫辨"的状况；也体现在一个神灵集儒教信仰、佛教信仰和道教信仰于一身，最典型的是关帝崇拜。

2. 区域性

任何一种文化形态，都是在特定的社会历史条件和自然环境下形成的。中国传

---

① 参见习五一：《简论当代福建地区的民间信仰》，《世界宗教研究》2008 年第 2 期。
② 乌丙安：《中国民间信仰》，上海人民出版社，1996，第 5 ～ 12 页。
③ 林国平：《关于中国民间信仰研究的几个问题》，《民俗研究》2007 年第 1 期。

统文化背景下的民间信仰有自己的特点，既有共性，也有个性。人们分属不同民族，而汉族又有不同的民系，生活于不同区域，形成了各区域独特的民间信仰。

受特殊居住环境和迁徙经历的影响，闽西客家民间信仰除了有汉族民间信仰的共同特征外，还有其明显的区域民系特色，以及受周边民系及迁入地南方百越族影响的成分，这充分显示出客家人适应生存环境的能力和智慧。闽粤赣边是客家民系形成区域，闽西是客家祖地。本书所指闽西为古汀州府概念，下辖长汀、上杭、武平、永定、连城、清流、宁化、归化（今明溪）八县。闽西客家人传承了中原汉族的儒佛道信仰、土地崇拜、关公崇拜等，也创造了定光佛崇拜、文丞相崇拜、珨瑚公王崇拜及许多其他富有地方色彩的信仰，而且随着"湖广填四川""下南洋""过台湾"的移民热潮，这些信仰也传播到海内外，成为联系海内外客家人的文化事象。

尤其是地方保护神方面，地域性更加突出。以移居台湾民众为例，一般而言，各籍移民都祀奉祖籍地的乡土神：闽南漳州移民供奉保生大帝，莆仙移民供奉天后妈祖，汀州客家移民供奉定光古佛，等等。台湾民众特别看重从祖籍传来的神灵，称之为"桑梓神"，还会定期捧神像回大陆祖庙进香谒祖，即使因故无法成行，也要举行仪式，面西遥祭。民间信仰切实寄托着台湾同胞对故土的深深眷恋之情，成为维系两岸一家的重要桥梁和纽带。

即使是同一种神灵，也因地域文化的差异，在寺庙建筑风格、称谓、祭祀仪式、祭祀时间等方面有所区别。以谢安崇拜为例，闽南漳州、闽西新罗适中就与客家永定陈东有很大区别。从称谓看，漳州称"广惠圣王"，新罗适中称"正顺圣王"，而客家永定称"玉封公王"，闽南称"王爷""圣王"，客家称"公王"；从寺庙建筑看，适中供奉谢安的为"白云堂"，客家陈东则是"广圣庙"，建筑风格不同；从祭祀时间上看，适中的"盂兰盆会"选择在"十月半"进行，永定陈东则是在"四月八"浴佛节进行；从祭祀仪式看，两者都是巡游，适中的谢安崇拜更多是纪念谢安的战功，体现家族的荣耀，所以设计五彩缤纷的"新安行台"（彩坊）以象征"淝水之战"中谢家军的辕门，而陈东的谢安崇拜更多体现报恩理念，更多祝福仪式。

3. 功利性

人类之所以崇拜神灵，很大程度上是因为人们相信神灵具有超自然的神力来满足他们的现实需求，尽管事实上罕能如愿，但人们对神灵深信不疑，甚至将许多好事归功于神灵的保佑。

人类在强大的自然力和统治力量的压迫下，恐惧无奈，感受到自身的力量渺小，难以和这些力量抗衡，因而制造神灵，赋予神灵超自然的力量，幻想依靠这种超自然力量来摆脱困境，消除恐惧，实现自己的某些愿望和目的。

神灵的设立都是有目的的，功能也有针对性。客家人一般居住在山区，耕地少，山林多，有"八山一水一分田"之说。出于对大山赐予的感激以及对大山高深莫测的畏惧，老百姓普遍信仰山神，遍地都是"山伯公"的祭坛。人们上山耕作、采摘、砍伐，都要拜山伯公，祈求保佑平安并有收获。山区猛兽多，他们就塑造出"打虎公王"，祈求他能征服猛兽保平安。又因田地少、生存困难，他们塑造"田伯公"保佑五谷丰登。山区多水患，他们就祈求定光古佛保佑以征服水患，长汀现存"定光陂"。

客家民间所奉祀的神灵，都有一定的职能分工，满足民众日常生产和生活的需要，具体职能则有祈福消灾、御盗弥寇、镇妖降魔、驱邪避秽、治病除殃、赐子来财，以及保佑升官高中、风调雨顺、五谷丰登、平安幸福等。

除了一些行业神之外，客家人所奉祀的神灵的职能极少是单一的，也不是固定不变的。神灵的职能可能会随着时间的推移而变化，随着封号的增加而扩展。如定光古佛，从最初的镇妖降魔、御盗弥寇、治水消灾的职能开始，后来逐渐增加了赐送子嗣、保佑升官发财等职能。

人们按照自己的需要塑造神灵、选择神灵，又以实用主义的心态来奉祀神灵。客家民间信仰相对带有较强的功利主义色彩，有"无病不去看菩萨，有病便去乱求神"的说法。人们不分佛道儒，凡称菩萨、公王、仙师、神仙、伯公者，都是神通广大、威力无边之超人，都是人间的主宰和救世主，都能保佑自己和家人吉祥平安、祛病消灾、纳福招财。

"头上三尺有神明"是民间信仰者的信条，多数信众"逢庙必拜，遇神烧香"。他们的信仰与崇拜活动很少有宗教色彩而多是出于生活实际的目的，如果需要，什么神都可以拜。因此，"有灵必求""有求必应""有应必酬"是客家民间信仰者的普遍心态。

4. 家族性

从目前看，客家人的家族观念在汉民族几大民系中是最强烈的。他们聚族而居，一个村落往往就是一个单一的家族，村落周围的神灵都是同一村落族人塑造的，寺庙也是族人集资兴建的。故而，他们所奉祀的神灵大都深深打上了宗族的烙印，成为家族的保护神。

客家人为了家族的兴旺建立文庙、文昌阁、关帝庙、定光寺，以及各种公王庙坛，家族特点明显，如永定高陂镇西陂天后宫归属林姓家族，北山关帝庙为张姓家族所建，陈东乡"玉封公王"谢安崇拜与卢姓家族相关，等等。甚至不少地方的建庙者会把自己家族的祖先牌位摆入庙中，以此体现寺庙族有的性质。"祖先崇拜来源于血缘家族制度的世俗亲情。对祖先亡灵的崇拜，使普通民众与祖先精神之间的交往，成为中国民众的宗教意识。"①

从活动仪式看，客家民间信仰活动体现出现较强的家族色彩，即使是大区域共同祭祀的神灵，祭拜活动一般也由家族出面组织，各姓家族轮流主持。

可以说，客家民间信仰具有鲜明的地域性和浓重的宗族性，其核心是祖先崇拜和圣贤崇拜，体现了中国传统文化世俗性的一面。

5. 纪念性

从精神方面看，中国自古就是礼仪之邦，讲究崇德报功，饮水思源，只要有人为民众作出了卓越贡献，具有高尚的道德情操与高超的才艺，社会和民众就会由衷地尊崇他、纪念他。客家民间信仰尽管有很强的功利性，但也带有纪念性。或者说，有些神灵在开始塑造时就只是为了纪念。如在汀州府志及古汀州府属八县志中都有"崇圣祠""名宦祠""乡贤祠""忠义孝弟祠""节孝祠"等的记载，它们供奉的是当地立德、立功、立言"三不朽"的圣贤人物。他们的思想、操守、业绩，是我们宝贵的精神财富。如永定陈东"四月八"大型民俗活动是为纪念历史人物谢安的。谢安对陈东卢姓之人有不杀之恩，故陈东民众建庙奉祀，尊称他为"玉封公王"，这体现客家人或者说中华民族知恩图报的优秀传统。

三、客家民间信仰的组织与活动形式

客家民间信仰既有中原文化的传承，又有迁居地的创新，又因客家地域广阔，分布广泛，故而民间信仰对象种类繁多，活动也就纷繁复杂，组织形式多样。从时间上看，有融于年节习俗中的，如永定高陂在大年三十祭祀公王；有初一十五拜菩萨的。还有春季祈福、秋季报恩之说，如福建武平县的"保苗醮"，"秧长将熟，敛钱迎神斋醮，或用男巫婆婆吹笛舞，谓之保禾苗。盖本邑以农为本，城乡五月后，

---

① 习五一：《简论当代福建地区的民间信仰》，《世界宗教研究》2008 年第 2 期。

皆有此举"^①。又如长汀的"尝新"习俗，把最新收割的稻米煮熟后敬奉神灵，以及永定湖坑"做大福"等，皆属感谢神灵之举。

客家民间信仰的组织形式更是多种多样。相同区域不同姓氏民众的联合狂欢。如连城、长汀两县交界的十三个村落（古称"河源十三坊"）共同敬奉玢瑚侯王的活动、永定湖坑"做大福"、连城吕溪花灯盛会等。这些民间信仰有相同的起因和共同的祝福意愿，具有协调族群关系、维持社区稳定的社会功能，有利于人们应对各种自然或社会的挑战，保证族群的生存发展。活动往往按姓氏轮流举办，大家共同参与。

不同区域同姓的活动。主要是祭祀祖宗的活动，许多分支出去的族人，不远万里在约定的时间回归始祖地寻根谒祖。如梅县松源王姓一世祖为念四郎公，是从福建武平迁到松源圆岭的径口开基，然后在松源各地繁衍发展的。他们形成了一个定规，宗族不仅每年要到福建武平去祭祀扫墓，而且在宗族内按照房份分摊在武平设立尝田的费用，以此确保到武平祭祖这一重大典礼不会荒废，这充分体现族人"慎终追远"的报本思想观念。^②又如上杭李氏大宗祠，坐落在上杭稔田乡官田村河谷盆地，始建于清道光十六年（1836年），是为纪念其入闽始祖李火德而建筑的。李火德入闽至今已八百余年，其后裔遍布福建、广东、江西、台湾等地，以及新加坡、菲律宾、印尼、美国、英国等国家。李火德后裔名人辈出，有清代名臣李光地、新加坡前总理李光耀、香港商界名人李嘉诚等。据李氏大宗祠管委会的不完全统计，近年来，海内外火德后裔前来宗祠寻根谒祖、旅游观光者络绎不绝，达近百万人次。最典型的是，李氏族人预先设计好祠堂背，有一排围屋与前房相衔接，左右共有房间40间，专门供各地宗亲祭拜歇息，在门联上做出标注。李氏大宗祠正面牌坊式楼门上刻着"恩荣"两字，两边对联是："丞相将军府；忠臣孝子门"。

同一区域同姓的活动。主要是家族祭祀，如坎市"打新婚"、连城"游大粽"等。

此外还有小家庭敬神祭祖的祭祀活动以及个体的活动，如敬神、拜神、讲究禁忌规矩，等等，都是最多最常见的日常的信仰活动。

集体组织的民间信仰活动有一整套完整的模式，大多以理事会的形式开展活

---

① 民国《武平县志》卷十九《礼俗志》，福建省武平县志编纂委员会1986年整理本，第416～417页。

② 宋德剑：《民间信仰、客家族群与地域社会——粤东梅州地区的重点研究》，暨南大学出版社，2015，第41页。

动。组织者一般称"福首""理事"等。新时期，随着政府、旅游部门的介入和时代的发展，组织形式和手段就更加多样化了，如利用微信捐助、通告、宣传等。

四、客家民间信仰的意义

客家的民间信仰是一种复杂的社会现象，特殊的文化现象。它蕴含着丰富的内涵，有着深刻的思想、道德、伦理等价值，涉及政治、经济、宗教、历史、文学、艺术学、社会学、民俗学、人类学等多个学科领域。

早期，在中国的语境中，民间信仰成为封建迷信的代名词，人们都以批判的视角来看待它，甚至认为这些下层民众的迷信是愚昧可笑的，是国家民族贫穷落后的根源。20世纪80年代以后，随着传统文化研究的兴起，民间信仰领域的研究也如火如荼，产生了一大批研究成果。

人们在研究中重新发现民间信仰的历史作用和社会价值。信仰是一个民族的灵魂。民间信仰，以其神秘的色彩，独特的形式，深远而广泛的影响力以及跨越时空的历史穿透力，代代相传，是保存民族（民系）特征，延续民族（民系）意识的重要民俗事象，已成为一种传统文化而不断发展，沿袭至今。

1. 精神支柱，教化民众

客家人的信仰活动，可以用一个词概括——敬神，其主要目的是祈福。尽管表现形式不同，具体内容各异，这些信仰的核心就是对因果报应的信仰，善有善报、恶有恶报。老百姓因此有基本的敬畏，以此约束自己的行为，引导大众的行为。所以有学者称客家人的信仰活动更多的是对社区内的生活伙伴与先辈的模仿，是一种习惯性的、内化于其生活中的行为，不一定都有强烈的功利色彩。

各种民间信仰活动的最终落脚点就在让人相信"善有善报，恶有恶报"。这些民俗活动许多是以传统儒家思想为内核，杂糅了道家、佛家的元素，通过佛教、道教中的因果、福报、成仙等话语，来传递传统的儒家价值观。民间信仰宣扬的伦理道德和日常倡导的伦理道德是一致的。民间信仰中的造神运动，延续了传统文化中"祖有功、宗有德"的精神，将历史上"立德、立言、立功"的文化英雄神化为超自然、超人间的神明并加以崇拜，如孔子、关公、妈祖、谢安、王审知等，民间信仰同时还会利用人们对神鬼的恐惧来规劝民众遵循相应伦理道德观念。

这些神化人物所代表的精神和人格含有许多精深的人生哲理与价值观念，已经超越了时空的界限而变得永恒，对普通信众会产生较强的引导和感化作用。因而古代的统治阶层的士大夫也认为民间信仰有助于传导儒家的伦理价值观。《汀州府志》："汀俗尚鬼信巫，土木而衣冠者，比比皆是。主持风教之君子，不禁之，且纪之，岂不扬起波乎？夫祸福者，圣贤之所以定命，而庸众人之所以生其喜惧者也。今巫祝假神之言曰：'尔惟忠孝善则福汝，不则殃及之。'是非神道设教之微意乎！《周礼》曰：'以祀教民，则莫不敬。'然则典制之外，丛祠古庙，苟非淫黩之甚者，亦可以无恶矣。"①《长汀县志》亦云："夫不明圣学之渊源，不足功三藏之窟穴，习贝叶之章句，又岂窥上乘之法门。就其清净报应之说，广布施行，有识以之寡欲，无知以之惧祸，朝夕祈祷，有所敬畏，亦圣人神道设教之一助也。"②

人们在造神运动中，不断举例，强化其法力，突出神的法力无边，以此强化故事中因果报应的色彩，吸引民众并使之信服。当然，我们具体分析法力显化的传说事例后发现，因地域生存环境、民系文化特性的不同，法力显化的着力点也有不同。

正因为如此，民间信仰成为民众重要的精神支柱。人们相信，只要虔诚敬奉，家中的神灵、身上携带的神像或圣物就会保佑他们。这样，人们在进行某项事业或某件事情时，就会勇往向前，有了战胜困难的勇气和信念。如妈祖信仰，古代渔民、商人、文化交流使者等，常年在江河、海洋里航行，随时有生命危险。自有妈祖的神话后，人们认为妈祖有超自然能力，关键时候会化作红衣女子出现在桅杆上镇涛压浪、化险为夷、救苦救难。所以人们有了精神支柱，就勇敢地在大江大海上航行，开拓事业。明朝郑和七下西洋，会将妈祖神像供奉在船上，并到出发港口和途中停泊港口的妈祖庙进香，对妈祖的信仰虔诚之至！妈祖信仰是郑和漫长航程中战胜艰难险阻的精神支柱。明清时期，我国经常派使者册封琉球等友好国家，妈祖也是册封使们战胜惊涛骇浪的精神支柱。③

历史上与现实中，无数的普通民众在经历了灾难、困苦后，寄希望于神灵，"烧香敬神""吃斋念佛"，希望通过香火的缭绕诉说心中的希望，并求得神灵的庇佑，从而在心理上获得一种依赖、补偿和平衡，增强生存的信心与勇气，追求更积极、更健康、更美好的东西。民间信仰就有匡正世道人心、宣扬伦理道德，乃至于引导社会反省、调整舆论风潮等积极价值。

---

① 乾隆《汀州府志》卷一三《祠祀》，成文出版社 1967 年影印同治六年刊本，第 186 页。
② 光绪《长汀县志》卷二七《寺观》，光绪五年刻本。
③ 徐恭生：《海神天后信仰与中琉友好往来》，载朱天顺主编《妈祖研究论文集》，鹭江出版社，1989，第 148 ～ 161 页。

2. 凝聚乡邻，和谐村落

古代中国社会管理的一个明显特征就是，县官不下乡，行政管理体制只到县级层面，在村乡基层，国家统治并不十分严密，家族制度、区域自治起决定作用。族规族训在维持村落社区的秩序上起到了决定性作用，民众依靠约定俗成的习惯或村规民约来规范自己的行为，实施必要的乡村控制。而民间信仰在维系村乡秩序上起到相当重要的辅助作用，对于有多种姓氏族群的地方，甚至起着决定性作用。

民间信仰具有很强的社会整合功能，不仅可以沟通起纵向的历史联系，同时还可以将处于不同空间的社会成员联系到一起。民间信仰中拥有无穷法力的各种神灵在乡村管理中扮演了重要的角色，对规范民众行为、维持社会秩序和加强各地的沟通发挥了重要作用。

从中国民间信仰的现状看，宫庙、神坛所供奉的神灵或为某一家族所有，或为某个区域多个姓氏家族共有，或为更大范围的数个村乡所有，有一定的信仰范围。在这一范围内的民众共同修建宫庙、维持宫庙的运转，甚至购置庙产以维持日常运作。他们按历史的传承组织祭祀活动，维护信仰尊严；也会根据时代的发展，修改祭祀模式、活动时间。民众有权参与宫庙的各种活动，接受神灵的保佑。

一定区域的民众自觉接受共同的神灵，尽管所供奉的神灵有些最初只是某个家族的神灵。如永定陈东乡谢安崇拜源于卢姓家族感谢谢安救命之恩，但后来谢安成为陈东各个姓氏的共同神灵。这样，共同的神灵崇拜和祭祀活动就有效地把分散的乡村家族力量整合起来，形成了祭祀共同体。

在祭祀共同体中，成员的命运被无形的纽带联系在一起了，宫庙是纽带中心。人们在这中心里开展活动，通过组织信仰活动密切各家族的关系，增进成员间的团结，处理区域中发生的事项，化解矛盾，维持区域秩序。宫庙虽然不是行政场所，但有些宫庙俨然成为一个区域的权力场所，人们在此调解当地土地、水利、房产、祭祖、械斗等纠纷。如客家梅县小桑村自有祭祀迎送"小桑公王"盛会至今，全村十三个姓氏团结一致，从无姓氏之分，也从无纷争、械斗出现，"等公王"民俗活动成为全村人民增进友爱、团结的盛会，成为丰富小桑山区群众风俗文化的盛会，成为小桑村民众对美好生活追求和祈盼的盛会。

许多宫庙成立相关机构，对宫庙进行管理。客家地区一般称理事会，设总理、副总理、理事等职务，有些地方明确规定总理由各姓轮流做，以示平等和谐。

在大多数民众心中，宫庙是十分神圣的地方，香火的旺盛关系到家族、村乡的命运，以此人们对宫庙倾注了最大的热情。宫庙成为民间社会管理的中心，也是文化教育的场所，人们在这里创办书院、族学、育婴院、孤老院等文教和慈善机构，形成区域教化的中心。

3. 丰富活动，促进交流

民间信仰中的各种祭祀活动，如迎神庙会、道场、法事等是民间文化生活的重要组成部分。信众常常通过节庆、祭祀仪式等活动表述自己的心理诉求，既是娱神，也是娱人；既调适人的生活和心理，又使社会生活和谐有序。尤其是客家地区，自古以来就有"歌舞媚神""演戏酬神"的传统，为惯常的乡村生活注入了新鲜活力。

每一项大型民俗活动，准备时间长、参与人数多、活动范围广，要举办庙会，请各种戏班子演出，邀请亲朋好友做客。客家人热情好客，以来的朋友多为荣。如永定湖坑的"做大福"、大溪的"关帝文化节"、陈东的"四月八"，以及连城姑田"游大龙"、四堡"走古事"等，观众亲友云集，热闹非凡，花费巨大。大溪的"关帝文化节"除整修庙宇、兴建关帝庙文化广场外，要请锣鼓队、八仙队、戏剧班进行迎神表演，还举办书画展、篮球赛、拔河、猜灯谜、乒乓球赛、农民文艺晚会等。

民间信仰活动加强了区域的经济交往。在广大农村，祭祀活动往往是当地特定的节日，人们汇集宫庙，焚香磕头，祈求神灵保护，而聪明的商家也在这特定的节日汇集，物资交流兴旺，使庙会具有商贸色彩。大型庙会往往持续时间长、参与人员数量多，在活跃农村经济方面扮演重要角色。在大型的文化交流活动中出现大规模的经济交流活动，文化与经济形成"你中有我，我中有你"的局面，由此，民间信仰活动成为经济文化交流的重要平台。

民间信仰活动加强了区域民众的交流往来。在比较封闭的农耕时代，大型民间信仰活动，为人们提供了一个交往渠道。亲朋好友相聚，联络感情，甚至婚嫁大事也在这些活动中解决了。尤其作为迁徙族群的客家人，家族许多人迁徙各地甚至海外，"扛公王""做大福""迎关帝"等大型民间信仰祭祀活动，使迁徙到各地的族人、旅居海外的侨胞和港澳台同胞有机会回乡参加盛会，寻根问祖，共叙亲情。如大溪关帝圣君文化节活动，还专门组织理事会成员赴台湾省、印度尼西亚邀请乡亲回祖地聚会。

我国民间信仰远承原始信仰，崇拜对象漫无边际，涉及万事万物，带有神秘、迷信色彩。作为宗教文化生态系统的重要组成部分，客家民间信仰有其存在的合理性，但其社会作用具有两重性，有积极的一面，又有消极的一面。虔诚信仰，诚心向善，崇宗敬祖，团结邻里，以信仰活动凝聚族人，能营造良好的乡村文化氛围；但如果陷入愚昧迷信，制造极端神秘假象，影响科学昌明和文化发展，影响社会稳定，则为消极因素。因此，我们要分清民间信仰中的精华与糟粕。

民间信仰所形成的祭祀活动与习俗，是客家人宝贵的非物质文化遗产。经过长期的演变，一部分民间信仰已转换为极具特色的民俗文化现象。它们丰富了民间的文艺活动，以独具魅力的内涵和雅俗共赏的形式，正吸引着越来越多的人的关注。民俗活动的各种内容不仅展示了民间信仰与民间生活、劳动、文艺之间的内在联系，而它们本身也具有一定的美学和艺术价值。民间信仰对民间起到了规范道德、扬善抑恶、和谐乡里的积极作用，不再是简单的"封建迷信""愚昧落后"的代名词。

随着当今多元文化的传播和交流手段的现代化，传统的生产、生活方式开始发生变化，人们赋予民间信仰活动以新的内容与形式。中华文化中的诸多优良传统和积极思想因素，如"祈求国泰民安""博施于民而济众""仁者爱人""救人于危难"等必将在民间信仰中有新的体现并发扬光大，成为潜移默化的教育资源，成为乡风文明建设的重要内涵。

第一章　生命的感悟，灵性的飞扬

——客家动物崇拜

人类的动物崇拜，是人类思维演进史的重要一环，它处在整个链条的前部而不是末端。"首先是天，其次是地，接着是动植物，然后是人体，而最后（迄今还未完成）是人的思维"，哲学家罗素《宗教与科学》一书这样概括各门科学发展的次序。这段话，同一段说明八卦来源的中国古语很有相似处，《易传》说："古者庖牺氏之王天下也，仰则观象于天，俯则观法于地，观鸟兽之文与地之宜，近取诸身，远取诸物，于是始作八卦。"其罗列之物，井然有序，依次是观天文、察地理、观鸟兽和取诸自身。①在动物和植物之间，人类的目光先是较多地投于动物，后来才逐渐移向植物。原始人类的动物崇拜，有物质生活和精神生活两个层面。人类从动物身上摄取食品，保证人类的生存繁衍，在猎取和驯化动物的过程中，人类又因为万物有灵的观念，把动物的一技之长想象得神乎其神。从艺术起源的角度说，人们最初主要选取动物题材进行创作。许多保持至今的客家礼仪和综艺活动，都有原始动物崇拜的痕迹，如舞龙灯、打狮等。

原始宗教以灵魂不死、万物有灵、图腾崇拜、祖先崇拜为主要内容，客家人在众多生活习俗中表现出来的动物崇拜，有着汉民族的特色，又受南方百越族的影响，保留了不少原始宗教的东西，体现了客家人对生命、对自然的敬畏之情。

客家人的动物崇拜大体可以归结为以下三种类型：一是基于对古老图腾及生存的崇拜，二是基于对生命敬畏的崇拜，三是基于吉祥喜庆意愿的崇拜。

---

① 吴裕成：《十二生肖与中华文化》，天津人民出版社，1992，第27页。

一、基于对古老图腾及生存的崇拜

这方面的动物崇拜主要体现在以下几种动物上。

1. 龙的崇拜

龙，在中华民族的意识中是个倍受尊崇的文化符号，龙崇拜是中华民族特有的文化现象。"龙"在中国文化里是"吉祥、高贵、权势"的象征，我们有"龙腾虎跃""龙飞凤舞""鲤鱼跳龙门"等褒义词汇。《说文解字》释："龙，鳞虫之长，能幽能明，能细能巨，能短能长，春分而登天，秋分而潜渊。"学界关于龙的原型和起源有多种观点，较有代表性的是图腾说。卫聚贤《古史研究》认为禹为龙，"禹为夏龙氏的图腾"。闻一多著有《从人头蛇身谈龙与图腾》，持龙为图腾之说。他的《伏羲考》则指出，龙是以蛇身为主体，再加上兽类的四脚、马的毛、鬣的尾、鹿的角、狗的爪、鱼的鳞和须组成的。根据这一思路，有研究者认为，龙可能是以蛇为图腾的远古华夏氏族部落不断地融合其他氏族部落，蛇图腾不断融合其他图腾的结果。

龙是中华民族的吉祥物，在节庆、贺喜、祝福、驱邪、祭神、庙会等活动中都有舞龙的习俗。龙是中国华夏民族世世代代崇拜的图腾，龙被中国先民作为祖神敬奉，中国人普遍尊尚龙，经常自称"龙的传人"。"龙的传人""龙的国度"也获得世界的认同。龙是中华民族的代表，是中国的象征。

在中华儿女的生活中有着太多与龙相关的文化习俗，作为汉族分支的客家人也不例外。舞龙灯、祭龙等习俗贯穿在一年的节庆中。客家民谚有言："龙灯入屋，买田做屋。"客家话中，"灯"和"丁"是同音。客家人最浓厚的一个理念是"人丁兴旺"。走家串户的龙灯表演蕴涵着"送灯（丁）"的祝愿，广受人们的欢迎，而大多数家族都会自己组织龙灯表演。

在客家舞龙习俗中，较典型的有宁化、明溪、将乐、沙县的稻草龙。稻草龙的身上如果插上线香，就称为线香龙。舞稻草龙是在春节、元宵、中秋等传统节日为庆贺和祈求丰收而举行的一种游艺活动。稻草龙是孩子们玩的龙，龙头、龙尾略用一些竹篾做骨，其他均用稻草捆扎而成，一般为七节、九节。每节插上一根一米长左右的棍子，再用稻草绳把它们一节节连结起来，一条"龙"就顶起来了。此龙是所有龙灯中形体最小、资格最老、地位最高的龙。不管布龙、纸龙、青龙、黄龙或者是板凳龙，在路途相遇时，都要给它让路，并向它叩首致意。客家人把稻草龙看成是吉祥的象征。童谣曰："草龙进屋，买田做屋。"节日后，孩子们将龙放入河中，意为"放龙归海"；或焚化于田野，称之为"请龙升天"。上杭等地舞龙有"日龙""夜龙"之分。"夜龙"以竹制杆，棉纱为衣，每节点烛。另有圆球（俗称龙珠）二至四个，中点蜡烛，配备锣鼓，到每家每户参拜。龙珠随鼓钹声舞动，龙随之舞，或昂首抢珠，或俯地吞珠，左右盘旋，上下跳跃，赏心悦目。"日龙"骨架用木料制，绢纱为衣，外装华丽，节数较多。

连城姑田每年正月十四至十六的"游大龙"场面最为壮观，气势最为宏大。此习俗相传始于清乾隆十六年（1751 年），其家族色彩很浓厚，由中堡村的华、江两姓轮番出龙，每户出一节，有些家庭要请外地的亲戚帮忙。大龙由板凳做成，又称板凳龙。每条龙少则九十板，多则一百五十板，每板龙身长四米，须由五名青壮年轮流抬举。环环相扣的长龙逶迤数百米，气势磅礴，蔚为壮观，被誉为"中华第一龙"。近几年来由于当地政府的介入，"游大龙"成为当地春节民俗游的一个特色节目，吸引了众多的民俗爱好者前去观光。"游大龙"还有许多规矩，出龙头的人家要用猪、鸡祭拜龙头，龙珠固定在龙口中。龙头出行时配有神铳、锣鼓、十番乐队开道，气势盛大。因为体大量重，擎举龙板的人要把两米多长的竹竿接在龙板上，举起并插入固定在胸前的皮兜里。行进中，有舞龙者会恶作剧地向前猛冲或是向后倒退，造成"板凳龙"之间相互牵制和挤压，臂力和脚劲跟不上的人便会四脚朝天，形成一种狂欢的氛围。每条龙巡游一天一夜后，在正月十六日，各户将自制的龙灯送到山上焚烧，抢先者能抢得吉兆，意为占得新年的先机。

在一些客家地区还有烧龙的习俗。广东丰顺县埔寨镇的张姓客家人，在每年的元宵节和其他重大节日举行烧龙表演。对于这一流传了两百多年的烧龙习俗，当地有这样的传说：东海龙王出游南海时路过莲花山，吃惊地发现此地地瘦民贫，大发恻隐之心，就派其第二十一个孙子浊龙来掌管风雨。可娇生惯养的浊龙嫌当地乡民祈雨的酒肉不够丰盛，便施展淫威，非旱即涝，弄得民不聊生。龙王派小公主青凤佩带屠龙宝剑前往巡查。小公主确定浊龙已触犯了天条，挥泪灭亲后勤勤恳恳地行云布雨。此后，当地人在元宵时扎制火龙，通过烧火龙来弘扬天道，祈求人寿年丰。实际上，这反映了中国人比较典型的宗教崇拜意识，比较实用主义。一方面崇拜龙，一方面又恨龙，这全在龙的善恶。

另外，客家人还有许多的俗信与龙有关：虹是龙，不能用手指虹，否则会断掉手指；居住的地方要选在有龙脉的地方，绵延逶迤的山脉被称为"龙脉"；把种在山村路口、祠堂屋后的风水林称为"龙须"，加以保护，认为砍伐风水林是"拔龙须"，是不吉利的；等等。

2. 凤凰崇拜

崇凤习俗源于楚地。有专家认为，中国的崇拜：北方有龙，南方有狮，中间是凤凰。当然，南方之蛇，也称小龙，亦为崇拜之对象。楚国尊凤重鸟，原属东部鸟图腾部族体系。据《山海经》《说文》等典籍记载，凤为神鸟，高大，斑斓有五彩色，能歌善舞。因而，楚民族（含楚先民）以凤为图腾，以此象征楚地的悠久历史和楚文化的丰富瑰丽。另据张祖基等《客家旧礼俗》中载述：凤凰，公子喊做凤，姆子喊做凰。在丹穴山出产，在梧桐树上做薮，用竹米做食用，颈像蛇、颏像燕、背像龟、尾像鱼、翼像鸡，有五色，啼声合五音，太平正出身，世乱就隐藏。三百六十样禽类，凤凰为王。凤凰有五德，头载仁、颈抱义、背负礼、胸藏智、脚踏信。俗话说：凤凰不落无宝地，鸦鹊筑窠常旺枝。凤系瑞鸟，人名地名多用凤字，有"凤凰于归""丹凤朝阳"等吉祥语。①

《韩非子·和氏篇》载：东周春秋时，楚人卞和在荆山见凤凰栖落青石之上。因有"凤凰不落无宝地"之说，他将此璞石献给楚厉王，经玉工辨识认为是石块，卞和以欺君罪被刖左足。楚武王即位，卞和又去献宝，仍以前罪断去右足。至楚文王时，卞和抱玉痛哭于荆山下，哭至眼泪干涸，流出血泪。文王甚奇，便命人剖开璞石，果得宝玉，经良工雕琢成璧，人称和氏璧。

传说中，要世界真正太平，出现圣哲的皇帝，凤鸟才会出世。故晚年的孔子在《论语》中有这样的感叹："凤鸟不至，河不出图，吾已矣夫！"用凤来感叹这个时代，所谓"凤鸟不至"，等于现在说"这个时代不是我们的了"。在客家婚庆喜俗中，凤凰崇拜表现得尤其明显。

3. 青蛙崇拜

诗云："稻花香里说丰年，听取蛙声一片。"青蛙崇拜可以追溯到秦汉以前百越族的蛙图腾崇拜。

南方百越族是我国较早种植水稻的民族，在长期的生产实践中，他们发现青蛙的某种叫声预示着雷雨的即将来临，但他们又不明白其中的奥秘，以为青蛙能呼风唤雨，兆示着农业收成的丰歉，所以对青蛙加以崇拜。有的氏族还把青蛙作为本氏族的图腾，如骆越族后裔壮族将青蛙的图像铸在铜鼓这一被视为神圣的重器上就是一例。客家人迁入南方后，也主要从事水稻种植等农业生产，自然而然地承袭了南

---

① 张祖基等：《客家旧礼俗》，众文图书股份有限公司，1994，第315页。

方百越族的青蛙崇拜。如客家民谚中有"田家无五行，雨旱卜蛙声"之说。从生活的角度谈，我们以为，古时青蛙多，在客家人的房前屋后，塘里田边，常能见到。尤其是夏秋夜晚，青蛙、长脚拐（客家人称蛙之一种）叫声特别响亮悦耳，人们感到很亲切。大的青蛙在客家话中称为"田鸡"，这种叫法也是很特别的。在客家山歌中常有"田鸡"出现。如"塘里田鸡叫连天，想讨老婆又无钱。拿张凳子同爸讲，阿爸摇头又一年"。[①]

长期的共存，使客家人对青蛙有着特别的好感。根据史料记载，直到清代，闽西以及闽北的延平、邵武、汀州、建阳四府的百姓还"祀（蛙）神甚谨，延平府城东且有庙"[②]。清末咸丰六年（1856年），施鸿保因事到汀州，汀州府幕僚王砥斋告诉他这么一件事。道光十三年（1833年）王砥斋在延平当幕僚时，恰逢永安、沙县的土匪攻打郡城，城池岌岌可危，郡人惶惶不安，只好到神庙和延平府学泮池旁的蛙神庙烧香祈祷。一天，太守朱沁石巡城后回衙门，突然发现有一蛙神停在衙门前的竹枝上，遂将它延请入官署，朝夕焚香祈祷。两天后，蛙神倏然不见，而援兵正好赶到汀州，解除了一个多月的围困。郡人以为乃蛙神保佑才使城池安然无恙，在太守朱沁石的倡导下，郡人纷纷捐银兴建蛙神庙，庙宇不久便落成，即位于城东的蛙神庙。这座蛙神庙的建立有偶然的因素，但可看出这是人们日常生活中对蛙神崇拜的必然结果。而且不仅民间一般百姓崇拜，文人官吏也同样崇拜。

4. 耕牛崇拜

牛是农耕社会的重要角色，是古代的主要耕畜，是农家的重要财产。殷商甲骨文常见"犁"字，像牛牵引犁头启土之形。

客家人平时对耕牛很重视，注重保护耕牛。耕牛实在太老了，不得不杀。但如果看见其流泪，就不能杀了。客家地区立春时有迎春牛仪式。迎春牛又叫"打春牛"或"鞭春"。唐代诗人元稹《生春》诗："鞭牛县门外，争土盖春蚕。"《礼记·月令》载："季冬之月，命有司大傩，旁磔，出土牛，以送寒气。"送冬寒必然联系着迎春暖，两者难以截然分开。清代褚人获《坚瓠集·续集》说："古者迎春与出土牛原是二事，迎春以迎阳气，出土牛以送阴气。迎春在立春之日，出土牛在季冬，与傩同时。"由季冬土牛到立春土牛的风俗演变，汉代时已完成。立春土牛之习大盛于宋代。

---

① 黄发有：《客家漫步》，南方日报出版社，2002，第75页。
② ［清］施鸿保：《闽杂记》卷五《青蛙将军》，［清］周亮工、施鸿保撰，来新夏校点《闽小记·闽杂记》，福建人民出版社，1985，第86页。

一年之计在于春,人们在立春这天举行迎春仪式,福建沙县、永安等地客家人在家门前竖起一杆"春旗",或称之为"春幡",剪成菱形的小块红纸,贴在"春枝"的每一片叶子上。家家厅堂摆供桌,上有竹笋(节节高)、大蒜(会计算),香葱(聪明)、菠菜("红头菜",意红红火火)、橘子(吉利)、豆腐(富)、鱼(余)等。

闽西汀州迎春牛、芒神活动更具热闹、喜庆的色彩。清代以前,长汀的官吏每逢立春都要穿戴新装,前往郊区罗坊举行迎春牛仪式。由一官员扮春官,手持竹木鞭鞭打纸扎的春牛,一次抽三鞭,边抽边高声喊道:"一鞭风调雨顺,二鞭五谷丰登,三鞭国泰民安。"抽完将牛鞭交给旁边的农夫,农夫挥鞭赶真牛犁田,这就标志着春耕的开始。连城有"犁春牛"的游乐活动,是赶真牛上街游行,牵牛者打扮成戏剧中的丑角,滑稽可笑;另一个是犁者,也装扮成邋遢的丑角模样;还有一个是送饭者,多为女性,挑着一头装饭菜、一头装青草的担子,既送农夫午饭,也送耕牛草料;第四个肩上扛锄头,充当管水和干水田杂活的角色。这四个人都是下田劳动者的装扮,反映了一年一度春耕繁忙的劳动情景。紧随其后的是敲锣打鼓的队伍,喧天的锣鼓似乎伴随着春天的脚步声。

台湾是中外闻名的米粮仓,立春典礼的隆重程度比起大陆各地有过之而无不及。立春前一日塑制好土牛和芒神置于春牛亭,府、厅、县各级长官盛装祭祀,立春日主持鞭春牛仪式,"鞭春牛以毕寒气,礼勾芒以示农祥",然后把土牛抬上街市游行。土牛前有彩车、歌舞队、器乐队等,大街小巷、远乡近郊的百姓蜂拥而至,杂喧满道,十分热闹。粤东大埔岁时民俗有载:立春,农民视土牛色办雨旸,取牛土投豕圈,祝豕肥硕。春官吏以小土牛遗各里社,谓之"发春"。

习俗不断发展,迎春活动由原先充满宗教般神秘气氛,演变为充满节日般喜庆气氛,歌舞载道,红火热闹。福建永定的客家民俗,立春迎春牛的仪式很隆重。村头有迎春牛的大队人马,队列中有乐队,有水牛,一老一少两位丑角,年老者用木棒敲击牛角,高喊:"少壮不努力,老大徒伤悲!"少年把算盘珠子摇得哗哗响,同时高喊:"一年之计在于春,莫待秋来斗无情!"一唱一和,可以说是很好的民俗教育活动。

最隆重的当数福建永定县高陂镇西陂村的迎春牛的仪式。它不但有四百余年历史,而且规模宏大,有上万人参加。

关于它的来由,有一个传说:明嘉靖年间(1522~1566年),广东潮州府海阳县人林大钦,因乡间瘟疫猖獗,家人均未能幸免,十余岁便只身流落永定高陂镇西陂村。西陂村民林贲山收他为义子,供其读书。嘉靖十一年(1532年),林大钦参加壬辰科廷试，中状元，春风得意，衣锦还乡。喜讯传来，合族欢欣鼓舞，林贲山与乡人浩浩荡荡出村迎接。时林大钦骑着高头骏马，已至西陂村东羊角山排，闻父前来等接，惊曰："只有子接父，岂有父接子之理？"急忙下马，拜见义父。林贲山醒悟过来，忽然记起这天正是立春，便马上机智地转口说："今日立春日，为父至此，乃恭接春神也。"后林大钦呈报皇上立案，遂定正月立春日为西陂林氏迎春活动日。

立春日早晨，三声号铳响过后，迎春牛活动开始，村民将春牛（每年的春牛是按当年黄历春牛图所示尺寸制作，木架、竹骨、纸糊、木轮，高大牢固，牛角披红挂彩，牛额上贴一红纸书写的"春"字，牛肚下挂钱袋，内装有铜钱、银币等）预先推至村东羊角山排，行接春神、祭春牛仪式。司仪高呼"风调雨顺，国泰民安，田禾大熟，五谷丰登"吉语，扶犁的象征性地将犁插入田中，推春牛的吆喝几声，与此同时，各房族代表率锣鼓、彩旗、高灯队伍前往迎接。进入村庄后，队伍按一定的秩序行进。队伍由清道锣、报马、"恭接新春"大匾、高灯、春花队、故事队等组成。春花队有几十盆鲜花、瑞草、盆景，每盆置一花架上，由俩人抬着。故事队装扮的故事有士农工商、鱼樵耕读、文官武将、戏剧人物等名目，装扮农业方面的就有犁田耙田的、播种耕耘的、施肥灌溉的、提茶送饭的、收割晒场的、风谷进仓的等等。春牛背上坐一位天真活泼男孩，饰牧童，频频挥鞭作赶牛状。春牛由数位身强力壮的农民推着前进。迎春队伍在村内主道上缓缓行进长达数里，一路旗鼓相望，铳炮连天。下午三时迎至下寨坪后折回马鞍陂边的湖洋田中，农民不顾田深泥脏水冷，纷纷奔向春牛，将春牛撕碎。有抢得纸片的，有抢得竹篾的，有抢得钱袋里的铜钱或银币的，把迎春接春的活动推向高潮。他们以能多得到一点牛身上的东西为荣为幸。然后，他们将抢得的东西挂在牛栏上，如此一家人便能安居乐业，福寿绵长，猪肥牛壮，五谷丰登。这一活动极尽农家之乐，是客家人特有的狂欢。

另据《长汀县志》卷三十五《别录》中引唐牛肃《纪闻》云："唐开元末，新罗（唐新罗县在今上杭县东北五十里）令孙奉先昼日坐听事。有神见庭中，拔戈执殳，状甚可畏，奉先惊起。神曰：'吾新罗山神也，今从府主求一牛为食，我当佑汝。奉先曰：'杀牛事大，请以羊豕代之可乎？'神怒曰：'惜一牛不以祭我，我不佑汝矣。'遂灭。自是瘴疠大起，奉先与其家二十口尽亡。"一个县令都觉得杀一头牛事大，不敢答应，可见古时牛在人们生活中的重要性。台湾民俗禁忌，如果某人梦到水牛失家，预示主人有丧事。又曰"吃牛肉，会残废"。①这些都说明南方民众因长期农耕生活而形成了对牛的特殊情感。

粤东从化岁时民俗有："孟冬之月朔日，农人大晡相劳，用糯米为糍，杂粉豆以饭牛，谓之'牛年'，亦报终年耕耘之勤也。以糍缚牛两角，牛照水见角无糍者辄悲鸣狂跳云。是月也，晚稻再获，穑事告终焉。农多设醮赛祷。""十月晚禾收，农事将毕，蒸饼裹菜以饲牛，且悬之牛角，曰'牛年'。"又二月"望日，山谷民大集三角山、唐家村诸处，以农器、耕牛相贸易，曰'犁耙会'"。清代屈大均《广东新语》说："韶州十月朔日，农家大酺，为米糍相馈，以大糍粘牛角上，曰牛年。牛照水影而喜。是日，牛不穿绳，谓放闲。"牛的功劳大，值得人们为其过年。而闽西地区客家人的耕牛节，有的在农历四月初八日，有的在清明日。是日早晨，煮稀饭、米酒加上五个鸡蛋喂耕牛，并在牛头、牛脖、牛背、牛尾等处贴圆粄，边贴边唱："圆粄贴牛头，上山食草唔使（不用）愁；圆粄贴牛脖，明年五谷熟；圆粄贴中央，预祝明年谷满仓；圆粄贴牛尾，朝（早晨）放出门晚自归。"

闽西连城姑田镇在每年的四月初八日都要举行以各自村落为单位的农家赛牛。这天一大早，牛主人煮煎好牛伤药，配上米酒、稀饭喂牛。接着把牛的全身冲刷干净，在牛角和牛尾间，圈上红花红布。早饭后，各户就把耕牛牵到村落的开阔地带，评比谁家的耕牛长得膘壮健美。优胜者由村中长辈在牛角上戴上大红花，以示奖励。获奖的牛牵回家时，牛主还要鸣炮迎接以示庆贺。同时，户主要清除牛栏内的垫草牛粪，换上新鲜稻草，让辛苦了一个春天的耕牛过个舒适的节日。从这些习俗中可以看出客家人以德报德的情感，以及对牛的理解与尊重。

在闽西客家地区还有一种对牛的崇拜，与家族历史有关。

很久以前，汀州管八县，八县都是客家人与畲民居住的地方，但畲汉不通婚。不知是哪一姓的后生与畲家妹子好上了，但又不敢声张，因为那时如果谁畲汉通婚是要被挖眼睛和杀头的。不久，畲家妹子怀孕了，偷偷地躲在后生家的牛栏里生了一个小囝。那后生告诉他的老爹，说牛栏里的母牛生了一个小囝，于是父子俩收养了这个孩子。此后，后生和畲家妹子照旧和好。

后来，畲家妹子凭媒出嫁，在出嫁的路上，她跳崖自杀了。那后生听到此事，痛哭了三天三夜。他编了一首歌教给他的儿子唱："火萤虫，桔桔红，夜夜下哩吊灯笼。灯笼里背一枝花，畲家妹子入人家。茶一杯，酒一杯，打扮孺人大路归。大

---

① 吴瀛涛：《台湾民俗》，众文图书股份有限公司，1987，第175页。

路归，石按脚；小路归，芒割脚。芒头尾上一点血，芒头据下一绞肠。爷子见得出目汁，娓子见得叫断肠。长竹篙，晒罗裙；短竹篙，打媒人。上书老鸦哇哇叫，下书老虎打媒人。"歌唱得十分悲惨，虽然客家人对不祥的语言是十分忌讳的，但这首歌传唱了一代又一代，直到现在。

后来，那后生将畲家妹子的尸体偷藏在自己的牛栏里，据说就是现在汀州的牛栏岗，那里是"生龙口"。再后来，后生一家子孙就尊母牛为祖妣。元、明以后，大批汉人南下，当地人因风俗落后或祖先出身卑贱，往往被人耻笑，就把自己祖先的历史掩盖起来。但是，牛肉是绝对不可以上酒席的，更不可以作供品敬祖、敬神。牛肉不上酒席的风俗就这样流传下来。①

许多民间俗信往往起于偶然因素，或因惧怕，或因敬畏，或因某种境遇。由于历史上的畲族有过实行"族内婚"的传统，当时"畲汉不通婚"，"如果谁畲汉通婚是要被挖眼睛和杀头的"，故而，客家后生和畲族妹子相爱并偷生下孩子后不敢声张，而且至死不敢把生母的真实身份告诉孩子，只能让儿孙们"尊母牛为祖妣"。这就在一定范围人群内形成特定的习俗。

5. 獐的崇拜

闽西南的客家人对獐有特殊的感情，他们爱护它，甚至尊崇它。平时发现獐来到村子，客家人绝不会去伤害它。若遇到獐被猎人追赶，总是千方百计地将它掩藏；若是獐受伤了，就用草药给獐敷伤口，待痊愈后再放回山中。闽西南客家人形成了独特的崇獐习俗。民间传说，很早以期，有一客家人救护了一只被猎人追杀的獐，并用草药为獐治愈伤口，后放回山中。有一天，这只獐突然下山将老者的孙子叼走，放在山顶上，全村人为帮老者夺回孙子而紧追不舍。他们刚到山顶，雷雨交加，山洪暴发，整个村子都被洪水冲没，百姓由此幸免于难。从此，客家人对獐尊崇备至，认为獐心地善良，能为百姓消灾去祸，是保护客家人的"圣物"。② 这是有很明显地方特色的动物崇拜。

二、基于对生命敬畏的崇拜

"人类祖先的采集和狩猎是十分危险的，于是他们对获取植物果实或猎物，都

---

① 刘大可：《闽西武北的村落文化》，国际客家学会、海外华人资料研究中心、法国远东学院，2002，第 106～107 页。

② 林国平、彭文宇：《福建民间信仰》，福建人民出版社，1993，第 64 页。

以为是动、植物对人类的支持和帮助，并常常把得到果实或猎物看作是动、植物的损失，应当在感恩的同时，用奉献表示报偿、致歉。在认识上，远古人把动、植物都看作有灵的东西，甚至杀了一个动物要祈禳，砍倒一棵树要供献。"①在长期的生活中，客家人形成了尊重生命、敬畏生命的意识。这方面的动物崇拜主要有如下几种。

1. 蛇的崇拜

小时笔者听祖母给我们讲故事，说我们人类原来是像蛇一样蜕皮的，每蜕皮一次，生命就延长一次。但每次蜕皮的时候都很痛苦，全身血淋淋的。后来人类怕痛苦，就说不要蜕皮了，上天便把蜕皮的权利转给了蛇。小时听的这个故事，笔者还没有在哪一本民俗书中见到过，不知这个传说的流传范围有多广，是否有代表性。但把人与蛇的生长相比而谈，可以看出其中的关系。

众所周知，闽越族以蛇为图腾。南方多山，又是亚热带地区，毒蛇多。毒蛇多繁殖于山野溪谷，对当地越族人的生存造成了很大的威胁。蛇在古代越族人的心目中显得非常神秘。它来去无踪，脱皮蜕变，水陆两栖，无足无翼而能窜突腾跃。特别是蛇一旦狂怒起来，不但能伤害弱小的人畜，而且能毒死甚至于吞噬凶猛的野兽，这就使得古代越人对蛇产生了极大的恐惧，以为蛇具有某种超自然的力量，进而对它加以崇拜，后来再由一般的崇拜发展为图腾崇拜，即把蛇看作是自己的祖先或保护神。《说文解字》的作者许慎在解释"闽"字本义时说："闽，东南越，蛇种。"所谓"蛇种"即认蛇为自己的祖先。②同时，东汉以后至五代至少有三次大规模的北方汉人迁徙入闽的浪潮，闽越族逐渐被汉人同化。因此，一方面，因入乡随俗及蛇的特性的因素，对蛇的崇拜仍然保留下来了。另一方面，闽越族的蛇图腾自然也成为汉族征服的对象。如《李寄斩蛇》的传说就是一例，还有闽西流传的定光佛收服异蛇的传说。这些均反映出客家先民与闽越族在融合同化的过程中存在着信仰上的矛盾冲突。

毒蛇对于汉族移民来说是一大危害，他们在进行各种活动时，经常受到蛇的侵害。他们一方面企图借助神力去征服它，另一方面又对蛇产生了恐惧心理，进而加以崇拜，使闽越族蛇图腾崇拜又沉淀在南迁而来的汉民族的意识之中。闽西长汀平原里有蛇腾寺；上杭县有座山名灵蛇山，"旧传山有巨蟒出没，人过其处必祷之，

---

① 乌丙安：《中国民俗学》，辽宁大学出版社，2003，第228页。
② 林国平、彭文宇：《福建民间信仰》，第2页。

故名"①。"汀州人言：'赤峰山定光佛寺后池中，有定光佛所收四足蛇，身具五色，四足长数寸，不噬人，见之者必大贵。'"②关于长汀县城西门外罗汉岭的蛇王宫，人们有所谓"未有汀州府，先有蛇王宫"之说，说明早在唐代开元二十四年（763年）设立汀州府之前，汀州蛇王宫即已存在，其时客家民系仍未形成，蛇王崇拜属当地土著民间崇拜无疑。再者，北方汉民族并没有崇拜蛇的习俗，恰恰相反，汉族人自古以来视蛇为邪恶的象征，"蛇妖""美女蛇"在汉语言中是"害人精""淫邪者"的代名词，连追求自由幸福的白蛇娘娘和忠肝义胆的青蛇姑娘都被视为妖怪，要让法海和尚置之死地而后快。然而，客家人却非常自然地接受和继承了蛇崇拜，汀州和客家地区各地的蛇王庙、蛇王宫香火甚旺。长汀和上杭县交界处的灵蛇山上的蛇腾寺里所塑的蛇神，干脆被塑成白蛇娘娘，成了客家人心目中美丽善良、救苦救难的菩萨。客家地区还有着每年阴历六月十九日至九月十九日观音菩萨回娘家期间，当地护境佑民的责任归白蛇娘娘的美丽神话传说，寄托了客家人蛇崇拜的虔诚。在连城，蛇进入民居，主人须想办法把蛇赶进畚箕，手持三根香，护送到三岔路口放生。对于蛇进入民居，无论是欢迎还是恐惧，都同样体现了人们对蛇的崇拜心理。

由于南方蛇多，人们接触得也多，因此，相关的习俗就多。如为防蜈蚣之毒，煮蛇不能放在房子的屋檐范围内煮，只能露天煮。过去，客家人只食蟒蛇肉，其他蛇一般都是打死后掩埋。在笔者的家乡永定县高陂镇有这样的习俗，不管是谁打到蟒蛇，煮蛇时，村中只要有小孩的人家，都可以拿两个鸡蛋放进锅里去煮，还可分到蛇汤，给小孩喝，因蛇汤能去毒。这种习俗在聚族而居的客家村中到处可见。以蛇为美味，在南方民族中已有两千年的历史。《淮南子》中有记载说："越人得蚺蛇以为上肴。"若看见蛇交尾双头，会被视为大凶，看见蛇蜕壳，也被视为不吉，按民间的说法，要赶紧拔下一根头发，扯掉一颗纽扣，吐一口唾沫，以资禳解。我们小时候上山耕种或砍伐，要摘野果吃，怕有蛇毒，大人总是叫小孩子要先对着野果吹三口气。前辈们常告诫后辈，打蛇须一下打死，否则会倒霉，等等。

台湾许多地方也还保留这样的习俗。如，打蛇要一气打到死而忌蛇逃走，俗说"蛇会讨命（报仇）"。又如，忌用手指蛇，俗说"用手指蛇，会生蛇头疔"，或说会容易被蛇认识而日后惹祸，因此要装着避而不看的样子。见蛇时忌说"蛇无脚"，不慎这样说，蛇会生出很多脚来追咬人，这时候要解开头发，说"我发比你脚多"

① ［明］黄仲昭：《八闽通志》卷十《地理》，明弘治四年刻本。
② ［清］施鸿保：《闽杂记》卷十二《蜥蜴》，第182页。

始免被咬。而若梦见蛇人交合是得才兆。① 在客家区，端午节人们都要饮雄黄、菖蒲酒，其意是避蛇。

闽西长汀童坊竹下七月半有以蜡烛"迎鸡嫲蛇"的活动。"迎"，解释为"撑"的意思。所谓的"鸡嫲蛇"就是用稻草扎成大小不同的四脚蛇，它有头、有尾、有四只爪，也有人称之为小龙。因七月半民间称为"鬼节"，迎小龙也有驱邪避灾之意。七月半入夜，迎鸡嫲蛇的活动开始。扎了鸡嫲蛇的人都把它迎上街。到竹下祠堂时，竹下人就要负责给每只鸡嫲蛇插上点燃的蜡烛。一些点燃蜡烛的人转一圈把蜡烛拿掉后又回来再要蜡烛，这种恶作剧有时会使竹下人来不及供应，这样，一些未如愿点上蜡烛的人就把鸡嫲蛇扔到竹下人的祠堂顶上。据说，被扔了鸡嫲蛇后，竹下人会拉痢。所以，每到七月半，竹下人尽量多备好些蜡烛，避免出现供应上的空档，以求平安。②

客家人在继承了闽越族的某些宗教信仰的同时，也不可避免地产生一些矛盾冲突。如《李寄斩蛇》的传说就是一例。③ 一方面，客家人对入屋蛇很爱护，要礼请它出屋，这是对蛇的惧畏，怕在房子里打死蛇遭受蛇的报复。一方面客家民谚又认为"见蛇不打三分罪"。比如梅州丙村的温家仁厚祠里，至今有忌讳：有蛇进了祠内，绝不敢打死它，而会将其放生，反之视为不吉利。据传很多年前，仁厚祠围龙屋里的一个人，打死一条入屋之蛇，结果主人不久就突然死去。经历这事之后，温姓人更加相信蛇是灵异的动物。这种个案传说在客家地区有不少。

从另一个角度说，客家人对蛇的崇拜还与对龙的崇拜有着密切的关系。从形体上看，蛇与龙极为相似，在中国十二生肖中，民间称蛇为"小龙"，俗信龙是由蛇生育出来的，或谓蛇脱壳后会变成龙。蛇的资格比龙的资格更老。可以断言，在还没有创造出龙形象的时候，蛇就已经成为原始崇拜的对象了。闻一多《伏羲考》认为，龙的主干部分和基本形态都取于蛇，"这表明在当初那众多图腾单位林立的时代，内中以蛇图腾为最强大"。在中国古代神话的画廊中，女娲和伏羲均为人首蛇身，如汉代《鲁灵光殿赋》所描写"伏羲鳞身，女娲蛇身"。陕西米脂东汉墓画像石，伏羲女娲相对而列，皆着冠服，人首蛇身，手捧日月。④

值得注意的是，民间许多俗信是以蛇作为龙的征兆的。如向龙求雨时，往往以

---

① 吴瀛涛：《台湾民俗》，第 177 页。
② 赖建：《童坊村墟市与神明崇拜》，载杨彦杰主编《长汀县的宗族、经济与民俗》（上），国际客家学会、海外华人资料研究中心，法国远东学院，2002，第 313 ～ 314 页。
③ 林国平、彭文宇：《福建民间信仰》，第 2 页。
④ 吴裕成：《十二生肖与中华文化》，第 117 页。

老蛇出现作为下雨的征兆。又如以蛇为真龙天子的征兆。《史记》写汉高祖刘邦醉斩大蛇，有老妪啼哭，说是我儿本白帝之子，化为蛇，被赤帝之子所杀。刘邦闻言大喜，认为天降神示。通常说来，白帝之子该叫真龙天子的，可他却化为蛇。蛇与龙的界线简直是若有若无的了。即使到现在，民间都还会把一些蛇的现象牵强附会到一些国家领导人身上。这些都说明了客家人在崇拜龙的意识中交织着对蛇的崇拜，也在一定程度上反映了南方越族蛇崇拜意识深刻地影响着迁徙而来的汉民族客家民系的民间信仰。

2. 草蜢崇拜

在客家区，我们在小的时候经常被告诫，不能打死草蜢，因为它是山中鬼变的，有些说不定就是你的祖先。有时家中来了草蜢，大人说是祖先来看望我们了，不能赶它，更不能把它打死，要念念有词地礼请它出去，说是让它回到自己待的地方去。从中也可看出客家人祖先崇拜的一个方面。这种说法流行于闽西永定高陂一带，不知其他地方是否如此。

3. 乌鸦俗信

客家民间普遍认为鸦噪主凶，听到乌鸦叫，往往要吐一口唾沫以禳解。若让鸟（尤其是乌鸦）拉屎到头上，则更觉晦气，往往要破口大骂几句以禳解。猫头鹰在客家被视为凶鸟，俗信猫头鹰叫是要死人的兆示。谢肇淛说："猫头鸟即枭也，闽人最忌之，云是城隍摄魂使者。城市屋上，有枭夜鸣，主必死丧。"[①]

4. 猴子俗信

笔者家乡永定称猴子为"猴哥"。中国拍摄的一部动画片《孙悟空》中有首歌的歌词就称孙悟空为"猴哥"："猴哥猴哥／你真了不得／五行大山压不住你／蹦出个孙行者／猴哥猴哥／你真太难得／紧箍咒再念／没改变老孙的本色。"这不知是受民俗影响呢，还是其他因素影响。《渊鉴类函》卷四三二引《汀州志》曰："唐大历中，有猴数百，集古田山林中。里人欲伐木杀之。中一老猴，忽跃去近邻一家纵火焚屋。里人惧，亟走救火。于是群猴脱去。"猴像人一样聪明，让人不敢小瞧，甚至于敬而远之。特别是民间传说，百岁老猴会成精，会降祸福于人。确切地说，客家地区对猴的态度就是怕其捣乱，惹麻烦。永定有一个关于"猴的屁股为什么红"的传说很能说明问题。

---

① ［明］谢肇淛：《五杂组》卷九《物部一》，中华书局，1959，第253页。

三、基于吉祥喜庆意愿的崇拜

中国人喜欢吉祥喜庆的东西，在生活中表现很明显，客家人也不例外。这方面的动物崇拜主要有以下几种。

1. 燕子、喜鹊崇拜

燕子和喜鹊一样都被人们视为吉祥之鸟，从不伤害，尤其是对燕鸟。客家人有着很深的家燕情结。客家人建房时，喜欢用竹片钉在大厅的墙上或者是厅正中的屋梁上，让燕子做巢，即使燕子的粪便弄脏了墙壁厅堂，也从不发出怨言。俗信燕子在民房里做巢，兆示全家平安、财运亨通。客家人把家族的情感融入其中。客家人把家燕视为"家鸟"，这在很大程度上根源于燕子的双飞双宿。其在艰难困苦的迁徙中相濡以沫的深情，为客家人所赞赏。

客家是比较重感情的一个民系。在朋友之交上，讲究真情相待，热情好客；在夫妻之分上，追求荣辱与共的理想伴侣，用客家话说是"一根棍子插到底"。作为候鸟的燕子不断迁徙，这和客家人"千里漂泊"的历史命运如出一辙。而燕子在艰难奔徙途中相濡以沫的深情不能不引起客家人的共鸣。客家人最常见的婚礼对联的横批是"新婚燕尔"，用来祝福婚男女像燕子一样相亲相近，形影相伴，比翼双飞。语出《诗经·谷风》："燕尔新婚，如兄如弟。"说燕子成双成对，雌雄匹配，两两双栖，形影不离。其次是，燕子为了筑巢，每天来回穿梭数百次，这种勤劳是客家人最崇拜的品质。而且燕窝是由一些树枝、草秆参差交错和泥土筑成的。燕窝外部凹凸不平，而里面却极其光滑整洁，其圆润程度是任何一个泥瓦匠的手艺所无法比拟的。客家人的民居土楼，无论是建筑材料的选用，还是建筑理念的形成都是向燕子学习的。客家土楼是用树木、竹片为骨干，以泥土、沙石为肌肉建筑而成的。还有，客家人的另一种建材是泥砖，即用黄土加上铡成一节节的稻草搅拌均匀，再用木制的工具做成方块晒干。这样的建材一般用来建猪舍、牛栏、厕所、粪间等一到两层的房子。最关键的是，每家每户都会做。笔者小时候常帮父母一起做这样的泥砖。充分利用大自然的材料，建筑舒适实用的栖身之所，是客家人与家燕共通的理念。而且土楼也和燕窝一样，不注重外观的华丽，而是追求坚固与实用；不讲究外部的好看，而是注重内部的调适。客家土楼不管是圆楼、方楼、八卦楼，或是五凤楼、围龙屋，其建筑特征都与燕窝相似。有客家民谚说："燕子双飞晴天告，燕子低飞雨天报。"这些经过客家祖祖辈辈总结出来的经验是很有一定的科学道理的。

《荆楚岁时记》中有载：立春这天，人们用五色绸剪成燕形，戴在头上，贴上"宜春"两字。"宜春"两字在傅咸的《燕赋》里也有提到。赋说："春夏秋冬四季一个接一个地推移，人们恭敬地迎接春天，春天顺应天运是东方（之神），所以用彩燕欢迎她的来临。彩燕展开轻巧而有力的翅膀，好像要飞又不能飞高！人们的手工技巧是何等精妙，仿效燕子的模样惟妙惟肖，含着青书赞美着春天，表达了（宜春）的祝福'春天安好'。"① 这里对人们崇燕习俗解读得多么生动而深刻。

喜鹊在客家人心中也是有很崇高的地位的。在客家民间，家中男儿新婚时须请木匠打造喜床，传统婚床的两端和靠墙一边都装有雕花床栏。雕刻的一般是喜鹊登梅，双飞的喜鹊预祝新婚夫妻百年和合。燕子和喜鹊都是客家习俗中的吉祥之鸟。

2. 鸡的崇拜

人类养鸡的历史非常悠久。公元前 8000 年（旧石器时代）的南越地区已经开始养鸡，随后中国中原、印度、埃及、古希腊、古罗马……相继开始鸡的驯养。在我国，长江流域的屈家岭人类遗址（新石器时代）中曾发掘出陶鸡。这说明，很久以前，家鸡就已普及于华夏了，鸡与人类休戚与共几千年。至今，走进乡村，鸡鸣狗吠是人烟所在的象征。

鸡，历来被视为吉祥物，自古以来人们以鸡为牺牲献祭，并用以禳灾祛邪。有时客家人还把它看成是凤凰的代身。如不少地方的客家女出嫁时都有一头带路鸡。有专家认为带路鸡是古族标图腾文化与原始巫术的遗存。凤鸟族标是比龙、虎等族标更早出现的最原始族标之一，作为一种文化象征，它在中国文化的渗透之深广远甚于皇族专化了的龙文化符号。带路鸡是其中一种表现，是综合理念，期祝美好顺遂平安。同时它又是安抚使，古传凤（即鸡）有护魂安魄、驱邪镇鬼祛秽之作用。带路鸡可洁净新娘行嫁之路，防止路上中蛊，可避毒邪。新娘出嫁从一个安全圈转向另一个生疏的安全圈，行嫁之途则脱离了家庭保护神范围，容易受孤魂野鬼伤害、惊吓，而带路鸡可以收煞一切鬼祟，又可收生人三魂七魄，所以它可安保新娘入夫家。

最风趣的是台湾客家人的圆房习俗。圆房之时，新郎新娘刚躺下，床底下会传出公鸡"喔喔喔"的叫声和母鸡"咯咯咯"的报生声。原来在姑娘谈定婚事后，其母亲精心地为其喂养了一对鸡，在她出嫁之日作为"带路鸡"来到男家，直送洞房婚床底下。鸡叫后，新郎会问新娘："床下怎么有鸡叫？"新娘告诉他："天快亮了，

① [南朝·梁] 宗懔撰，谭麟译注：《荆楚岁时记译注》，湖北人民出版社，1985，第 34 页。

公鸡啼鸣，母鸡下蛋了。"新郎掀起床单一看，床下的母鸡真的下了个大鸡蛋。这在男方看来是好兆头。此俗称为"圆房催生"。又如广西融水客家定亲时需送十斤猪肉、一对公鸡或一对公鸭（只能是公的），意即女子嫁出后，一定能为男家生育男孩，这样就能传宗接代，香火不断了。闽西习俗，新婚之夜，新郎新娘要在洞房内吃鸡，称为"财食鸡"，表达的是有财有食的意愿。

在客家地区男孩的满月仪礼中，最有特色、最具有戏剧性的要算开斋了。开斋前，外祖父要办好（或让女婿代办）开斋的全套物品，即鸡、鲤鱼、猪肉、酒、葱五样。开斋由外祖父或大舅或其他辈分高、有威望的人主持。主持拿着一双筷子，按次序在各样东西上比画一下，"喂"给婴儿吃，每样东西都不是真吃，只是点到为止，每动用一样东西要大声念一句吉祥、祝愿的话。顺序是：（1）"喝酒"——"禄享千钟，量过太白！"（2）"吃葱"——"中通外通，聪明智慧！"（3）"吃鸡头"——"头角峥嵘，独占鳌头！""吃鸡翅"——"步捷青云，鹏程万里！""吃鸡凤尾"——"凤毛济美，光前裕后！""吃鸡爪"——"足踏四方，方方得利！"（4）"吃鲤鱼"——"鲤跳龙门，名扬四海！"（5）"吃猪肉"——"永享厚禄，五福俱全！"这其中包含着客家人由于生活的需要而形成的对动、植物的崇拜意识。

生活中，客家人是特别看重鸡的。每逢过年过节，鸡头对着谁是很讲究的。它一般对着最尊贵的人。而闽南一带的人比较看重鱼头，鱼头一般对着最尊贵的人。在客家地区，尤其是现在的闽西连城一带，对鸡的重视依旧保留着。在那里，从初一开始，酒宴上一直有鸡头。鸡头对着最长最尊贵的客人，而且开席酒就是这位客人的鸡头酒。这是很典型的客家习俗。另外，平时做好事，涂上红色的鸡蛋是必不可少的。每逢结婚、生子、做寿、升迁、上学等，一定要送上贴有红剪纸、涂上紫红色彩的鸡蛋。宴席上，每个人都要发两个煮熟的红鸡蛋。《荆楚岁时记》中有载：古时富势人家，讲究的吃食是画有图形的鸡蛋。现在还有在鸡蛋上染上蓝红等颜色，仍像雕刻的一样，辗转相互赠送，或者放在菜盘和祭器里。《管子》说："雕刻鸡蛋后染上颜色，这是为的开发积藏，扩散万物。"张衡《南都赋》说："春天的鸡蛋，夏天的笋子，秋天的韭菜，冬天的韭菜花。"这是把鸡蛋列为滋补身体的美味。[①] 在客家地区，人们对于鸡蛋的习俗，上述两方面的意思都有。这是古代民风的遗存。

鸡髀，就是鸡大腿。现在广东、香港等地的饭馆里写成"鸡比"。鸡本身在中

---

① ［南朝·梁］宗懔撰，谭麟译注：《荆楚岁时记译注》，第65页。

国人的生活中占了很重要的位置，又因鸡腿肉多，因而在客家人的习俗中就有特殊的含义。它是孝敬长辈、爱护幼小的常用的最好的东西。逢年过节，鸡髀就是给餐桌上最长者或是最幼者吃的。这一点在闽西连城县特别典型。在客家中，一般地说是由家庭主妇来操作，显示其地位和热情。平时家中有大事小事杀了鸡，如果长辈没来吃饭，也一定要留下一个大鸡髀给他的。一个大鸡髀，往往会在老人和孩子之间让来让去。最为典型的是，每到过年，出嫁了的女儿会专门剁下一个大鸡髀，等到年初二回娘家时，把这个大鸡髀送给亲生父母或是公爹（爷爷）婡馳（奶奶）吃。如果这些老人不在了，就送给自己的兄弟（孩子称舅）。这个传统一直延续至今。区区一个"大鸡髀"的习俗事象，体现了客家人对父母养育恩情的反哺之行、回报之情，体现了客家尊老爱幼的纯朴民风。即使他们迁移他乡，这种习俗也一直保留。如四川东山客家就一直保留了这种习俗。[①]

对鸡的崇拜，古已有之。汉代应劭《风俗通义》记载，除夕"以雄鸡着门上，以和阴阳"。鸡的形象成了保护神，其辟邪的资历要比钟馗老得多。《荆楚岁时记》中有载：（正月初一）在纸贴上画只鸡，贴于门上，把苇索悬挂在画鸡上面，桃符树立在纸贴两旁，各种鬼都会害怕。魏朝议郎董勋说：现在正月初一和腊月的早晨，门前烧香纸，树桃人，把松柏树枝扭成绳索挂在上面，杀只鸡把鸡血洒在门户上，驱逐瘟疫，这是一种礼俗。[②]实际操作中，因年初一人们不杀生，故一般人用血纸。该书还引述董勋的《答问礼俗说》：正月初一是鸡日，初二是狗日，初三是猪日，初四是羊日，初五是牛日，初六是马日，初七是人日。正月初一早晨画只鸡贴在门上，初七把五色绸或金箔剪成人形贴在床帐上。现在正月初一不杀鸡，初二不杀狗，初三不杀猪，初四不杀羊，初五不杀牛，初六不杀马，初七不杀人，也是遵循这个古义。更古的时候，正月初一是杀鸡的，现在不杀了。从前因为正月初一到初七禁忌吃鸡，所以一年的开头只吃新菜。[③]从中可以看出，古代荆楚一带的人对鸡的崇拜程度。笔者以为这与我国中部地区主要是古代楚地一带人们的凤崇拜意识有着很大的关系。

鸡与人的生活很密切，故民俗中与鸡相关的特别多。如台湾民俗，甚至对鸡的生长时间都很有讲究。鸡，民间以为一、二、三月孵出来的"春鸡"较容易养，四月孵的，因"四"音同"死"，说不易养大。五月生的，俗说"五月龙船鸡"，能长

①　陈世松主编：《四川客家》，广西师范大学大学出版社，2005，第256页。
②　[南朝·梁] 宗懔撰，谭麟译注：《荆楚岁时记译注》，第18页。
③　[南朝·梁] 宗懔撰，谭麟译注：《荆楚岁时记译注》，第30页。

大像龙船。六月生的，因逢农忙期无暇顾及饲养，所以也说不好。七月普度，天天要杀鸡供奉，则说七月的鸡鸭会被阴鬼攫去。一般以为养鸡最好在清明前后，俗说"清明谷雨，人人要做母"，解为万物皆有生机，鸡也不例外。还有，元旦母鸡孵卵，巢里要放上柑橘、红包，以示吉利。又为能多孵出公鸡，即于夜间叫小孩用脚跨其巢上，念句"暗茫茫（夜很黑），孵鸡角公（公鸡）"。① 台湾民俗禁忌中有忌母鸡啼，解为凶兆。"母鸡啼，割头挟纸钱。"将之杀掉，鸡头连同冥纸插在竹竿，竖在田头田尾（田里）。关于鸡的习俗还有，鸡孵卵的第三天，要把卵稍为移动，否则以后忌移动，也忌对别人说鸡孵卵的事，不然卵不会孵出鸡子。而且，鸡刚要孵出时，忌旁人说话。② 每到鸡年，人们都会贴与鸡有关的春联，如"凤纪书元人间改岁；鸡声告旦天下皆春""金鸡司晨日月照华夏；义犬守夜升平固乾坤"。

古人曾送鸡一个雅号：德禽。《韩诗外传》概括鸡的"五德"是：文、武、勇、仁、信。鸡被说成是文武兼备、勇敢而仁义且又可信赖的动物，形容为"头戴冠，文也；足搏距，武也；见敌敢干，勇也；见食相呼，义也；守夜不失时，信也"。正因如此，鸡在客家人的生活中有着很崇高的地位。在笔者的家乡永定高陂，男孩弥月，要由一年高持重的老祖母装扮成母鸡，抱着新生儿绕村寨一圈，后面跟着众多孩童，口中高喊"鹨婆"，作保护新生儿状。

雄鸡报晓，意味着黑暗（阴）的结束，新一天（阳）的开始，所以人们认为雄鸡具有驱邪的灵力。许多时候都要以雄鸡血作为压邪之物加以使用。如新宅奠基和竣工时，要杀雄鸡一头，将鸡血洒在基座上或是房子的顶梁上，以资襄解建房时有可能出现的邪气。在搬新房子时，要取雄鸡血涂于门框上、厨房中。现在各地都还保留此习俗。一些重大的祭祀活动中，雄鸡更是不可缺少的吉祥物。

有些学者对杀雄鸡的作用提出另外的观点，如曹培基先生在谈到闽西汀州婚俗时分析："长汀婚姻习俗中至今尚保留不少掠夺婚的遗迹。有的遗迹保留在全县城乡婚俗中，有的遗迹只保留在部分乡间婚俗中；……一、接亲的时间要在夜间，这是掠夺婚在时间方面留下来的遗迹。因为夜间被掠夺的氏族人都睡了，被掠夺的对象不易知觉，难以逃避反抗，至今城乡接亲多半在半夜三更进行，……二、男方接亲的人少则十人左右，多则几十人，女方送亲的人也如此，反映掠夺婚时成群结伙的情况，……三、当接亲者到女家时，女家为什么要立即紧闭大门，拒之门外？这也只能从掠夺婚姻制度来解释。……四、接亲时在女家门槛上宰杀雄鸡，或新娘入

---

① 吴瀛涛：《台湾民俗》，第 183 页。
② 吴瀛涛：《台湾民俗》，第 177 页。

男家门时宰杀雄鸡，反映了掠夺婚时以杀鸡儆猴的方式来警告女子，……五、新娘出嫁要痛哭流涕，……六、新人背上花轿，这种风俗很明显的是掠夺婚的遗迹，'背新娘'就是'抢新娘'演变而来的。……七、长汀过去的花轿，轿的四周基本上是密不通风的。……这坐花轿也是掠夺婚遗迹。八、新娘出门时，女家将全屋的灯火熄灭，还要将男家来接亲的灯笼火、大泡灯火都吹熄，……让人产生一种恐怖感，这正是掠夺婚时男子趁黑夜闯入女家抢婚的情景的反映，长汀城乡婚俗几乎都是如此，这种风俗若不从掠夺婚遗迹来考察，用其他迷信说法解释，则很难自圆其说。"①曹先生的分析有一定的道理。不过，笔者不能苟同其第四点。从客家人日常习俗中对鸡的崇拜角度看，接亲时在女家门槛上宰杀雄鸡，主要是表示对女方的尊敬，并无杀鸡儆猴的意思，现在客家还有送别人雄鸡的习俗。而新娘入男家门时宰杀雄鸡，是为了禳解接亲的路上可能粘上的邪气。它并不是体现掠夺婚时以杀鸡儆猴的方式来警告女子的意思。另外，有些地方如长汀隔壁的连城县，"背新娘"是由其兄弟背到新娘轿上去的，这解为掠夺婚似乎于理不通。当然，这些都是对民间习俗的不同解读。

3. 蜜蜂崇拜

客家人对勤劳的蜜蜂有着好感。从春季到秋末，在植物开花季节，蜜蜂天天忙碌不息。蜜蜂是一个多年生群体，将会不断地有新蜂王被抚养起来，然后老蜂王和一群工蜂离开蜂房到别的地方重建一个家。古代人工饲养蜜蜂以木为器，繁衍了就要分房，春天分房，一房只一个王。到现在养蜂方法还是如此，几千年不变。客家人家族观念强，同姓族居现象较普遍，家庭繁衍后要分支，都以"分房"称。同宗相遇都要问是第几房系、第几代。笔者认为，分房之说大概源于蜜蜂的分房。客家人对蜜蜂有好感，不少地方认为，家中飞来蜜蜂是好事。

4. 乌龟崇拜

客家人对乌龟的崇拜十分普遍。龟作为长寿的象征，在民间更是普遍。客家人抓到乌龟时，总是要抚摸一番后再放回河里，或送寺庙中去放生。许多人家中还养着乌龟，除观赏外，更主要的目的是为了图吉利，有较强的功利性。最为典型的是，客家人盖房时，往往要抓一只乌龟埋在房基下，认为以龟填宅，可保证全家平安，兴旺发达。有些地方还把龟作为祈雨的对象，并建有灵龟庙。如长汀的灵龟庙"在府治堂后西北"，神龛上供奉的是雕刻的石龟，称为灵龟，两厢墙壁上雕刻的是

---

① 曹培基：《掠夺婚遗迹考》，载《长汀文史资料》第 21 辑，1992。

灵龟的故事。

5. 狮子崇拜

狮子，是中华民族喜爱的一种动物。舞狮是中华汉族喜爱的一种文娱活动，它也是闽西客家人喜爱的文娱活动。舞狮队一般由四人组成，一人掌狮头，一人摆狮尾，其余两人，一扮"大脸"，又称小鬼，一扮"猴子"。"大脸""猴子"戏弄雄狮，狮子则扑、跌、滚、翻，或前跃，或后顾，或腾空，或滚地，生动传神。舞狮者有较好的武术功底，特别是当雄狮纵跳腾跌几层高的八仙桌时，难度高，危险性大。二人必须配合默契，动作必须准确、劲健而又轻灵。表演舞狮时，必须有打击乐伴奏。鼓声指挥，锣钹相与配合，三器一体，效果极佳。乐队鼓师特别重要，鼓点节拍几乎指挥着舞蹈节奏。闽西流传着一种舞狮时专用的曲调，叫"狮鼓"，鼓声时响时沉，急如疾风骤雨，缓如清风徐来，鼓声与狮子动作、神态相配合，妙趣横生，动人心弦。狮分青狮、黄狮两种。表演前，锣鼓先行，"大脸"引狮向人礼拜。舞毕，仍由"大脸"引狮向人辞拜。

值得注意的是，在移民携带的物品中，有一种既是祈雨的神器，又是供人娱乐的狮子龙灯。据赵长松《吴家狮灯考察记》一文记载，在三台县观音场烂泥沟，活跃着一支"吴家狮灯班"。据传是清初"彭氏太婆长年（长工）用背篼把狮子背来的"。从当地保留的乾隆四十三年（1778 年）八月初二日所立的"吴母彭老太君墓"的碑文可知，彭氏太婆"原籍广西庆远府天河县（今宜山市罗城县西天河镇）北乡古黎里毛洞村生长人士。生于康熙二十三年甲子时"，长适吴氏，"于康熙壬寅春契家来川创业于三台西路中五里烂泥沟……于乾隆四十三年十二月二十二日时寿终"。据考，大约雍正中期，吴氏开始在族内组织狮灯活动，子孙以耍掌教和尚武功著称。该班狮具代代翻新，技艺代有传人，常玩常新，从未间断，至今狮头上仍有当年进川狮具的三根竹篾。其活动历史长达二百九十多年。狮灯讲究破阵，以武阵"天鹅包蛋""双夺印"，文阵"麒麟送子""喂肥猪"等著称。至今享誉狮王、龙井、西平、八洞、乐安、通辑、回龙等三台、中江县各地，深受广大群众欢迎。①

6. 狗的俗信

狗，是人类最早驯养的家畜之一。早在母系氏族公社时期，生活在黄河流域的原始人就已经开始养狗了。狗的身世不凡，作为图腾，它曾是原始人崇拜的对象。由于狗长期和人生活在一起，看家护院、打猎等少不了它，闽西长汀等地客家人有

---

① 赵长松:《吴家狮灯考察记》,《四川客家通讯》2004 年第 2 期。

"猪来穷，狗来富，猫来着麻布"的民谚。当然，客家人对狗的喜爱仅限于此。在闽西如果有把狗像神一般来崇拜供奉，不吃狗肉的，一般是汉化了的畲族人，它反映了畲族的狗图腾崇拜意识。相反，客家人是吃狗的，且称之为"香肉"。笔者小时候常听到这样的故事，说的是一些常走村串乡的客家人，只要带上几条红绸布，就可以免费地在一些畲族区或闽南语区牵回不少的小狗。当然，现在是市场经济时代，早已没有这样的好事。还要指出的是，客家人一般不用狗肉祭祀神或祖先，因狗为看家护院的动物。

还有不少其他动物的崇拜习俗。如广东梅县一带的客家人，在婚嫁礼仪方面，除了一般需送的礼品外，还要送一公一母两只"兔子"。"兔子"是用猪肚翻个面，塞入米糖制成，再做上耳朵、眼睛，形象逼真。女方收下一只公的，回给男方一只母的。俗谓"过了兔子礼即可吐子吐孙"。又如鲤鱼，古代就有"鱼龙混杂"的说法，受鲤鱼跳龙门传说的影响，它是客家人放生的主要动物。

还有一些具有地方独特性的动物崇拜，如闽西清流县灵地乡的"义鹅冢"。"义鹅冢"是合葬着一对情深义重的雏鹅和母鹅的坟墓。传说一个沈姓穷人家养了一群鹅，后来只剩下生病的母鹅和弱小的雏鹅。雏鹅每天衔回一把草奉敬母鹅，但母鹅最终病情恶化死了。雏鹅日夜悲啼，哀伤凄切。沈家将母鹅葬在后山，雏鹅亦步亦趋送葬。后来，尽管沈家人每天把它领回家，但雏鹅每天循原路重回母鹅坟墓伴守，最后也死了。沈姓人家将其合葬，后人称"义鹅冢"。这是民众创造的特殊崇拜。

当然，客家人对动物的崇拜，并不完全如上面所说的因素而截然分开，其中不少是相互交叉的。在客家人的动物崇拜习俗中，还有一些迷信的、不科学的因素在里面，但不管怎么说，动物崇拜习俗，体现了客家人对生命、对自然的敬畏之情，以及对生活的热爱之情，充分体现了客家人的生存智慧。

第二章 生存的智慧，自然的和谐
——客家植物崇拜

任何一种民俗都不是画蛇添足般的多此一举，都不是一种摆设，它总是这样或那样地发挥着某些实用的功能，在每一种民俗事象的背后总是隐藏着文化内涵。客家人聚居地大部分地区都是属于农耕社会，农耕文化的特征非常明显。客家人居住的地方，大多为南方山区。连绵不断的山峦和南方特有的温湿多雨的气候，为植物的生长提供了得天独厚的条件。丰富多彩的植物与人们的生活生产关系极为密切，与人们的生存息息相关，客家人在日常习俗中有一些植物崇拜活动。如俗信树有树神，会降灾赐福于人，民间流传着"千年的古树会成精"的说法，故经常有人在一些古树下造神并烧香祭拜。又如，南方稻作文化相信有米谷神，故有许多与此相关的信仰习俗产生。这些习俗，反映了客家人对粮食的崇敬及"民以食为天"的原生态传承观念。而关于特殊花草、树木、蔬菜的神奇信仰，也都展现出深厚的植物生态民俗传承影响。民俗中有关植物的禁忌，更让人意识到植物生态民俗链在民间文化中的重要性。在客家人的许多祭祀仪式中，五谷杂粮、山野植物都具有驱邪除煞的神秘功能，形成了历史悠久的巫术信仰传统。它们在婚丧喜庆、岁时节俗等大礼中更是不可或缺的。这突出反映了古老的客家农耕先民对粮食及其他植物的神圣崇拜，相信这些供养人类生命且与生活休戚相关的植物具有超自然的威力。民俗学家乌丙安认为，在生态民俗研究中，植物在食物链中的生态资源开发意义是非常重要的。人们在广泛地利用植物生态直接或间接选取食料外，还要利用野生林木用作烧材，用于房屋畜栏的构建。人们还要利用山野植物资源采集草药并用于医治人畜疾病和保健。人们与绿色植物之间不仅有直接的关系，而且因人们需要草食动物供给肉蛋与皮毛，需要草食大畜做劳力，所以与畜禽需求的草食植物又有着广泛的间接的关系。①

民俗有共性，也有很强的地域性、民族性。植物崇拜是一种古老的文化现象，存在于众多民族文化当中。在万物有灵的观念支配下，部分花草树木被赋予了灵性与神力。客家人众多的日常习俗中表现出来的植物崇拜现象，体现了客家人对养育生命的大自然的崇敬之情。

客家人习俗中表现出来的对植物及相关物品的崇拜，大体可以归结为以下三种类型。

一、生存药用因素形成的植物崇拜

客家大部分地区都是农耕社会，稻作文化是客家文化的根本。稻米在客家人的生活中有着特殊地位。客家称米为"米谷子"，有"食新禾"等习俗。米及由米制成的食品年糕（糯米）、发糕（粳米）、糯米酒等普遍应用于各种场合，有许多不同的意义。其他许多植物如芋子、油茶、茶叶、豆类产品等在客家民俗中都有其特殊意义。

1. 谷物神崇拜

在闽西客家有"食新禾"的习俗。所谓"食新"就是尝新米，具体日期各地不同，一般是小暑过后，逢卯日食新。人们因为对自然的崇拜，设想了一个"五谷神"（一说是神农氏，一说是后稷）。在乡间，人们将割下的稻谷碾成米，做好饭先供祀五谷大神和祖先。然后请帮忙割禾的人一同尝新。城镇的人们则买一些新米与老米同煮，加上新上市的蔬菜和酒肉，也谓之尝新。祭祀时的供品主要还有苦瓜、丝瓜、茄子。客家俗称"苦瓜保佑大家，乱绩（指丝瓜）保佑大细（指全家大小），茄子保佑老婆"。

为了表现敬重"五谷神"，闽西客家人除夕前一天用大饭甑蒸饭，叫"蒸岁（年）饭"。"岁饭"要供数日，取"岁有余粮"之意。正月初二早晨重蒸食用，叫"食岁饭"，一直到正月初五才能用生米做饭。福建宁化、江西石城等地客家在正月初二即可用生米做饭，但到了正月初五又不用生米做饭，以表现敬重"五谷神"之意。因为正月初五是"五谷神"的生日。

民以食为天，稻米在客家人的心中有着很重要的地位。"人是铁，饭是钢"，在

---

① 乌丙安：《中国民俗学》，第 50 页。

客家人的故有信仰中，米是力量的源泉，是家族乃至国家得以稳定发展强大的根本保证。实际上，世界各民族对谷物的信仰都很突出，人类自古以来把谷物来源解释为天帝天神所赐，或是从神处盗取而来的灵物。唐朝杜佑《通典》卷一《食货典·田制上》："谷者，人之司命也；地者，谷之所生也；人者，君之所治也。有其谷则国用备，辨其地则人食足，察其人则徭役均。此三者，谓之治政。"

谷物有谷魂的观念，在客家人中是比较普遍的。在一些日常习俗中，客家人表现出对"米谷神"的敬畏。如吃饭时不能用筷子敲打桌子、碗盆等，认为如果这样做会赶走"米谷子"。客家还有一习俗，即将饭菜倒在地上会遭雷打，这可是个大禁忌。这里还有个客家故事。说的是从前有一个媳妇，赴宴后把席上夹下的菜用一个碗盛好，急急忙忙端回去给婆婆吃，不料走到一棵大树旁时，被树根绊了一跤，跌倒在地，碗里的肉菜也倒在地上，媳妇心疼得哭起来。这时雷电大作。婆婆送斗笠去接媳妇，见媳妇坐在树下哭，问明情况后，婆婆对天求情："雷公啊，我媳妇是天底下最孝顺的媳妇，你可不要错怪了她，饭菜倒在地上，纯粹是为了我啊！要打你就打我吧。"婆婆话说完，一声炸雷，那棵大树炸翻了，树底下露出一缸银圆。婆媳俩高兴地捡窖而归。这说的是孝顺媳妇终有好报的故事，婆媳和睦历来是客家民间故事的一个重要主题。这同时也反映了客家敬重米谷神的习俗。

米分为两种：粳米，主要做成米饭、饭团或发糕；糯米，主要酿酒和做年糕、粽子等。发糕、米酒、年糕等在古时极为珍贵，只有在特殊的节假日、庆典之时或不同寻常的场合才能吃到。这些由米做成的食品被视为喜庆、吉祥、贡奉神灵的食物，也是力量的象征。尤其是客家米酒，在客家人的习俗中应用最普遍。酒为米之精，由米酿成酒，笔者以为也应归于"米谷神"崇拜。客家人多以糯米酿酒，称"客家米酒"。糯米发酵后，还没有放水生酒之前称"酒娘"，这是很形象的称呼。因此，客家人几乎家家户户都酿黄酒，稍微大点的村庄或集镇，都有专门酿造黄酒的作坊。酒在客家民俗文化中有很重要的地位。以现今南方民系来比较，闽人（主要指福州一带）、广府人（主要指广州一带）、闽南人（主要指闽南及闽西的新罗、漳平一带）都是很少以糯米酿酒的，且与客家地区相比，有关酒的习俗也较少。笔者以为客家人保存着更多北方人豪爽好客的基因。如果你到上述各地（泉州一带除外）去，就会感觉到劝酒之风较弱，而客家区则较盛。姑且撇开此风的利弊之争，以此作为辨别民系的重要元素是毋庸置疑的。当然，这是从整体上去判断的。现在区域文化研究常常在一些细枝末节上，或者是在一些已经相互渗透了的民俗个案上纠缠不清，进而或互相攻讦，或互相认同，笔者以为没有意义。

在祭祀活动中，献茶献酒是必不可少的，酒尤为不可少。俗云"拜神，无酒掷无筊"，意即非酒不能使神满意。往时，乡间一时不得酒，则以生米泡水代之，叫米酒。台湾民俗中，拜神供献三杯，拜祖供奉七杯、九杯、十一杯不等。[①] 笔者虽无从考证这是台湾哪一地的民俗，但可肯定的是，这是汉民族的祭祀文化和酒文化在台湾的具体表现。汉民族的祭祀文化和酒文化在各民系中大多是相通的，但客家祭祀文化和酒文化与其他民系有很大程度的区别，它甚至可以作为分析客家民系的渊源及区分客家与现有南方各民系之间特征的重要元素之一。在客家祖地闽西，祭祀文化和酒文化尤有特色。在祭祀活动中，人们在焚烧纸钱时，还要用酒将纸钱绕上三圈。其意是将纸钱圈住，不被其他孤魂野鬼抢走，直接到祭祀对象的户头。

每到过年，或逢好事之前，如嫁女儿、娶媳妇、生孩子、做寿、新房子落成等，客家人首先想到要做的就是酿糯米酒，这是有针对性的酒，称满月酒、新屋酒、新婚酒等，而且要求酒放置时间越长、酒越醇越好。相比之下，这是周边民系所没有的习俗。客家民居落成典礼习俗中，有"暖梁""祭酒"仪式。"祭酒"中有许多祭酒呼赞："……酒娘乃是玄母送，杜康造酒祭良辰。一瓶米酒亲手祭，一杯酒来敬上天，敬重天上鲁班仙。二杯酒来祭下地，敬重龙神并土地。三杯酒来祭梁头，代代儿孙要封侯。四杯酒来祭梁中，代代儿孙在朝中。五杯酒来祭梁尾，考下秀才状元归。鲁班弟子亲祝赞，争授华堂万万年。"之后的"升梁"仪式是最隆重的。边放梁，新屋上下的师徒、帮工和观众边齐声呐喊："红梁高升、高升、高升、再高升！"最后一个"升"字时，红梁正好到位。此时大放鞭炮。然后将预先准备好的内装米谷杂粮的四只红布袋，一边一对，挂在红梁上。完后，由一位泥水师傅和一位木匠师傅分站屋墙上，向来祝贺和看热闹的人群抛撒糍粑和粮米。相传吃了此糍粑，可增福增寿、大吉大利。因此，大家在下面嘻嘻哈哈争先恐后用围裙、衣兜抢接抛下来的糍粑和粮米。这时，墙上撒糍粑的师傅边撒边呼"撒糍粑"赞文："一个糍粑发上天，五色云中是神仙。一个糍粑发下地，金银财宝东君的。一个糍粑发在东，五色祥云在其中。二个糍粑发在南，南边买马在黔甘。三个糍粑发在西，此是太子来登基。四个糍粑发在北，纯（或诚）是文人所得贵。五个糍粑发中央，探花榜眼状元郎。一要千年富贵，二要金玉满堂，三要三元及第，四要四海名扬，五要五子登科，六要禄位高升，七要牛羊满山冈，八要鹅鸭成群满池塘，九要一举首登龙虎榜，十要十年身到凤凰池。"撒粮米的师傅则边撒边呼"撒粮米"赞

---

① 吴瀛涛：《台湾民俗》，第54页。

文:"天地开昌,日吉时良,今日时师来敬粮。撒粮撒向东,代代儿孙穿朝衣。撒粮撒向南,代代儿孙做高官。撒粮撒向北,代代儿孙积金玉。撒粮撒向中,代代儿孙在朝中。弟子来祝赞,富贵福禄祟。"一时此起彼伏,热闹非凡,将升梁仪式推上高潮。撒糍粑、撒米谷和挂在红梁上的粮米一样,都象征着五谷丰登。①

客家地区酒文化很典型,在众多的场合中,酒是不可缺少的东西。闽西、梅州、赣南客家人办筵席请客称为"做酒",突显酒在饮食文化中充当的重要角色。做酒名目甚繁,生活习俗中,婚嫁中有"暖轿酒""结婚酒";小孩诞生三日要做"三朝酒",半月要做"吃姜酒",满月做"满月酒",周岁做"过周酒";男子成年要做"新丁酒""冠礼酒";老人过生日要做"暖寿酒""祝寿酒";春节一家团聚吃"发始酒"。在生产领域内,种植耕作中有"栽禾酒""园禾酒";商业经营中有"起乐酒""园乐酒""戏文酒";工匠学徒有"进师酒""出师酒";建房动工之日要做"落石脚酒",下梁立柱之日要做"上梁酒",竣工时要做"圆屋酒""下板酒",迁基时有"过伙酒",等等。诸多名堂的酒席各有不同的规格,所用菜式又因地域不同略有差异。②

闽西连城县北团镇上江坊的丰年"游大粽"习俗,是体现客家人"米谷神"崇拜的典型活动。

从上江村中长辈的介绍里了解到,"游大粽"的历史可以追溯至清康熙初年,距今已三百多年,而且其中是有典故的。

说的是,有一年到了传统的春耕之时,上江坊的江姓先祖被派去清流县林畲学习春耕的经验。但去了后他并没有学到什么经验,因为播种的程序都差不多。回村后他发现其他村民的春耕都搞好了,唯独他家的田地还荒着。他后悔不已,觉得吃了亏,但也无可奈何,只得抓紧时间春耕。不过,说来也怪,当年,村中大部分村民歉收,唯独江氏大丰收。第一年,村民们不以为然,认为江氏不过是偶尔踩狗屎运。可是后来连续几年,江氏依旧每年去林畲,他家依然是大丰收。村民们怀疑江氏取得了播种的真经,于是,纷纷跟着他的时间、学着他的方法播种,结果,全村人都迎来了丰收年。慢慢地,上江村民悟出了其中的奥妙,就是春耕时间的把握。上江坊地处偏远,气候寒冷。以往,人们按周边大多数地方的时间播种,就会遇上倒春寒,提前播种的秧苗受冻,自然就造成歉收。而江氏因为去清流县的林畲,恰

---

① 万幼楠:《赣南民居营建礼俗调查》,载罗勇主编《"赣州与客家世界"国际学术讨论会论文集》,人民日报出版社,2004,第145页。

② 胡希张等:《客家风华》,广东人民出版社,1997,第633页。

好躲过了那段危险时间，自然就能丰收。于是人们就利用这段时间搞了"游大粽"这项民俗活动，挑选一个好日子，抬着几个特制的大粽子，在村、镇之间游行，祈求新一年国泰民安、风调雨顺、五谷丰收。

"游大粽"的民俗活动是繁杂而隆重的。因为时间充裕，人们也就乐在其中。首先，人们饮水思源，每年挑选出 2 至 3 名村民去林畲朝圣，迎回丰收的好兆头，然后将精心准备好的粽叶缝制成粽衣，将备好的糯米浸泡塞入粽衣。举办这个仪式，每年都要准备上万片的粽叶，一百多斤的糯米。为了阴阳调和、五谷丰登，上江坊人设计了一公一母的大粽。粽叶用尼龙线串起来，然后像做衣服一样将糯米包裹起来。粽子的轻重大小有讲究：每个用七十二斤糯米，公粽底直径为 55 厘米，高 1.8 米；母粽底直径为 60 厘米，高 1.6 米。从农历二月初五至初八开始缝制粽衣，到第 5 天，也就是在农历二月初九早上，将大粽包好，中午时分把大粽放进锅里蒸到农历二月十二早上，蒸煮四天四夜。蒸好的大粽要经过打扮，也就是用金箔纸包裹，贴上吉祥纸花，才能正式联姻，结伴出行。另外还要包上几百个指头大小的公母小粽，挂在大粽尖端。此时，经过装饰的大粽重达一百四十多斤，再加上大粽架子的重量，抬出去游行的大粽接近两百斤，要由四个壮汉抬着游。游行时，遵循男左女右的定例，公粽在左边，母粽在右边。出游时间一般是每年农历二月十三日至十五日间的吉日。出游时，鸣锣开道，放铳引路，两架大粽、龙凤旗、花灯等列队沿着田间小路、村中巷道游行，浩浩荡荡。游行完毕，妇女们讨要挂着的小粽，想生男孩的讨公小粽，想生女孩的讨母小粽。大粽则分给村民带回家酿酒。据传，掺入游行大粽而酿出的米酒，醇厚香浓，劲道十足。村民把大粽看作吉祥物，是成熟种子的象征。因此，组织者要将大粽分到每家每户，由村民们将粽子撒向田间，以祈求新的一年风调雨顺、五谷丰登。特殊的节俗，也增加了亲朋好友之间的交往，为表示客气，家家户户还要包上数百个拳头大小的粽子，馈赠亲朋好友。

秧根崇拜也是很典型的稻谷崇拜。四川东山客家人认为人的生命是有根的。孩子在十二岁以前还未能自然长成根，需借助人为的力量让孩子"添根"。秧子盘根错节、根须交织之状胜过树根，其苗壮成长全靠发达的根系。①

客家许多地方都有"出米石"的传说。笔者去看过连城县北团、永定县奥杳、上杭县双髻山的出米石。在物质匮乏时代，人们对"米谷"的尊崇心理表现在许多方面，出米石的传说似乎也可以归入此类。这些故事传说都是大同小异，结果都因

① 陈世松主编：《四川客家》，第 250～251 页。

人的贪心而毁了出米石。

上杭县双髻山的出米石传说是这样的：相传居住在山上古寺中的和尚虔诚为民消灾，上天念他们下山取粮困难，就点石绽缝，让大米从缝中流出，以供食用。虽然初一、十五进香者很多，大米的需求量很大，但都能基本满足。和尚们每日到出米石前，打躬作揖，唱道："天门开，地门开，出米石嘴快张开，请你把米流出来。"石嘴慢慢张开，雪白的大米汩汩流淌，到了刚好供众人当天食用的数量，石嘴自动闭合。据说有一个和尚心术不正，懒惰成性，不想每天这样辛苦，于是手执铁锤、凿子，把小缝凿成大窟，然后喜形于色地张开口袋，口中念道："天门开，地门开，出米石嘴快张开，我要你流出万袋米。"过了好久，石嘴无动于衷，米不复出。从此粮源中断，和尚们只好去山下挑粮度日。①

而其他地方出米石不再出米，更多是因为个人的贪心。这个传说往往由长辈告诉后代，讲述中充满对出米石的神往以及对贪心者的痛恨。从某种意义上说，这些传说符合民间信仰教人向善的导向。

2. 芋子习俗

芋子在客家地区的种植较为普遍。由于芋子便于冬藏，加上其实用价值高，因而深受客家人的喜爱，常常被用于许多节庆中。笔者家乡闽西永定高陂客家人在大年三十这天，一定要以芋子为原料，配以肥猪肉、花生、葱根、糖冬瓜、洋芋粉、木薯粉等，做成一种叫肉圆的食物，作为大年三十晚上一道不可或缺的主食及正月初二回娘家、走亲戚必不可少的礼品，其意为"团圆"。

闽西永定有许多传统风味菜与芋子相关，如"芋卵包""芋卵粄"等以芋子为主料制成的食物。因为芋头收获是在秋天，正是农历的九月重阳节之时，永定人把九月重阳节又称"芋卵节"，这是很奇特的。另外，惊蛰这一天，闽西长汀客家人有一种习俗，即在热水中煮带皮毛的芋子，或炒豆子、炒麦子。认为这样可以消灭多种小虫，俗语称"炒虫炒豸，煞（杀）虫煞豸"。惊蛰是冬眠昆虫开始复苏活动之时，古人主张早期灭虫。现在这种习俗已不多见了。惊蛰当天，人们还有做芋子粄或芋子饺的习俗。

吃芋子的传统还与家族的历史有关，其文化内涵就更不一样了。如闽西武平县中山镇的一些客家人，有逢过年节头碗菜即吃芋子的习俗。相传清顺治元年（1644年）至五年（1648年）间，武所城（中山城）民众反清复明，清王朝派重兵血腥

---

① 参见黄顺炘、黄马金、邹子彬主编：《客家风情（续集）》，海潮摄影艺术出版社，1994，第320页。

镇压。血洗后，武所城空荡无人，清政府派兵屯田，同时组织移民。卢、林，苏、张四姓从永定迁移来武所开基，成为武所的第一批移民。中山乡是百姓之乡，弹丸之地，杂居"军家"、客家，人员混杂，但卢林苏张四姓，历来与"军家"及其他客家人和睦相处。四姓刚迁来第一年，生活是艰难的。为了教育后代保持艰苦朴素的作风，不忘祖先创业艰辛的岁月，第一个春节来临前，他们共立一约，规定逢年过节的头碗菜吃芋头，还特别为它们取名曰"裕背"（永定金丰话，意为兴发）。至今四姓人都有每逢春节吃"裕背"的传统。

3.茶树崇拜

闽西、赣南一带的擂茶，很有客家情味。擂茶俗称"擂茶粥汤"，又言"擂茶同擂茶，粥同粥"，意为同甘共苦。客家人大都居住在山区，山岚瘴气重，生活艰苦。喝擂茶不仅在于解渴充饥，其功能还在于祛病强身。如在擂茶中加上鱼腥草、藿香、陈皮等有明显的防暑作用；加上凤尾草、佩叶兰、铜钱草则有清热解毒之功能。请喝擂茶是江西赣南及福建省西部、西北部客家地区人们用来招待客人最隆重的礼节。

茶（包括油茶）对客家人有很重要的意义。客家人认为，茶水是一种男女老少皆宜的保健饮料，有祛病健身的功效。尤其是由每年端午节中午上山采来的原料制成的茶，客家人称之为"午时茶"。客家谚语有云："午时茶，好做药。"客家人相信，喝了端午节采来原料制成的午时茶，可以消除百病。客家人以茶待客的习俗很盛行。如有外出，一定要带上一小包家中的茶叶，到目的地后，用开水泡茶，以适应当地水土。

另一种是油茶。油茶树四季常青，树干十分坚韧，生命力极为旺盛。它常年开花结子，子熟即又开花，有俗语称"茶树没空腹"，是重子嗣的中国人的最佳吉祥物。正因为其特殊性，客家人把它作为吉祥物，树干常被制作日常生活中的一些用具。笔者家乡永定县高陂有做弥月的习俗：主持人抱起婴儿在大门口向上抛三下，以壮其胆，口喊"鹞婆"，反复几次，再由家人给村中小孩分印有福字的"鹞婆板"。然后，主持人头戴插有油茶枝的破斗笠，抱着婴儿绕村一周，后面一大群孩子跟着喊"鹞婆"，意为让小孩见世面，壮胆。平时油茶杆还被做成辟邪杖。

据笔者调查，更为有特色的是闽西连城等地的祈子习俗。由于特殊的生存环境，客家人对传宗接代最为重视。妇女虽怀孕，但不知男女时，先要请神预测，如测知生女，则要请神明通融，女转男，这些要举行仪式。斋婆从油茶树上摘下白花则预示生男，红花或无花则生女。如果还没有怀孕，则求告自然物，较典型的是

"培茶树、正胎根"的祈子法。生男孩俗叫"开白花"，由巫婆带祈子妇人深夜去给开白花的油茶树培土，披白花上衣等。油茶树可以说是很典型的"添丁树"。同时，客家人结婚时的"拖亲"习俗中，也有用连根带尾的油茶树挂在担盛（挑盛嫁妆礼品的器具）的头上，或是载礼品的车上以示吉祥。此俗至今还有一些地方保留。

还有一种植物叫布荆草（学名黄荆、五指风）。平时，客家人割下山边的布荆草晒干，以备产妇洗药澡用，此草（实为灌木）有舒筋活血、驱赶风邪之药用。

在客家地区，百姓还崇拜樟树神。有关樟树神的神话传说在古文献中也有记载。樟树崇拜，估计也与药用相关，它能驱虫辟邪。有些地方人每逢病灾，就到一些古樟树下烧香礼拜，并刮下少许樟树皮熬汤给病人喝。过去，客家人嫁女儿时，往往都要做一对樟木箱为嫁妆，有孩子出门念书，也是送一樟木箱。在过去缺少药品的情况下，人们往往求助于植物的天然药性，并把它神化。

另外还有桃树崇拜。五月端午节"插青"，有插桃枝的，如闽西永定。在中国古代，桃为吉祥物，仙桃祝寿是常规的仪式。桃枝辟邪也是人们普遍的信仰。在广东蕉岭一带的客家，婚嫁中拖青用的是桃枝：由一男孩拖一条桃枝走在花轿前面，为新娘驱邪开道。这是因为桃木做的"桃符"能镇邪驱鬼。

二、传说象征因素形成的植物崇拜

客家地区的部分植物崇拜现象与传说和植物本身的象征意义有关。赣南、闽西、梅州一带的端午节悬挂葛藤、菖蒲（象征祛除不祥的剑）、艾草的习俗，闽西汀州从五月初一开始就折桃枝插门前以避邪的习俗，各地客家祠堂庙宇后的风水林，榕树的意义（高大、能乘凉、根系发达、生命力旺盛，榕枝在民间的意义是可使身体健康），水杉的神化，竹子文化，等等，许多习俗都很有特色。

1. 艾草、葛藤习俗

端午节悬挂艾草和葛藤习俗的传说，有几个不同的版本，都和黄巢有关。说是唐朝末年，黄巢起义，五月时要进攻河南邓州。进攻前一天，黄巢在城外察看地形，见一妇人背着包袱，一只手牵着一个年纪较小的男孩，另一只手却抱着一个年纪较大的男孩。黄巢觉得奇怪，便驻足询问。妇人回答说："黄巢兵要来攻城，他杀人如麻，我只好带着孩子逃难去了。"黄巢告诉妇人："大嫂快快回去，用艾叶和菖蒲插在门口，黄巢的军队就不会伤害你了。"妇人将信将疑，但还是回到城里，将消息传了出去。第二天，正是端午节，攻城后的黄巢，看见家家插艾草和菖蒲，为遵守诺言，只好引兵而去。于是，全城幸免于难。为纪念这件事，每到端午节，家家都在门上插艾叶和菖蒲，并且习俗流传至今。闽西客家祖地宁化有另一种大同小异的传说，地点成了闽赣交界处。黄巢见妇人背着大男孩，却拉着小男孩奔跑，生疑，驻足询问。妇人回答说："背的是侄儿，没了父母，怕丢失被杀，断了香火。年幼的是自己的儿子，所以牵着跑。"黄巢甚为感动，教妇人回村后悬葛藤于门。全村因悬挂葛藤而保平安，由此端午节门悬葛藤成为节俗，流传至今。每到端午节，客家长辈们都要给后辈讲这个流传了一千多年、不知讲了多少代的古老故事。在中国，任何一种习俗都有一个美丽的传说，不管其是真或是假，随着岁月的流逝，渐渐积淀成了一种文化精神，熏陶着一代又一代的人们，成为我们民族宝贵的精神财富，成为我们民族生生不息的永恒动力。

葛藤之根，是很好的食品。据闽西《武平县志》记载："蔓生，取其根确烂澄粉为葛粉，比薯粉性凉。用根切片晒干即干葛，可解渴退热，为阳明证之要药。邑人取粉作肉丸，可代薯粉。"

艾草是多年生草本植物，属菊科家族，分布在亚洲东部的广大地区。艾草的生命力极强，房前屋后，山坡路旁，处处都能看到她绿色的身影。她性温味苦，有强烈的清香。我们的祖先很早就认识到"艾所以疗疾"的价值，把她称作艾蒿、医草。对艾草和葛的最早描述见于《诗经·采葛》："彼采葛兮，一日不见，如三月兮！彼采萧兮，一日不见，如三秋兮！彼采艾兮，一日不见，如三岁兮！"短短数语，对情人的热切思念之情便跃然纸上。"一日不见，如隔三秋"这句话，至今活在人们的口头上。有民谣这样唱道："粽子香，香厨房。艾叶香，香满堂。桃枝插在大门上，出门一望麦儿黄。这儿端阳，那儿端阳，处处都端阳。"艾草代表招百福，可使身体健康。它是端午节的吉祥物。在闽西客家，人们对她更是情有独钟。

明朝李时珍《本草纲目》中记载，艾草"产于山阳，采以端午，治病灸疾，功非小补"。这不起眼的植物，具有特殊的气味，能净化空气，有芳香通窍的作用，常闻能令人头脑清醒、耳聪目明、记忆力增强。艾草可以内服外灸，中医常以艾叶或艾条来做针灸或烤熏，吸进人体内的艾草味道，可以通畅气血，强身健体，提高免疫力。还记得小时候，每到端午节，闽西客家人就会密闭房间，焚烧艾草以除虫灭菌。客家民谚说："五月五日午时火，烧尽百虫除灾祸。"采艾要在鸡未鸣以前就出发，挑选最具人型的艾草带回家挂在门口。据说这种艾草用作针灸时特别有效。一般人将艾草扎成虎型，或将艾叶粘贴在小虎形状的剪纸上，在端午时佩带。端午节时逢农历五月，正是蚊蝇特多、瘴气最重、人易生病的季节，这些习俗活动，有科学根据，又有强烈的人文色彩，反映了客家先人的智慧。自古以来，中国从平民百姓到富贵人家都是以这种方式来杀虫灭菌、驱邪健体、平安入夏的。以前，过端午就像过年一样。客家许多地方，端午节有给小孩洗澡、换新衣服的习俗。如闽西连城客家，至今还保留这一习俗。洗澡是很有讲究的，一定要在正午十二点，用的是艾草、桃叶、香茅草、菖蒲、薄荷、车前草等熬出来的"午时水"。以艾叶水洗澡的习俗可以追溯到古代，女孩子出嫁前要用艾草浸泡过的水沐浴，释祸净体，以迎接崭新的生活。艾草代表招百福，可使身体健康，而菖蒲象征祛除不祥的宝剑。

有关艾草的诗文也不少，"手执艾旗招百福；门悬蒲剑斩千邪""插榕较勇龙；插艾较勇健"是比较有特色的端午联对。台湾部分地区还贴对联来驱邪："蒲剑冲天皇斗现；艾旗伸地神鬼惊。"南宋著名诗人陆游的《乙卯重五诗》是这样写端午的："重五山村好，榴花忽已繁。粽包分两髻，艾束着危冠。旧俗方储药，羸躯亦点丹。日斜吾事毕，一笑向杯盘。"可以看出诗人对山村端午习俗的喜欢。艾草作为端午节的重要物品，常被文人们用来入诗入文。

最有特色的是客家艾叶粄。每到春季，客家人就要做艾叶粄。它是用糯米粉和艾叶做的，方法和做糍粑一样。采来新鲜艾叶，用开水烫熟，然后和糯米粉一同锤炼，然后做成银圆模样。以往，客家集镇的墟天，专门有人制作艾叶粄出售，可以即食。许多小孩跟随家长赴墟，就为尝尝艾叶粄。客家人平时还很喜欢用艾叶煮鱼呀蛋呀什么的，颜色很好看，味道特鲜美。到了冬天，则把艾根挖来晒干，用它炖鸡汤啊鸭汤啊之类的，以祛寒湿，舒筋脉，滋养身体。艾草的食疗价值越来越为人们所看中。这正体现了客家人充分利用大自然的能力与智慧。

2. 风水林和榕树崇拜

比较容易成为客家人崇拜的植物还有如下两种情况：一是特殊地方的树林。俗信风水林可以起到"藏风得水"、保持"生气"的作用，所以客家人喜欢在路口、村后、庙后、祠堂后、坟墓周围等与风水有关的地方种植树木，严禁砍伐。如"伯公树"或神坛后的树是神圣不可侵犯的，任何人都不敢砍伐；房前屋后尤其是寺庙、祠堂前后的风水树、风水林也都没有人敢砍伐，如古田会议会址——上杭古田万源祠后郁郁葱葱、年代久远的树林。

二是特殊的树种，如老榕树、水杉、松树、柏树等。闽西客家有一种常见的将孩子寄拜给自然物的仪式，主要是寄拜巨石、榕树、茶树、桃树等为干爹、干娘。寄拜的原因是小儿的命特别硬，八字特别不好，本身既难养，又会克父母甚至被寄拜的人，因此只好寄拜自然物。其寄拜的方式较简单，如要将小儿寄拜给榕树，则择吉日，小儿父母到大榕树下，用三牲祭祀，边烧香作揖，边对大榕树念念有词，大概是说寄拜的意愿。祭祀毕，在榕树上系上红布条，就算寄拜开始。从此，每年端午节和大年前均需祭祀，直至小儿十六岁。小儿要以大榕树命乳名，如"榕树头""榕树子""榕树根""榕榕"之类。一些地区客家人迎亲有"拖青"之俗，即花轿后面有个人拖着一条寓为百子千孙的榕树枝。如遇别的花轿，则互换榕树枝，俗称"换青"。光绪《嘉应州志》载："一男仆缨帽长衫，执榕树枝，去仰来俯，名曰拖青。榕树取义多子也。"青是生命的表现、生机的象征，客家人、整个中华民族都是以大红大绿来昭示喜庆吉祥的。

笔者在调研中听到一个真实的现代故事。1995年，各地大建公路，闽西地区要扩大省道302线。在永定县陈东乡路段，恰好要经过一棵大榕树，公路一边是河流，一边是山坡，没有其他办法，最后决定砍树。那时，人们的环保意识还不够强，许多大树为了修路而被砍伐。客家人对榕树有特别的崇拜情结。承包公路的工头根据线路的规划，安排工人砍树。施工者恰好是当地客家人。这些工人都不愿意砍树，认为会得罪神灵，招来祸端。工头根据上面的指令，强迫几个工人砍树。这几个工人无奈，只好拿着斧头来到大榕树前。他们在大榕树面前大声祈祷："树啊，不是我们要砍你的，是×××（工头的名字）强迫我们动手的，要责怪就责怪他吧！"这几个工人反复这样念叨，举起斧头虚作砍树状，念了好久，一直没有下手砍树。工头来回几次，听了工人反复念叨，也开始心虚了，就说不砍了。后来修路方案作了修改，这棵大榕树就这样保存下来了。人们在高大的榕树下修了小小土地庙，每到年节、吉庆日子就要给树披红挂彩。现在，这棵榕树比之前更加茂盛、葱郁。这是信仰的力量。

客家人还把对榕树的崇拜带到各地，为其迁移地带去了客家的习俗，带去了新的福荫。"客家人来四川，还给四川带来了榕树。榕树是岭南热带树木。据传说，福建、广东人来川后，十分怀念家乡大榕树特有的景色，为了营造第二故乡的家乡景色，寄托乡情，于是引入榕树。榕树的树冠、树干是林木中最大的，其根也是最大最长最多的。四川人普遍称之为黄桷树。黄桷树与岭南的榕树已有不少差别。榕树有许多粗大的气根，而黄桷树却没有，还有些小差别，这可能是因地质、气候、温度的差异而引起的变化。四川化的榕树——黄桷树，在清代、民国以及新中国成立初期，全省各镇各乡，庙观、祠堂、会馆、桥畔、山垭处处可见。高大的黄桷树，给行人以荫凉，饰环境以氤氲葱茏，装添了多少奇山异水的景色。明朝四川有无黄桷树，尚未见史料记载。将黄桷树在四川各府州县乡村普遍栽种，的确是南方入川移民，特别是客家人的功劳。四川农村风光因此而更美丽动人。"①

水杉较为稀少。客家人居住的地方周围或路边生长的水杉，往往会被人们神化，成为土地伯公或别的神祇的象征树，树下一般都会安上一个神位。笔者以为这不仅是崇拜树下的神祇，同时还有水杉本身。因为这种现象有两种情况：一是先有水杉，而后有神位；一是先有神位，然后种上树。往往前者情况更多些。

客家人的植物崇拜禁伐风水树、风水林，使客家村村寨寨都保留了一片乃至多片树林，即使在大炼钢铁全民烧炭的"火红年代"和"文化大革命"期间，许多客家山村的风水树、风水林依然未遭砍伐，郁郁葱葱，充满勃勃生机。它们在某种程度上起到保护环境、保护生态平衡的积极作用。

3. 竹子崇拜

客家人居住的地方大多为山区，盛产毛竹。毛竹及其制品在日常生活、生产中用途广泛。竹材之用，始初是供生活上的实用，后渐被采用为工艺的加工材料。

竹子四季常青，有"节节高"的寓意；竹子春天萌发，"如雨后春笋"，又有家族大发的含义；古代爆竹声响驱邪喜庆，有"竹报平安"意蕴；……客家人对竹子的感情很深。客家许多地方正月闹灯笼都要写上"竹报平安"。笔者参加连城芷溪正月灯会时，看到有些家族游行队伍里配上几个引路灯牌，上写"有竹人家"。

客家地区不少地方新娘出嫁时有哭嫁习俗。如闽西连城县北团镇江园村的新娘出门前上香拜祖拜别父母，感谢十月怀胎、养育之恩。新娘哭得越大声越伤心越好。在大厅里，点一盏灯放在量谷的斗中，上盖用竹片编成的米筛。米筛上放着新娘的鞋袜，新娘坐着将脚伸到米筛上穿鞋袜，潜意为光明在前、百子千孙。上轿时辰一到，燃放鞭炮，鼓乐喧天。新娘则是由兄弟背上轿，意为不能带走财富。

过去，不少客家区，在行嫁的队伍中，新娘坐花轿（大轿），花轿前面有媒人轿、送礼仪的担盛轿、乐队和两个男孩分别坐的灯（谐音丁）轿。花轿后面是送嫁的人们。整个行嫁队伍走在最前面的是一位身世良好的成年男子，用肩膀扛拖着一枝女家预先准备好的连根带尾的新竹，俗称"拖青"，亦谓之清秽。拖青者与后面的人保持二三十步的距离。其竹的枝丫起处与每节要左右两枝共存，寓意为成双成对。若只具左或右成了单枝，男方则不予进村。竹的前头需用红线索挂一吊大约一二斤重的长条猪肉。拖青的人肃穆地走着，那吊猪肉一晃一晃地摇摆，竹尾拖扫在路上，发出有节奏的"沙沙"声，这可谓是"世界真奇妙"之客家真奇妙。"拖青"

---

① 陈世松主编：《四川客家》，第82页。

究竟是什么意思呢？它不仅起向导作用，而且还意味着扫邪清路。竹又是四季常青"节节高"的吉祥物，金黄色的竹根又甚能长笋，借意寄望新郎新娘传子带孙。那么，那吊猪肉又是什么意思呢？传说是古人设计预防野外路上万一遇到豺狼虎豹而备作应付之物。若野兽走来，把那肉丢过去，野兽咬肉，逢凶化吉。若万一野兽不咬肉，再用竹尾扫过去，把野兽赶跑。后来，不管行嫁队伍有经野外或是无经野外都一律挂上一吊猪肉。挂肉还带"禄"的含意，因"肉"在客家方言中和"禄"谐音。那竹连根带尾意味着什么呢？意味着人们寄望这婚事有头有尾（善始善终），百年偕老，生根长叶，代代相传。①

竹子有着旺盛的生命力，满山遍野，郁郁葱葱。客家婚俗中诸多的寓意设计和实用设计，体现了客家先民的生存智慧和家族发达的美好愿望。至今，在台湾南部六堆客家地区，还有拖连枝带叶的竹子的婚嫁习俗。在婚嫁中还有一种"青"——长命草，这种取名吉祥的野草，系上红绳，便作为嫁妆，随新娘陪嫁到男家。洞房花烛夜，用竹篮装着，挂在新人床头，第二天早上，再栽到新郎家的菜园里，表示新娘已在新郎家落地生根了。

4. 松柏树崇拜

松树象征常青，且过去多用松明为火，故客家人对松树情有独钟。柏树在客家也有独特的意义，主要是避邪之功效。端午或过年常折柏叶与艾草、布荆草（学名黄荆、五指风）等熬水洗澡。祠堂、庙堂周围，客家人喜好种植柏树。国外不少地方有共通之处。柏树在伊朗被称为"自由之树"。对此，有些人疑惑不解。一个青年问一位受人尊敬的哲人："造物主创造了那么多能结出甜美果实的树木，可为什么单单把不结果实的柏树叫作'自由之树'呢？"哲人回答："世界上的每一种果树都有一定的季节，到了那个季节，才会茂密地生长，继而开花结果，而一旦过了那个季节，便会很快凋落。唯有柏树，它们不为时间所限制，四季常青，所以，被造物主赋予了'自由之树'的含义。"的确，世界各地的人们都有植物崇拜的情结，而其崇拜的植物，总是有某种特殊的象征意义。

汀州试院的双柏树，史载为唐大历年间（766～779年）汀州筑城时所种，至今已有一千二百多年的树龄。清《长汀县志》中有"柏树神"条目。据载，任《四库全书》总编纂的大才子纪晓岚乾隆年间（1736～1795年）曾来长汀任主考。他以福建督学身份，视察过汀州、龙岩，留下了"雪泥鸿爪"。在他的《阅微草堂笔

---

① 江斌：《客家婚俗数则》，载福建省民俗学会编《闽台婚俗》，厦门大学出版社，1991，第231页。

记》卷一中就有"福建汀州试院堂前二古柏，唐物也"的记载。在纪晓岚的书中还有关于唐双柏上红衣人的记述："仰见树梢两红衣人……馨折拱揖后隐去。"纪晓岚记述的是南明隆武娘娘及帝妃被清兵追杀，南逃汀州而蒙难，两个忠臣闻讯后自缢于唐双柏上的壮烈故事。后人为了纪念这两位忠臣，便于双柏树东侧建了双忠庙。翌日晨，纪晓岚毕恭毕敬地来到树前作揖，并亲镌一联悬于双忠庙门口："参天黛色常如此；点首朱衣或是君。"数百年来，纪晓岚见红衣人的故事一直被汀州人传为美谈。①

三、谐音吉祥因素形成的植物崇拜

无论是平时还是节日，或是特殊的喜庆之时，客家人都喜欢用一些植物来表达吉祥之意。被利用其谐音以示吉祥的植物主要有：大蒜（会算）、葱（聪明）、芹菜（勤劳）、芥菜（芥，客家许多地方读为"贵"音，故取大贵意）、桔子或桔饼（吉利）、柚子（有子）、韭菜（久耐）、红枣花生（早生）、苹果（平安）、豆腐（大富）。比如，闽西武平、上杭等地和广东梅州，结婚酒第一道菜是甜汤，用料必有红枣、莲子，寓意"早生贵子"；弥月酒第一道菜是酒鸡，取"酒香鸡香，子孙满堂"之意；乔迁酒第一道菜是豆腐头（用红菊染红的豆腐渣），谐音意为"头（首）富"；寿诞酒第一道菜是炒面，寓意为"长寿"。

它们大多是常见的蔬菜和瓜果类的东西，与生活密切相关。因品种繁杂不易理清，就以大概的分类阐述之。

1. 节俗中的植物习俗

永定县陈东、岐岭一带客家人，过年时，有在门上、厅堂上挂两棵蒜的习俗，谐音为"听（厅）算（蒜）"。意思是新的一年各种事情都能按自己的意愿进行，有划有算。"听"不单是听从之意，还有能按想法顺利完成之意。

在连城，扫墓时，煎几个鸡蛋，在其上面插上葱，意为保佑后代聪明智慧。

客家人大年初一开门摆的供品有讲究：上供用大米，米中要插十二双筷子、十二根大蒜（闰年各加一），放黄纸钱、白纸钱、桔子、柚子等，有的加放银圆，取"有财有食"之意，有的加插"岁饭花"，取"来岁和花发"之意。

大年初一的早餐，是一年中的第一顿饭，客家人对此尤其讲究。早餐分荤、素

---

① 廖进琳：《辉煌的汀州》，中国文联出版社，2005，第80页。

两种吃法。不管哪种吃法，客家人都注重吉祥的意蕴。如吃素餐，闽西客家主要有团圆汤丸、红枣花生汤、糯米甜饭等，赣南一些地方客家人喜欢以富菜（即芹菜）、豆腐（即大富之意）下饭。如吃荤餐，除鸡、鱼等动物菜外，宁化客家人还有一道"长命菜"。其做法是在年三十时，把鸡、猪肉等整只、整块放进锅中煮，煮熟后，汤中放入萝卜、芥菜，而且芥菜不能切碎，要整片放入锅中，食用时也只能撕开而不用刀切，宁化客家人称之为"长命菜"。菜长且多，可以连吃数餐，故取其意为"长命"。不少台湾客家人还保持这一习俗。客家的许多地方在处理青菜类材料时，大多主张用手直接处理而不用刀切，认为经过刀具处理的蔬菜有铁器味而失去了自然的风味。这正是客家人强调的人与自然和谐统一的理念在饮食文化中的体现。

闽西不少客家人在大年初一接待客人时，第一个项目是敬一杯桔饼汤，口称"吃了吉吉利利，万事如意"。有小孩或老人来，要分桔子、糖果等，讨个好口彩。

广东梅州客家有正月初三"食岁饭"（也是年三十蒸好）的习俗。饭上插筷子，家中有几人就插几双筷子，再插上一根带叶的树枝，有的还要放上桔子等水果。吃岁饭前先要把饭摆在"当天"（露天）神位上，供奉天神和祖先。

还有一个较为典型的节俗是"人日"吃"七种羹"。大年初七，古称"人日"，亦称"人胜日""人生日""人节"等。此节俗在汉代以前就有。客家人对此节较为重视，早餐一家人要吃"七种羹"。"七种羹"指的是七种菜放在一起煮，一般指芹菜、大蒜、葱子、韭菜、米果及鱼、猪肉等。所取动植物菜类，均取其谐音吉祥之意蕴：吃了芹菜更"勤劳"，吃了大蒜"会划会算"，吃了葱子"聪明睿智"，吃了韭菜"久长耐劳"，而吃米果意为"团圆美满"（客家语"米""美"同音），吃鱼意为"年年有余"，吃猪肉意为"富裕丰足"等。江西赣南、福建闽西、广东粤东北等广大客家地区普遍传承了这一节俗。江西的石城、福建的宁化等客家地区仍称"七种羹"，江西的宁都等客家地区叫"七宝羹"，福建上杭、永定及粤东北等客家地区则叫"七样菜"。民谚曰："吃了七种羹，各人做零星。"意味着吃了七种羹，就要开始干些零星活了。这也是春节后一种特殊的开工仪式，对于已经来临的新的一年时光，客家人借菜谐音寄以美好祝愿。这一节俗也是与大自然的节气相配合的。

元宵节，客家人又称"开大正（斋）"。元宵灯俗源于汉明帝倡导佛教。元宵节吃元宵这一风俗则是从宋代开始的。闽西客家不少地方用芥菜、大蒜、葱子、韭菜、姜做成的菜馅元宵，称为"五辛元宵"，表示勤劳、长久、向上的意思。平常的蔬菜植物，经客家人的运作，具有很深的文化意味。这也充分体现了客家人对自然和生活的热爱。

立春在客家的许多地方是个隆重的节日，甚至有无立春的年份不能结婚的习俗。立春的习俗很多，比较典型的是笔者家乡，闽西永定县高陂一带客家人有拔两棵连根之芥菜（客家芥菜），贴红纸以接春的习俗，寓有迎春（青）吉利之意。因为在永定客家，"芥菜"发音为"贵菜"。挑选的芥菜要求枝繁叶茂，代表家运旺盛。到"交春"时辰，客家人隆重地设好香案，把已裹上红纸的芥菜摆上香案祭拜，燃放鞭炮，祈求新的一年全家好运。芥菜，在闽西客家被称为"大菜"，是制作菜干的最好的品种。由于其旺盛的生命力及其对客家人生活所起的作用，芥菜在客家人的心中有着崇高的地位。

一些植物果实的制成品在日常俗信中也有很高的地位。如豆腐是由大豆加工而成，它在客家人的习俗中也有较高的地位，各种节日、特殊的仪式、祭祀中都要用上它。大年三十吃年夜饭时，永定县高陂镇客家人的风俗是第一道菜上油炸豆腐，家长会招呼全家人"先食豆腐，大富大贵"，这里取谐音之意。中国古代对豆腐都很重视。客家人的日常生活中还有一些与豆腐相关的俗语，如说一个人没用，就说是"豆腐提不起"；骂一个人无能时就称"那么没用，自己找块豆腐撞死算了"。

甘蔗也是客家人喜爱的一种植物，因其节节高、节节甜的特点，故每逢过年，客家人都要把甘蔗放在每一个房间的门后，以期望来年生活节节高、节节甜。在闽西，与客家人相邻的龙岩学佬人（闽南语系），也很看重甘蔗的吉祥意味，出嫁的女儿回娘家，要带上两根用红绳捆扎的甘蔗。这是习俗的地缘影响。

2. 婚礼中的植物习俗

结婚时与植物相关的礼俗很多，传说象征意义方面上文已提及。

结婚时，不少地方的客家人要把花生、柚子、新人豆（实际是爆米花）等洒满新人床，以这些植物果实之谐音求吉祥。广西博白客家人的婚俗中，要在新房中放上糖饼、柑橘、瓜枣、银币、柏枝等，以示夫妻圆满，相谐百年。要将枣子、花生、榄子、糖饼、瓜子等撒在新人床上面，让一群"小不点"（小男孩）上去争抢，新郎还要抢一颗枣子或椰子给新娘吃，寓早生贵子之意。值得一提的是广东及海外客家人因地制宜，保留着一种别开生面的"蔬菜嫁妆"之俗。客家女儿出嫁时父母必郑重其事地把谐音吉利的蔬菜，如芹菜、大蒜、香葱、韭菜等逐样用红绳或红布条捆扎，作为陪嫁，以表示对女儿女婿的美好祝愿。更有趣的是客家还有用"长命草"为陪嫁的习俗。长命草为一种野草，用红绳扎好，陪嫁到夫家，挂在洞房床头竹篮里，第二天栽于菜园，以示扎根。这些都充分表现了客家的地缘文化。有些经济水平中上的家庭还要加耕牛一头为嫁妆，体现南方农耕文化的特色。

3. 生育中的植物习俗

客家许多地区孩子满月时要举行一系列的仪式。

洗儿：闽西客家人直接继承古代洗儿的习俗和方法。婴儿出生后三天，要给婴儿洗澡，洗澡水中放进香茅、茶饼（榨茶油后渣饼）、桃叶之类，盆中放一至四个红蛋，有的还要放一个较大的圆卵石"做胆"，表示孩子将来胆子大（洗完澡，此石要一直放在床下，直至成年）。边洗要边说吉祥的话，整个过程都是围绕着祛邪和祝福的意愿进行的。洗澡过程中，要把红蛋分给围观的小孩子吃，俗称"分孩毛蛋"。接着，用葱去捅或凑近婴儿鼻孔，令其打喷嚏，意为小孩长大更聪明（"聪"与"葱"音近）。

开斋：在满月仪礼中，最有特色、最具有戏剧性的要算开斋了。开斋前，外祖父要办好（或让女婿代办）开斋的全套物品即鸡、鲤鱼、猪肉、酒、葱五样，由外祖父或大舅或其他辈分高、有威望的人主持。主持拿着一双筷子，按次序在各样东西上比画一下，"喂"给婴儿吃，每样东西都不是真吃，只是点到为止，每动用一样东西要大声念一句吉祥、祝愿的话。这在前面已提及。

客家人认为，树木有一种神秘的力量，认为古树都能成精，故有樟树精、柏树精、柳树精之说。因树的神秘力量，契树做子，给孩子起名"柏生""松生""樟树子"等，以祈求孩子顺利长大。

生育前后有饮食禁忌，如禁食生姜，认为生姜外形多指，唯恐生下的孩子生成六指等。这是迷信的食俗。在客家区，有些地方生育孩子后，为防病灾，要到乡邻各家要米粮，和在一起煮给孩子吃（或象征性地吃），名为"讨百家饭"。

作为民众生产、生活经验的累积和心理信仰的表现，客家人日常生活中因对植物的崇拜所表现出来的相关习俗，有其科学、健康的一面，也有其愚昧、落后的一面，但大多数的习俗已不同于纯迷信那样具有危害性，它主要展现人们的求吉避祸心理，表达向往健康长寿、家人平安、生活美满、社会安定、家族传承的良好愿望。这些朴实的民间信仰活动，其根基都建筑在农耕作物生态民俗链之上，在民间得到认同才传承下来。

第三章 上壁为鬼神，保佑子孙安
——客家祖先崇拜

同大多中国人一样，客家人的宗教情绪并不强烈，民间将儒、释、道三教融为一体，且维持着多神信仰。他们对于天和祖先的崇拜最为普遍而深沉，远远超出一般信仰之上，所以有专家认为，祖先崇拜就是中国人的宗教信仰。而客家人的祖先崇拜因其独特的文化背景而更加浓厚而独特。

客家人的祖先崇拜属于人格神崇拜。祖先崇拜是一种在血缘亲属支配下的宗教活动。它以与自己有血缘关系的鬼魂为崇拜对象，崇拜者对祖先的鬼魂有祭祀的义务，而祖先鬼魂则被当作崇拜者的保护神受到祭祀。①

祖先崇拜的根源在于宗族观念。应该说华夏民族历来敬祖重族。据甲骨文记载，殷人对他们的祖先，已经做到"事死如事生，事亡如事在"的地步。殷人认为，祖先虽然死了，但他们的精灵依然存在，与活着的时候完全一样，而且还增加了一种神秘的力量，可以降祸授福于子孙，这是他们提倡厚葬之原因。周王朝时讲究规矩，井然有序。《管子·小匡》云："公修公族，家修家族，使相连以事，相及以禄，则民相亲矣。"《白虎通·宗族》说："大宗能率小宗，小宗能群弟，通其有无，所以统理族人者也。"又云："族者何也，族者凑也，聚也，谓恩爱相流凑也。上凑高祖，下至玄孙，一家有吉，百家聚之，合而为亲。生相亲爱，死相哀痛，有会聚之道，故谓之族。"周天子把祖先配于上帝和天，各诸侯也纷纷仿效，特别重视祖先的祭祀，敬拜祖先的礼节日见普遍。周王朝重视宗法制度，崇拜祖先，在人们的精神生活中占有重要地位。崇祖敬宗成了华夏民族的一种崇高信仰。

敬天与崇祖信仰，历久不衰。这种信仰简单易行，较少迷信色彩，核心是教人"饮水思源"，报恩崇德，"思根而求永生"，光宗耀祖而知自尊，在修心行善、安顿

---

① 谢重光：《闽台客家社会与文化》，福建人民出版社，2003，第84页。

自心的基础上维系社会秩序，故而是一种切实、合理、有意义的伟大信仰。

客家是不断迁徙的族群。尽管学者观点不一，有"五代形成说""唐代形成说""宋代形成说""南宋形成说""元代形成说""明代形成说""清代形成说"等，客家民系为汉族南迁支系是明确无疑的。相较之下，客家人祖先崇拜意识比周边民系更为典型，这与他们迁移的历史有关。

汉代以后，中原地区经常受到外族的入侵，战乱不止，人口迁移频繁，促使社会成员多次重新整合，聚族而居的传统受到猛烈冲击。特别是唐代，士族门阀制度经过魏晋南北朝的极盛逐渐走向衰亡，世阀门第观念大大淡薄。而在福建，西晋后陆续迁徙入闽的汉人多是举族而来，利用宗族的力量克服迁徙途中遇到的种种困难。入闽后，汉族人大多聚族而居，依赖家族的力量来求得生存和发展，所以家族门第制度受到高度重视。宋代以后，福建一直保持聚族而居的传统，家族制度也较中原更加严密和完善。客家人在闽西培育成熟向外扩张时，聚族而居的传统随迁外地。明末以后，闽人又大批东渡台湾，为了在新的环境中求得生存和发展，"往往是同乡同族结伴而行，或是先后渡台的同乡同族相互援引，因而从一开始即已形成同乡同族相对集中的趋势。清中叶以后，在一些开发较早的地区，不同祖籍及族姓的移民之间经常发生'分类'械斗，势力较弱的一方往往被迫迁徙到同乡同族人数较多的地区，这就进一步促成了同族聚居规模的扩大"①。

聚族而居，客观上要求加强家族制度。因为加强家族制度可以更有效维系家族内部的团结，增强家族的凝聚力，进而在和其他家族竞争中处于有利地位。唐宋以后，当北方的家族制度日见松弛时，福建的家族制度却日趋严密。维系家族内部团结，增强家族凝聚力，除了严密的家族制度外，祖先崇拜是其最重要的精神支柱。在客家民间，祖先崇拜是最为普遍的一种宗教信仰，无论是大宗家族还是小姓弱族，都建有祠堂以祭祀列祖列宗，"家家建追远之庙，户户置时祭之资"，祠堂林立成为闽台社会的一大奇观。②

家族不仅是中国古代宗法制度的核心，而且还是中国古代基层社会的灵魂。古人关于客家家族制度的记载比比皆是。同治《赣州府志》卷二十《舆地志·风俗》载："诸邑大姓聚族而居，族有祠，祠有祭。祭或以二分，或以清明，或以冬至。长幼毕集，亲疏秩然，反本追远之意油然而生。""兴邑重追远，聚族而居者必建

---

① 郑振满：《明清福建家族组织与社会变迁》，湖南教育出版社，1992，第199～200页。

② 谢重光：《闽台客家社会与文化》，第85～86页。

祠堂，祀始迁祖及支祖。"① "俗重宗支，凡大小姓莫不有祠。一村之中，聚族而居，必有家庙。"② 客家人宗祠规模，经常是跨州过县，影响巨大，足见家族制度在客家地区的盛行和完备。

祖先崇拜是继图腾崇拜之后产生的，信仰祖先、祭祀祖先、向祖先的灵魂表示虔敬，目的是为了祖先在天之灵能够庇佑后代。祖先崇拜除了与灵魂观念有关外，还与客家民系的移民特质及农耕文明有关。他们依赖于先人生产和生活经验的传承、依靠群体聚居而生存，必须有民系群体的精神支柱。他们在南迁后，保持了祖先的传统，缔造姓氏的始祖、家族有功业者和移民的开基祖为崇拜对象，长期祭祀崇拜，让晚辈以祖先为楷模，光宗耀祖，奋发图强。

客家人的祖先崇拜贯穿在人生的每一个环节，落实在人生的每一个节点上，形式多种多样。客家人祭祀中的祠堂祭祀、墓地祭祀、家庭祭祀，丧葬中的相关礼仪、二次葬、负骸行习俗，日常节俗中的子孙命名、节俗仪式、教育理念、牌匾堂联、家族谱牒的整修等，都表现出强烈的祖先崇拜意识。

一、客家世界的祖先崇拜

（一）祭祀习俗中的祖先崇拜

1. 祠堂祭祀

客家人聚族而居，形成的最大特色是宗祠的普遍设立。客家各姓氏每一个家族都有自己的宗祠（或祖祠），有的宗族人多支派繁荣，宗祠建得豪华气派。宗亲祠堂的建造往往有三种模式：一是跨州县联合建祠堂，二是各支系联合建祠，三是单个支系建祠。客家祠堂正厅设有神龛，摆放列祖列宗的神位，有堂号堂联，还有餐厅、客厅，以方便族人祭祀团拜、聚餐叙情。客家人日常祭祖活动一般在祠堂里进行，而且祭品丰盛，祭礼隆重庄严，表现出饮水思源、尊祖敬宗的气氛。

"祠堂"之称早在秦汉时就出现，当时就用于祭祀贤德之士。《汉书》记载："赐茔杜东，将作穿复土，起冢祠堂。"③ 又载："文翁终于蜀，吏民为立祠堂，岁时

---

① 同治《赣州府志》卷二十《舆地志·风俗》，赣州地区志编纂委员会办公室 1986 年整理本，第 742 页。

② 光绪《嘉应州志》卷八《礼俗》，光绪二十四年刊本。

③ [东汉] 班固：《汉书》卷五九《张安世传》，中华书局，1987，第 2653 页。

祭祀不绝。"①贵族祭祀祖先的场所称庙，平民百姓则只能"祭于寝"。宋代，朱熹等人主张放宽庶民祭祖的限制，曾倡导在居室的正厅东侧建造祠堂，奉祀高、曾、祖、祢牌位，即"君子将营室，先立祠堂于正寝之东，为四龛，以奉先世神主"②。在朱熹学说的推动下，各地陆续开始建造祠堂，但宋元时期的祠堂是附于居家内，祭祀的祖先也仅限于四代。随着家族的繁衍，居家内的祠堂已无法容纳不同支房的祖先牌位。因此，明代以后出现了脱离民居而自成格局的祠堂，奉祀着为各支房宗亲所认同的历代祖先的牌位。从有关文献记载来看，明代以后，福建许多家族才开始建造自成格局的祠堂，明末清初已蔚然成风，不但有一族合祀的族祠、宗祠，而且有各支房的支祠、房祠。上杭"家家建追远之庙，户户置时祭之资"③，永定"祭各有合族之祠"。一些大姓建造的祖祠、宗祠、支祠、房祠多达数十座，甚至数百座。据调查，连城新泉张氏家族除总祠外，另有支祠二十四座。④

祠堂祭祀一般分成两种：全族统一组织的祭祀，各家各户的祭祀。

全族组织的祠堂祭祀是家族祭祖活动中规模最大、礼仪最隆重的一种，一般分为春秋两祭。有的家族为了把祠堂祭祀办得隆重热烈，往往将祠堂祭祀活动与传统年节结合。大多数客家人选择正月闹元宵前后和中秋节前后。客家人祠堂祭祀仪式多遵古礼，十分繁缛，至为讲究。

祭祀的时间也有在清明前后的，如连城的四堡邹氏祭祖。清明祭祖时，迁居宁化、广东等地邹氏后代也会派代表回来。邹氏因上祠已废，今与下祠同在一处祠祭。一般为主祭一人，礼生二人或四人，打锣三下，与四堡马屋人有差异。祭祖者多为族中长者，六十岁以上者居多，少部分为年轻人，人数最多时有百余人，均为男性。

在古代，家族祭祖活动的经费来源于以族田为主的族产，绝大多数家族都有族田，少则几亩，多则几十、几百亩。其田租作为祭祖、修祠、修墓、编修族谱、奖励后学以及其他与家族有关的种种活动的开支。

各家各户的祠堂祭祀往往是过年过节的祭祀以及平时有婚丧喜庆尤其是生育男孩时的祭祀。以永定高陂客家来说，过大年那天，客家人要敬天敬地，然后挑着祭品到祠堂，祭拜历代祖先，请他们过大年，保佑后代。如果生育男孩时，则要到祠

① [东汉] 班固：《汉书》卷八九《循吏传》，第3627页。
② [南宋] 朱熹：《朱子家礼》卷一《通礼一》，清刻本。
③ 乾隆《上杭县志》卷一一《风土》，乾隆二十五刻本。
④ 谢重光：《闽台客家社会与文化》，第98～100页。

堂贴孩子的名贴，向祖先报告，请祖先保佑男孩健康成长、前途无量。现在，时代不同了，人们的观念改变了，生育的女孩名字也上墙了。

宗祠内崇祖气氛浓厚，其堂联大多是为本族歌功颂德或勉励子孙之语，如永定下洋中川胡氏宗祠有"地据蛟潭胜；家传麟史风"的联语，下洋太平曾姓宗祠有"三省家风，德昭成代；四书巨著，文教主风"的联语。联两侧常有"祖功浩荡""祖德流芳"之类的条幅。

2. 家庭祭祀

家祭是指以家族为单位在居室内设龛祭祖。家祭的对象一般是近一两代的祖先，祭祀规模较小。因祭祀者与祭祀对象关系密切，大多数是一起生活过的近亲，有着特殊的感情，加上在厅堂或厨房中就可以祭祀，十分方便，所以家祭的次数最多，祭祀者的感情也最投入。祭祀的地点各地有些差别。永定高陂一带的客家人将祭祀逝去的近亲与灶君牌位合二为一，由家庭主妇致祝词、烧香礼拜。笔者父亲早逝，母亲逢年过节都要带领我们祭祀祷告，以她平时的叫法称之，并念念有词：你在壁上做神，要保佑你的后代事事顺利、平平安安、高升进步。闽西连城、长汀等地较为隆重，在厅堂设立祖先牌位，更多为历代祖先，逢年过节祭祀，年节有客人至家或有好事也要点烛致意。

最为典型的家祭要数连城客家拜图习俗。据连城博物馆马青介绍，纯客家县的连城特别流行一种传统习俗——拜图。拜图，简单地说就是拜祖宗、拜手足。拜图是祭祠的一种延续，由祭祠拜祖遗像演变而来，也是族谱的另外一种物化的表现形式。相比较而言，更多是在小家庭内进行。本书把此类也归于家祭。

拜图习俗的起源时间最迟应是在明末清初。以连城罗氏族谱为例。广东新会县节底乡罗氏是清代从闽西连城县文亨乡迁徙过去的，其族谱可以衔接到文亨的《罗氏族谱》。1944年4月1日，文亨乡罗美光先生在完善罗氏族谱的时候，抄录有同时期的广东新会县节底乡《罗氏族谱》，其中有一段记载："连城文亨罗氏二十一世以前都是祭祠，保存遗像；二十二世、二十三世、二十四世、二十五世是祭坟拜图。"并记载二十一世系的渊源是"明→念壹世祖→轸先公乃一濂公之次子与妣合葬朋口官厅背。递年八月初三日祭坟，建祠下街，递年正月初四祭祠，保存遗像"。二十二世系的渊源是"清→念二世祖→廷俊公早逝，与妣合葬后龙山，递年三、八月初九祭坟；二十三世祖其锦公妣江氏，二十四世献珠公妣陈氏皆合葬于凤形山，建屋栏门口田，递年十二月二十四日拜图"。从摘录内容可知连城文亨罗氏二十一世系是明末，二十二世系是清初；而且二十一世系之前都是祭祠，保存遗像，二十二世、二十三世、二十四世、二十五世才出现祭坟拜图。

马青由此分析，最迟在明末清初，连城罗氏就有了拜图习俗，并替代祭祠，成为敬祖睦宗的一种重要方式。为何当时会出现拜图替代祭祠此种现象？马青推测这极有可能与当时罗氏后裔不断壮大有很大关系。从文亨《罗氏族谱》记载的世系表分析：自罗氏搬至文亨后，繁衍生息，人丁兴旺，成为当地第一大姓。时至今日，在连城仍有"无罗不成席"说法，意思是说没有罗姓人参与的酒席不成酒席，随意入座一桌酒席，都会遇到罗姓人。这种说法从另一侧面验证了当地罗姓的兴旺发达。人口多了，生存空间不断扩展，族群不断外迁，而祭祖又必须回到祖祠，在当时交通不便、信息不畅的情况下，实在很难实行，由此产生了在相对较小范围内，以拜图替代祭祠的这种较为简便、合乎现实的习俗。

拜图有一套完整的程序和仪式。

拜图时，"图"悬挂于家庭神龛位置，图中最老的先祖繁衍下来的历代男性子孙姓名都写在图布上，凡是这些先祖的后裔都有权参与。祭图时间和拜图承办人等一些具体事项由各房推举德高望重的长者成立理事会共同商议。拜图时间一般安排在春节前后，拜图承办人以家庭为单位，一般采取轮换制。不过，遇到谁家娶妻、生子或乔迁等喜事，为图个热闹、吉利，要求来年先承办时，事先要与理事会商量，一般能够及时调整。承办者应事先准备好米酒，叩拜的膝垫和红包。参与者在拜图当天到承办人家去，德高望重的长者按照辈分、长幼顺序安排祭拜者"把酒、叩拜"。不管拜图参与者身居何等高位、何等要职，都必须严格按照辈分和长幼顺序参拜。"把酒"的时候，祭拜者如有什么心愿可向先祖们小声祈告，祈求先祖们赐福。"把酒"是当地的一种说法，意思就是给祖宗敬酒。如果是小孩，拜完后年长者会为他献上一个红包，并摸摸小孩的头，说些"祖宗保佑你身体健康，学业有成"等鼓励性的话语。

在连城的四堡镇，若是有祖图的人家，一般都要将祖图悬挂起来，时间从腊月廿一直持续到正月十六。以前宗族的祖图挂于宗祠，而各家户则挂自家的祖图。

3. 墓地祭祀

墓地祭祀是指在坟墓上祭祀祖先。墓地祭祀的对象分近祖和远祖两种，祭祀的形式分成全族式祭祀、各分房族的祭祀（其中又可分很多层次）、家庭式祭祀。全族式祭祀一般从开基祖到后面的几代，是"合族祭"。各分房族的祭祀又称"支房祭"，参与墓祭的是同一支系传下的族人，农村形象称其如树"开杈后"的支脉。家庭式祭祀对象则是近一两代的近祖。

客家人的墓地祭祀一般都是实行春秋两祭，春祭在正月，秋祭在中秋，且当作好事来办，隆重异常。谭其襄先生在其《湖南人由来考》中指出形成新汀人的江西移民"重宗祠，尤重先人庐墓，故其人之来移湖南者，往往已更历数十世，支繁派衍，然犹以时省庐墓不肯辍，所以不忘本也"。客家人的祭祖活动，除了缅怀祖先外，更多的是祈望祖先的保佑，把祖先转化成神的角色了。这使得祭祖活动有了更多庆典的成分，少了悲哀的气氛。客家人很少在清明节祭祀，如有，一般也是州府所在地。这一现象是值得探讨的。

每次祭祖活动，都要由各房族中的一支、或几支（人口比较不旺的）牵头，筹集资金（先按人丁摊派，然后由新丁新婚家庭及发财者自愿多出），操办各种事宜。墓地祭祀从整个村落中的开基祖开始。因有些地方已传至三十代左右，故墓地祭祀一般要分成几路进行。笔者家乡永定高陂睦邻鸭子陈村就是以村为中心，分东西两路出发祭祀的。由于祖先中又有许多分支，所以祭祀活动还有许多其他规定。

墓地祭祀有一整套的仪式。先由一批中青年男女（客家已婚妇女可以参加祭祀，她们更多的是承担劳动的义务）清理墓葬周围的杂草；再由小孩子在墓地上扎上几圈的冥纸，墓头上扎血纸（宰杀动物时就预备好）；再摆上各种祭品；然后斟茶、筛酒、焚香、跪祭。在焚香时，由家族带头长老主祭致辞。致辞各地不同。笔者还依稀记得祖父念的家乡致辞是："某某年（农历年）新正月新正日，某某公太（该墓祖先的名讳）、某儒人（该墓祖先夫人的姓）传下各房人等：某某、某某……（各房族到场的主要代表名字），来此祭拜公太、儒人。备上各色牲牲、果点，请公太、儒人出来享用。淡茶薄酒一杯以表敬意（这时边上族人要给墓前的茶杯和酒杯再次添茶斟酒）。愿公太、儒人保佑子孙：作田（耕田）者风调雨顺，田禾大熟；读书者聪明智慧，金榜题名；生意者财源茂盛，日进斗金；出门者脚踏四方，方方吉利；新婚者早得贵子，香火旺盛；保佑大家四季平安，身体健康。"致辞完，再次添茶敬酒，众人唱喏跪拜。然后是焚烧冥纸（现在各地客家人与时俱进了，焚烧的是假外币和假人民币）、燃放鞭炮。整个仪式就结束了。在收拾东西时，老人还会给年轻人述说这一祖先的功德、故事，讲解这个墓葬的风水等。如果祭祀的墓地较远，时间又刚好近午，还要在墓地旁生火煮饭、进午餐。笔者一位祖先葬在今新罗区红坊镇境内的黄岗水库上，距村有二十多公里的路程。过去交通不便，这一站就是吃饭休息地。据老一辈称，当地一些村民还会来帮忙，然后一同享用祭祀后的酒肉，同享先人的祝福。笔者小时常随族人前往祭祀。祭祀时，一般由笔者祖父勳猷公（讳鸿书，字勳猷。因在兄弟中最小，被称满公）主祭。他是老牌中学堂学生，又是老中医，德高望重。他致辞完还会述说祖先的功德、故事，讲解墓葬的风水。祭祀场面热闹非凡，至今印象颇深。故笔者以为，它是传承传统民俗文化和民族精神、让后代接受良好精神熏陶的有益形式。

墓地祭祀也是很隆重的，规模很大。以永定县古竹乡高东村江氏家族祭扫六世祖东峰公墓地为例，其祭奠仪式就很有代表性。从明清以来，高东江氏家族每年都举办合族墓祭，其规模随着家族的兴旺发达而不断扩大，迁居在周边村落及厦门、台湾以及东南亚等地的江氏后裔也在约定的时间回乡祭拜。祭奠由几名首事筹办和主持。而选任首事也是有讲究的，必须在三年前就酿好糯米陈酒，提前喂养专门用于祭祀的大肥猪，然后提前一年在祭扫东峰公时到墓地报名，用卜筊的方式从众多报名者中选定若干名首事。首事确定后，还要进行一系列的筹备工作，诸如采购肥羊、购买河鲜海味、选定祭祀班子、制作祭服，等等。元宵节时，在江氏宗祠闹元宵，请戏班演戏、耍龙灯、舞狮、贴花灯、放烟火。大闹三天三夜后，才在宗祠内用卜筊的方式确定祭祀日期，并通知本族全体成员。祭期一到，江氏宗族的男女老幼争先恐后地到东峰公坟前烧"头香"。天没亮，首事们率领祭祀队伍向坟地出发，吹喇叭的、举凉伞的、扛旗幡的、抬猪的、牵羊的，浩浩荡荡，颇为壮观。上午十点左右，墓地前二亩的空地上摆满各种祭品。家里有增添男丁的户主，必备一副丰盛的祭品到这里来致祭，俗称"做新丁"。祭祀仪式长达两个多小时，十分隆重。在祭祀过程中，"做新丁"的人轮番招呼来客喝"新丁酒"。祭祀一结束，鞭炮声四起，炮纸花达数寸之高，随后"做新丁"的人将祭品（用蜜钱、果脯、红枣、冬瓜糖等堆砌装饰成德丁牌，一百斤白粿，数十斤猪肉等）分给参加祭祖的人。首事们摆上几十桌美酒佳肴招待异姓宾客、年逾花甲老人和知名人士。晚上回家后，首事们还要各自摆酒宴，招待宾朋。至此，一年的祭扫活动才算结束。[①]

墓地祭祀的仪式与流程，凸显客家人传承中原古文明的特性，而墓祭中的祭文，更显客家人耕读传家的精神与气质。下面谨录《福建永定胡氏族谱》（2011年10月编印，（永）新出（2011）内书第10号）中记载的永定下洋及迁居台湾胡氏祭墓文作为佐证：

---

① 江南桔：《高东江姓海内外裔众祭祀东峰公记盛》，载《永定文史资料》第7辑，1988。

永定胡氏祭墓说神书

请神

伏以日吉时良，天地开张，立地焚香，香烟绕起，神通万里，香烟程程，神必降临，依位就座。恭维人之于世，有死有生，生则侍奉之以礼，死则葬之以礼，祭之以礼。是日和风凛凛，春日迟迟（正月祭）、秋霜有感（八月）、岸上黄莺啼婉啭，梁间紫燕语喃呢，乃孝裔孙思亲之礼，敬当拜扫坟堂，虽然葬在野草之中，为化乃作锦然之地。维公元△年△月△日大吉良日、吉日良时，裔孙△△等诚心度备福香禄茶、光明照烛、壶中清酒、三（五）牲物仪、黄禾米板、时鲜果品、散财白纸，列在坟堂。焚香拜请，拜请东方甲乙木墓龙神君、西方庚辛金墓龙神君、南方丙丁火墓龙神君，北方壬癸水墓龙神君、中央戊己土墓龙神君；拜请墓左青龙、墓右白虎、墓前朱雀、墓后玄武；拜请山家二十八将、墓中十二正地龙神；拜请杨九平、曾先贝、驷马头驼、白鹤仙人、九天玄女、各朴廖武、众位仙师；拜请墓上三官、墓下小娘、守墓童子、掌墓童郎，手把金钩银锁匙，打开墓门，引出墓主。安定堂上△世祖显考△公（姓△婆）△位真魂请出坟堂，推车出阁，降赴祭筵，受领祭礼，洋洋如在，赫赫来临，礼应香献，香烟直透上天堂，今日裔孙虔神祭扫后，荫佑裔孙富贵福绵绵。香献既周，礼当茶献，奉献尊神一杯茶，深山满酌雪飞花，伏望墓主龙神来鉴纳，风吹二叶到仙家。茶献既周，礼当初奠，初奠酒滴杯中，饮尽桃花上点红，伏望龙神墓主来领受，荫佑裔孙家门日日霭春风。初奠既周，礼当二奠，二奠酒味更醇，神民同醉杏花村，今日裔孙虔诚祭扫后，荫佑裔孙家门日日富贵保新春。二奠既周，礼当三奠，三奠酒在墓堂，春来美味百花香，今日裔孙祭扫后，荫佑裔孙代代置田庄。三奠既毕，礼不再陈，恭望圣神千神同盏，万圣同杯，大发慈悲，俯垂鉴纳。自今祭扫后，山环水秀，地脉兴隆，作千年之吉地，为万代之佳城，二十四山，山山拱照，三十八将，将将朝迎，文笔峰高，生贤出贵，堆钱山现，积谷丰盈，更祈保佑后，人人清吉，宅舍安康，生男则习习读书，能文能武，生女则温良智慧，罗衣生香，匹配才郎，怪梦不生，时灾不惹是非口舌，日日清除，出入求谋，般般亨泰，凡诸未露释赖蒙庇。一来冒渎神慈，不敢久留神驾，左边散财白纸，奉上本境山家后土龙神，收执享用，右边白纸奉上安定堂上△世祖显考△公（姓△婆）收执享用，用伸火化，奉烧各领。

送　神

　　银钱白纸已交烧，答谢龙神众圣贤。今日裔孙虔诚祭扫后，荫佑裔孙富贵福绵绵。交钱已讫，礼当奉送，奉送东方甲乙木墓龙神君、西方庚辛金墓龙神君、南方丙丁火墓龙神君、北方壬癸水墓龙神君，中央戊己土墓龙神君；奉送墓左青龙、墓右白虎、墓前朱雀、墓后玄武；奉送山家二十八将、墓中十二福德龙神；奉送杨九平、曾仙贝、驷马头驼、白鹤仙人、九天玄女、各朴廖武、众位仙师；奉送墓上三官、墓下小娘、守墓童子、掌墓童郎，手把金钩银锁匙，打开墓门，引入墓主。安定堂上△世祖显考△公（妣△婆）△位真魂，推车入阁，葬在吉龙山下，逍遥自在，快乐无穷，春夏秋冬，福荫裔孙。倘有时师经过，擅自登坟，喝山骂水，变凶为吉，改祸为祥。频听金鸡来报晓，时闻玉犬吠苍苍。一拜一双，神归本宫，二拜二双，神归本位。来则留恩，去当降福，善报云程，伏维珍重。

旅台胡氏清明祭祖填墓告神文

请神

　　山北皆嫩草，伏以癸西春光欲青期，花红柳绿子规啼。山南正是儿孙祭祖时。祭主虔诚，顿首上香，初上香，二上香，三上香。今公元△年△月△日，岁次癸酉，乃是春祭之期，对景伤怀，因时感念，思我祖百年之累积，岂子孙辈一日之敢忘！用申祭拜之仪，是竭孝诚之义。今有阳上报恩，凡嗣孙等合家眷属，谨备牲醴一筵，列在坟前，特申祭醮。伏以清香敬当拜请，打开墓门，引出墓主显考△公太妣△婆太二位尊魂，暂离仙官之胜景，遥闻飘渺之清香，降赴墓堂，安身就位。拜请墓左青龙、墓右白虎、墓前朱雀、墓后玄武，内外远近，四围八表，诸位龙神，是日今时降临就座。拜请。伏望墓主△世祖考△公太、妣△婆太，德均秉如聪明，威仪加于广大，既蒙降赴，足荷恩光。伏乞留座。酒呈初奠。诗曰：乍晴乍雨养花天，正是良辰淑景烟。男女哀思行祭礼，殷勤扫墓到坟前。伏以日映山花，开筵间之锦绣；风吹野草，铺膝下之青毡。我祖我宗之如在，乃神乃圣以来临，祭主虔诚，酒呈二奠。诗曰：再斟美酒满金杯，难舍难忘实可哀。自愧衷情无礼报，感恩不昧纳珍财。伏以香烟馥馥，细斟竹叶满杯中。祭主虔诚，酒呈三奠。诗曰：三月时和气晴天，花如锦绣草如烟。渔歌樵唱多欢庆，敢美儿孙世代贤。伏望嘉主显祖考△公太、妣△婆太二位尊魂，并五方山家土地诸龙神位，自今拜祖以后，祯祥吉兆于家门。建业则人人慈顺，畜养则物物繁昌。福遂云臻，灾随电扫。伏望神明悉从俯恳。内有左片财仪银子一大份，一心奉上本墓五方山家土地诸位龙神，开封享用。今有右片财帛一大份，银子不论贯文，一心奉上。△世祖考△公太、妣△婆太共同领纳，开封享用。以凭火化，风吹切文，邓通大造，钱钱相贯，贯贯相连，虽无贯满之形，必有方圆之象，阳间火化，阴境淘溶，庶庶神神有分，位位无亏。

送神

今则仙仗，既齐云并驾，再劝上马三盅，以尽攀辕之乐。劝醍席工之尊神，万里之鹏翔。再劝上空中之圣贤，奉送九天玄女，白鹤仙人，寻龙点穴仙师，杨九贫，曾仙辈，驷马头驼，合部仙师，奉送墓左青龙，墓右白虎，墓前朱雀，墓后玄武，内外远近，四围八表，等等九官九神，奉送二十四山、二十四水、一百二十形、一百二十局，并五方仙家土地诸位龙神。奉送东方甲乙木墓龙神君，西方庚辛金墓龙神君，北方壬癸水墓龙神君，南方丙丁火墓龙神君，中央戊己土墓龙神君，敬请守墓童子、掌墓童郎，打开墓门，引入墓主，△世祖考△公妣△婆太二位尊魂，回转墓堂，安身就座，安葬吉龙山下，逍遥自在，快乐神仙。或有地师过往，身带罗经来到坟前，唱山山转，唱水水潮，莫惊莫恐，莫生祸患，变难作吉，变祸呈祥。今则阴阳虽一礼，幽显实殊途。神之来当降以人求，神之去当保后人福。祭仪已毕，车马难留。伏望墓主回宫，龙神复位，一拜一送，伏维珍重，万事清吉，添丁添财。

祭后土神祝文

其一

恭维尊神，权司后土，职掌中央，位三才而立极，含万物而化先。我先人下葬于斯，深藉扶持之力，予小子托庇守下，亦叼默相之功。兹当奉祀之日，用备丕微之仪，伏祈来格，更祈降康，房房富贵，代代隆昌。一拜。

其二

恭维土府，职守山冈。保障斯士，可禁不祥。我祖葬此，实赖勋勋。兹当春祭，报答难忘。寅具牲醴，招告坟堂。洋洋来格，匆匆来赏。俾益祭主，世代书香。一拜。

家庭式祭祀也分春秋两祭，大多数客家人以正月为主。时间从正月初六（正月初五开小斋后）到正月底不定。只要不和族祭相冲突即可，时间可以自己确定，如笔者祭祀祖父母及父亲，时间原定于正月初九，后因工作人员初七要上班，笔者母亲决定改为初六。故笔者曾撰文称客家妇女是民间习俗的执行者、诠释者和创造者。

（二）丧葬习俗中的祖先崇拜

1. 丧葬礼仪

一个人的生与死，不论古今中外都是人生中重大之事，尤其是去世。比起其他礼俗，丧葬礼俗是最庄重肃穆的。客家人特别重视慎终追远，丧葬礼俗也就显得繁缛奢厚。清人杨澜曾予以猛烈批评："送死必极奢，酒席尤丰。稍不如俗，群斥为不孝，中人之产立破。士大夫知其非而格于俗，议不敢异……彼丰于酒食，几等乐忧，不但破家伤亲，必非孝也。"[1]不少学者以为这种做法与孔子思想相悖。客家丧葬礼俗的确繁杂：从临终"着寿衣"开始，送终、报丧、摆孝堂、落枕、入材、吊孝、发靷、安葬、醮三朝、做"五七"、完七、出服、检金，每一步都有讲究。安葬的场地尤有讲究。

客家坟墓与民居在形式上十分相似，讲究风水。坟后要筑"地坟头"，承接"龙脉"，就像住屋的"后龙山"；坟前要筑半圆形"地坟塘"，酷似屋前供洗涤排水养鱼的池塘，聚财气；墓碑前有"祭台"，好比屋前的"晒坪"；碑后有大穹隆葬棺柩，犹如住屋的"正厅"；碑侧筑蜡烛庵子供香火，左右对称，如住屋的"横屋"。坟墓的整体外观很似客家人的围龙屋，说明客家人选坟不仅是为了有个纪念，更认为人死灵魂在，需要和生前一样的住所。这也是客家人崇拜祖先的一种表现。[2]

2. 独特的二次葬

客家人丧葬礼仪中有个典型的"二次葬"习俗，这是周边民系没有的。

丧葬礼俗中的"检金"是指安葬6至12年以后，挖开墓穴，将遗骸用炭火烘

---

① ［清］杨澜：《临汀汇考》卷三《风俗考》，清光绪刻本。

② 黄顺炘、黄马金、邹子彬主编：《客家风情》，中国社会科学出版社，1993，第115页。

烤，按人体结构屈肢装入特制的陶瓮内（客家人称"金盒"），俗称"检金"。有的在原地安葬，有的另选择地点安葬。这才是逝者最终的、真正的坟墓。一般认为，这是客家常常迁徙、难以定居而形成的风俗。如要迁徙，"检金"后的先人骨骸方便带走。如不得吉日，往往把"金盒"置于田坎岩穴间，任凭风吹日晒。明黎士弘曾痛切言及启棺检骸之事："启扞检筋之恶俗，独盛于汀州。每至大寒前后，携锄执篓，齐诣坟头，自行开视，如骨少好，则仍按原所，否则检骨瓦罂，挑往他处。明岁此时，又再开看此。视祖父之骸如儿戏，诚王法之所必诛。"①这种每年都开视的情况应该是极其少数，在永定、上杭等客家区未有见闻，凡"检金"后实行"二次葬"的坟墓都不会再动土。不过，即使这只是个别现象，但在明代也不为当时礼仪所容，故被夸大流传。

据徐杰舜教授考察，广西平话人有"二次葬"之俗。但他认为是南方少数民族的传统葬俗，汉族以一次葬为传统。②一些专家也持此观点，并认为客家是南方土著，至少这是畲族先民传给客家的。其实仰韶文化已有此葬俗，陕西华阴横陈村墓地二次集体葬是最典型例子。

可见拾骨重葬古已有之，反映了强烈的宗族观念和祖先崇拜意识。特别要指出的是，少数民族的"二次葬"只不过是一种丧葬规制，或置山壁古龛，或随土而葬，不复祭祀。而客家人之"二次葬"照例隆重，且年年大祭。广西平话人称"二次葬"为大葬。

有些专家认为"二次葬"是因为客家先民经常迁徙，到了新地方安定之后，回祖地迁祖宗骨殖到新居地重葬，并渐渐形成一种习俗。此说也不确切。各个民系都在迁徙，南方几个民系都来自中原同一大区域，为何其他民系没有？作家韩素音描述了客家祖先迁徙途中，令男子背负盛着祖先遗骸的"金瓮"，辛苦跋涉的情景。笔者开基公也是背着祖父、父亲的骨殖迁居到今福建省永定县高陂福梓村的。这说明迁葬是一种传统。怎么起源的呢？笔者以为还是要追溯到秦汉时期，南征拓疆的兵士承袭了距他们二千多年的仰韶文化习俗，并加以改进。他们孤身千里远征南越，后虽征召妇女成家生子，但他们有着强烈的回归意识，希望灵魂回到生他养他的中原，因而借用了中原葬夭折小孩之法，用"金瓮"（瓦瓮）装骨，希望灵魂能自由出入，重归故里。同时受楚人及汉代风水堪舆之影响，客家先民后代遵汉族

① 参见黄顺炘、黄马金、邹子彬主编：《客家风情》，第116页。
② 徐杰舜：《平话人的形成及人文特征（续）》，《广西大学学报（哲学社会科学版）》1999年第6期。

"入土为安"观念而实行二次大葬。这种习俗一直流传下来，成为客家民系区别于其他民系的重要特征。所以，笔者认为"二次葬"习俗并不是因要迁徙新地而形成的，而是因要"重回故里"而形成的。这里要指出的是，移居海外或推行火葬后，客家人此种风俗会渐渐消失（隆重葬骨灰盒是新的二次葬模式）。

3. 负骸行

因客家"二次葬"习俗，客家人有"负骸行"的现象。英籍作家韩素音生动描述了客家人迁移路上如何背负祖宗遗骸的具体情形。她写道："客家人每移至新的定居点时，一定要带老人的骨骸，放在瓮里随身背着。过去在移住的时候，每家都到郊野发掘其先父的葬地，把他的骨骼盛在一个所谓的金缸里，由家中的男人携带，妇女则肩挑其他一切用品。"①

著名客家研究专家陈世松在《大迁徙："湖广填四川"历史解读》中对客家人移民四川时的这一习俗有专门论述："祖宗遗骸是祖先血肉精气之所在，对于那些父母已逝，而家乡又没有亲属留守祖宗坟茔的移民来说，迁川以后就意味着与自己祖宗的永远割舍。因此，凡是有条件的迁川移民，都会想尽办法，随身背负祖宗遗骸一同上路。"②

在一本专门叙述成都附近的东山客家人历史与现状的书中，作者对来自广东的客家人如何携带祖先遗骸入川的事迹，作了这样的记叙："客家人的先民在逃难或迁徙时……是否将祖先的遗骨携往迁葬，这尚无文献的证实，但客家人入蜀时确实有将祖骨迁葬的。他们这样做是不忘根本的观念而形成的一种习俗。他们称祖骨为"金骸"，迁葬后便于年年祭扫。龙潭乡威灵村叶明盛老人告诉我们，此支叶氏入蜀始祖是廷祐公和祖婆张氏，背负着祖先三颗如鸡蛋大的金骨上川的，安葬在来宅旁……洪河乡柳树湾冯氏入蜀始祖其焕公同妻子张氏，背负父亲金骸，从广东嘉应州长乐县砖牛寨上川，在柳树湾落业后，安葬祖骨。"③

今天，在一些闽粤客家人的族谱上，依然可以见到许多客家移民身背祖骨入川的实例。例如，广东长乐县的郑奇达兄弟七人，于康熙末年一道迁川，同时将其父母的骨骸背负入川，最终葬于定居的隆昌县境内。福建漳州龙溪县的游程活兄弟三人，于乾隆十七年（1752 年）举家迁川，并将父母骸骨"由闽省负川"。④

---

① 韩素音：《客家人的起源及其迁徙经过》，原载香港《文丛》第 3 辑，转引自刘正刚《闽粤客家人在四川》，广西教育出版社，1997，第 108 页。

② 陈世松：《大迁徙："湖广填四川"历史解读》，四川人民出版社，2005，第 220～243 页。

③ 谢桃坊：《成都东山的客家人》，巴蜀书社，2004，第 55～56 页。

④ 刘正刚：《闽粤客家人在四川》，第 80 页。

而对于匆忙上路、来不及或暂时没有条件负亲骸的人说来，待他们在四川定居下来之后，每以入川前"未及负亲骸，时引为憾"。如来自广东兴宁县的黄玉标，孤身一人来川，因急于"入川以图后业"，加之"路途艰险"，空手而往。结果定居四川后，每年清明祭祀祖时，以"未曾携得（其父）文选公金骸"，而倍感孤独，"悼哉孤茔，莫知所向"，"欲行孝思，苦于无由"。后来经与各房商议，"每年清明祭祖时，预设文选公彭祖妣牌位，备祭仪，统少长，面东而遥祭之，此定例也"。①

先期入川未能亲负祖骸的移民可补此憾的机会就是，让随后迁川的家庭成员继续完成负亲骸来川的重任。如来自广东长乐的林氏家族，长兄于雍正五年（1727年）迁来四川后，为了弥补自己匆匆上路来不及背负祖骸的遗憾，又于雍正十三年（1735年），令其弟林汉电"携长子并父母金骸，由粤上路"。②入川后委托他人回广东将祖宗的尸骸运来四川，也不失为一种了却心愿的补偿方式。

4. 偷祖骸

在客家区有不少偷祖骸的传说。如闽西长汀就有戴姓后裔迁浙江后回乡偷祖骸，匆匆忙忙间搞错了，偷了婆太遗骸的故事。

四川学者陈世松先生也谈到一个事例。有一位名叫白昆生的客家老人，近年来受家族的委托，专门住在成都主持新修族谱。该白氏先祖最早是康熙四十九年（1710年）从广东和平县迁来四川的。由于走的时候来不及携带祖宗遗骨，在川定居下来后，派后裔回乡索取。白昆生先生根据搜集到的口述资料，为我们讲述了围绕回乡索取祖骸所发生的趣事：据四川方面白氏后裔逐代相传的口述资料称，回乡的四川宗亲在原籍宗亲的同意下，把老祖宗的遗骨分为三份，一份让四川宗亲带走，另两份留在老家安葬。这次重修族谱，他才得知此中情况还有另外的说法。1999年广东和平县白氏宗亲来川寻亲时，转述老家长房子孙的口述资料是：老祖宗白日康公的墓在和平，当四川派人来索取时，本地宗亲坚决不同意迁走部分遗骸。反复协商无果后，四川宗亲便采取了"偷"的方式，选择一个深夜把墓穴挖了一个小洞，当伸手去取时，外界似有响动，为了不被发现，匆匆抓了一个人头骨及一段臂骨，连忙逃走。次日大家发现坟墓被盗时，见有一信留在墓中，信中有表示歉意与无奈，祈求宗亲见谅等语。后来，在1994年，葬在四川金堂县三星镇的白日康公墓有一次被掘了一个洞，洞内确有上述头骨及臂骨，子孙们遂仍将其放入墓

---

① 刘义章、陈世松主编：《成都东山客家氏族志》，四川人民出版社，2001，第169页。
② 刘义章、陈世松主编：《四川客家历史与现状调查》，四川人民出版社，2001，第251页。

穴中掩埋。事实证明了广东口述资料的可靠性。[①]

以上实例表明，客家人确实是汉民族中极重"根"的一个民系。当他们不辞艰辛向西部边远的四川盆地作长途迁徙时，仍念念不忘把祖先的骨骸随身带走。即使因故来不及带走祖宗的遗骸，事后也要千方百计派人回去索取。索取不成，甚至不惜去偷祖骸。除了风水的因素外，客家人迁移到新聚居地后，有了祖先之根、祖先之灵寝食才安的心理因素起了很重要的作用。这是根深蒂固的祖先崇拜意识的体现。

5. 开基祖崇拜

客家人是迁徙的族群，他们对首创者、开拓者都有特殊的崇拜情结。对杰出的领袖人物，对家族最早的开发者，客家人奉为开基祖，视为一方之神。开基祖有两种，第一种为领袖人物，被尊为一方开基祖；第二种为同宗祖先，定居一地后被尊为开基祖。后一种比较普遍，影响更大。客家人日常还有这样的玩笑话："实在不行了，自己到一个新地方去当开基祖。"

第一种比较典型有影响的是闽西连城长汀祭祀的玱珊公王王审知以及闽南人与客家人共同祭祀的开漳圣王陈元光、开台圣王郑成功。

（1）玱珊公王崇拜

闽西连城、长汀一带有玱珊公王崇拜习俗，玱珊公王指王审知。王审知，河南光州人，为五代十国时期闽国的建立者，被誉为天闽王。

唐朝末年，王审知随其兄王潮起兵，进驻并割据福建。王潮死后，王审知继任武威军节度使。篡位的朱全忠建后梁之后，于开平三年（909年）封王审知为闽王。王审知在福建主政二十余年，社会安定，政通人和，其功德在八闽大地有口皆碑。

闽西客家人对王审知还有另一种特殊的感情。据说王审知与其兄王潮率部入闽，途径宣河（现称宣和）时，因粮草不足，王潮欲杀百姓给士兵充饥。爱民如子的王审知冒死救民，献出马匹给部队充饥，既解部队的燃眉之急，又使百姓免遭杀戮。培田及其临近的河源溪河谷一带村落的百姓均感王审知爱民之德，对王审知顶礼膜拜。

民间传说王审知原为江南太湖水域的蛤蜊精。有一次，李世民被匪徒追杀，一路逃到太湖边上，眼看就要被追上了，情急之下，李世民纵马跳进太湖，被蛤蜊精连人带马高高托起，才幸免于难。李世民登基后分封功臣，却没有蛤蜊精的份，于

[①]　参见白昆生：《广东和平白氏宗族迁川源流》，载陈世松主编《四川移民与客家文化学术研讨会论文集》，天地出版社，2005，第53页。

是蛤蝴精找上李世民。李世民问他有何功劳，蛤蝴精于是将太湖救驾一事娓娓道来，说现在身上还有马蹄印。李世民一阵感动，于是下诏书封蛤蝴精为蛤蝴侯。闽西客家人为了纪念蛤蝴侯，遂将"蛤蝴"改为"玲瑚"，称"玲瑚公王"。

民间传说把闽王王审知与唐朝"贞观之治"开创者李世民联系在一起了。玲瑚公王崇拜是包括连城培田在内的河源溪河谷一带百姓自发、自创的民间信仰。闽西其他客家地区的玲瑚公王崇拜是从这里传去的。但长汀县河田镇一带也有人认为，河源溪河谷一带的玲瑚公王神像（纯金的）是从他们那里偷过去的。

连城培田民众尊称王审知为"公太"。明英宗正统年间（1436～1449年），培田村民与河源溪（在朋口镇汇入朋口溪）谷地的其余十二个村落（分别为属于长汀县的上曹坊、中曹坊、岗背、城溪、黄沙、科南、洋贝，属于连城县的文坊、洋坊、马埔、张家营、朋口，连同培田统称"河源十三坊"）的民众，共同集资在马埔（现属连城县朋口镇）建造"玲瑚公王庙"。明万历二十五年（1597年），玲瑚公王庙被洪水冲毁，十三坊代表共商修复之事，推举培田吴姓第十世祖吴在敬为缘首，重修了玲瑚公王庙。

最隆重的祭祀为每年的农历二月初二至初四日，称"入公太"日。迎入玲瑚公太是按分坊进行，一年迎入一坊。培田的玲瑚公王庙迎入公太要十三年才能轮到一次，故隆重而热闹。

（2）开漳圣王

开漳圣王陈元光，出生于唐显庆二年（657年），字廷炬，号龙湖，河南固始人。他文武双全，十四岁即随祖母魏氏和伯父陈敏、陈敷率领五十八姓军校进兵福建，与先前到福建平定"蛮獠啸乱"的陈政会合。唐仪凤二年（677年），陈政逝世，二十一岁的陈元光，继承父亲的职务，率领部将平定叛乱，并于垂拱二年（686年）获准设立漳州，担任首任漳州刺史。当时漳州是未开化的蛮荒之地，建州后，陈元光鼓励农民开垦荒地，推广中原耕作技术，兴修水利，广施教化，经济得到长足的发展，号称治平，为漳州的开发和发展立下不朽的功勋。历代帝王对开漳圣王均有追封，唐代被封为"颖川侯"，宋代追赠"辅国将军""灵著顺应昭烈广济王"，明初封"威惠开漳圣王"，祭祀陈元光的庙宇多称威惠庙。闽西永定湖坑一带客家人受影响，不少地方也祭祀"开漳圣王"。

（3）开台圣王

开台圣王郑成功，又称开山圣王、延平郡王、延平王、国姓爷、国姓公、国圣爷等。因为郑成功对台湾开发贡献巨大，所以"开台圣王"最能表达台湾人民的敬意。台湾地区的闽南人及客家人建立了不少开台圣王庙，以祭祀郑成功。

（三）日常习俗中的祖先崇拜

1.年节酒宴祭祀

长汀、连城等地，逢年过节有客人来，都会放鞭炮，点蜡烛，祭祀主人家的祖先。这种习俗在客家区很普遍，在其他地区并不多见，更能体现客家人崇祖睦宗的精神。

2.逢年过节时的位置摆设

笔者的家乡闽西永定一带客家人逢年过节要在餐桌上为已故的祖辈、父辈摆上碗筷，筛上米酒，开席前由一长辈念念有词请其回来过年过节，家人团聚，保佑平安。笔者母亲常常在神位前念诵"上壁做了鬼神，要保佑家人平平安安"，然后，把我们兄弟姐妹的名字及其各自配偶的名字以及我们各人的孩子的名字报给父亲。这时，笔者觉得父亲仿佛就在身边，还和我们在一起。故私下以为这不是迷信，而是一种很富有人性味的祭祀活动。活动让我们感受到深深的母爱和父爱，是一种很好的人文教育活动。现代社会已经越来越少这样的感染熏陶了。

3.生育等习俗的表现

客家人热爱家乡，言必称"胞衣窟"。其来源是，客家妇女生了孩子后，其胞衣（胎盘）要放在床下，用碗盖着，第二天才用纸包起，送到竹头下埋掉（意为能向竹头一样多生），这样床下就留下胞衣湿迹。另外，因客家人大部分是聚族而居，同一祖先的后代往往同住一个大土楼。他们在每一栋大土楼都设有"胞衣坑"。凡是这栋楼出生的孩子的胞衣，都会被放入坑中不再取出。因胎盘与母体相连，古中原人把胞衣当作自己的根。客家人的这一设置，就是让这栋楼从此成为孩子的根，让他们永远思念这个家乡。

客家人为了传承，特别重男轻女，针对男孩的礼俗特别多。比如书中其他章节提及的"满月礼仪"等。男孩子出生后长辈起名要按照祖先排好的辈分字号，给孩子取名，确定代数，然后将取名红纸贴于大厅以及祠堂墙上，祷告祖先，"呼之大吉"。每年，谁家添了新丁是最高兴的事，祭祀祠堂、大年初一开门，正月及秋季祭墓、闹元宵、做大福、走古事、游龙灯等家族所有活动都要参加，要多出"份子钱"，尤其是要备足"新丁酒"，让大家尽兴。

4.婆太崇拜

在客家区，有一种"太祖母现象"，即祖婆太崇拜情节很典型。某个时期的婆太被神化，荫及子孙，被后世敬仰的例子在闽西客家区有不少。女性是繁衍后代之人，劳苦功高，尤其是客家女性又全面操持家庭，更受后代敬仰。

闽西永定坎市镇，每年的农历正月十一日，有万丁之称的卢姓人都要举行"打新婚"活动。"打新婚"习俗由来已久，大约有五百年的历史。有关它的来历，流传着这样的说法：坎市卢姓五世祖林婆太生前为人慈祥和善，平日喜欢跟孩子们一起玩，常常看他们做游戏。临终她特意嘱咐，以后祭扫时要让她再看到孩子们嬉闹的场面。林婆太辞世后于农历正月十一日出葬。棺木抬到现在"打新婚"的地点，突然天降雷雨；待雨过天霁，抬棺木的人回来，却到处寻觅不到棺木。大家认为，这里是天赐婆太的风水宝地，便在此处修筑林婆太坟墓。后代子孙们便定林婆太棺木不见的农历正月十一日为"打新婚日"，借一年一度的"新婚祭"，模仿《二十四孝图》中老莱子"戏彩娱亲"的故事，让老祖宗高兴，既表示孝道，增添节日的喜庆气氛，又以此祈求家族人丁兴旺、吉祥幸福。

这样的传说在闽西客家地区有不少。上杭官庄蓝姓大一郎房支的婆太为刘氏，《蓝氏家谱》是这样记载她的故事的："大一郎公……随父迁居水口。初娶武平桃李乡刘二郎公之女，名曰三娘，年方十六，未及生育，因归宁母家，途经大坪冈（即今迎龙冈），忽遭风雨交加，雷电暴至。轿夫放下轿，从人均逃避暴雨。三娘惊昏，顷刻雨息，从人回至原处，则垒然成坟墓矣。三娘生时，肌骨珊然玉立，有翩翩登仙之状，今果乘风雨而葬他乡，人莫不以为登仙云。（坟）坐西向东，形为醉翁卧地，相传为天葬地。"[①]上面两则神奇的天葬故事，不同点在于，永定坎市镇的是子孙满堂的婆太，上杭官庄乡的是未生育的祖先之妻。

顺便这里谈谈客家女性问题。许多文章因客家妇女田头田尾、家里家外的事都干，形成客家地区"男懒女勤"现象，提出客家妇女地位低下的观点。其实，这对客家男女都是误读。笔者认为，客家妇女是家庭经营者，是家庭的支柱；是教育者；是民间口头文学的传承者、创造者；是民间习俗的执行者、诠释者、创造者。客家妇女的优秀品质，天下赞誉。笔者曾提出"角色转换"的概念，即等到一个家庭壮大时，就形成了客家民系中特别明显的"主母之尊"现象，老太夫人成了家庭中最尊贵的人物。浦江《郑氏规范》曰："主母之尊，家众悦服。"关于"主母之尊"，客家名人黄遵宪在其《拜曾祖母李太夫人墓》一诗中有描述："太婆每出入，笼东柱一杖。后来杖挂壁，时见垂帷帐。夜夜携儿眠，呼娘搔背痒。辗转千槌

---

① 转引自谢重光：《闽台客家社会与文化》，第 278 页。

腰，殷殷春雷响。佛前灯尚明，窗隙见月上。大父搴帘来，欢笑时鼓掌。琐屑及乡邻，讥诃到官长。每将野人语，眩作鬼魅状。太婆悄不应，便知婆欲睡。户枢徐徐关，移踵车轮曳。明朝阿娘来，奉匜为盥洗。欲饭爷捧盘，欲羹娘进匕。大爷出迎医，觑缕讲脉理。咀嚼分尝药，斟酌共量水。自儿有知识，日日见此事。"黄遵宪的另一文《曾祖母李太夫人述略》则记述了"至尊主母"李太夫人以勤俭管束全家的情形："太夫人治家严，虽所爱，或不遂顺，辄怒责，或呼杖。诸孙妇十六七人，不许插花，不许掠耳鬓，不许以假发拖长髻尾。晨起如厕，必遍历孙妇室外。诸孙妇必于未明时严妆竟，闻太夫人履声，即出垂手立户外问安。或未见，辄问病耶？睡耶？咸惕息不敢违。……每岁十月，太夫人寿辰，必会亲戚，长幼咸集，醑嬉歌呼，作十日饮乃已，太夫人亦愿而乐之。"这种"俭而用礼""有三代遗风"的治家风范，是客家大家庭皆有的。①

5.神话祖先和光宗耀祖的教育理念

客家人崇拜祖先，往往在故事传说中神化祖先，产生了许多祖先在开基拓土、征服自然与周边族群的各种传说。

也有为祖先避讳的。如永定县高陂镇上洋村民有一祖先称"龙灯公"，故此陈姓族人不游龙灯，意思是"祖先是不能游街的"。

把祖先神化的另一种典型事例是连城县四堡乡的"游两公"即"游马公"与"游邹公"活动。笔者曾在此开展《福建连城四堡古代刻书研究整理及旅游开发》的课题调研，不仅对四堡雕版文化，同时对四堡民间习俗与信仰也有了一定的了解。

四堡，位于闽西连城、长汀、清流、宁化四县交界处，是一个偏僻的山区小镇，这里主要居住着邹姓和马姓两大族人。四堡曾以其兴盛的雕版印刷业而赫赫有名。在鼎盛的乾嘉时期，印坊栉比，书楼林立，从业人员占当地总人口的60%，印版、书籍远销闽、粤、桂、蜀等十一省八十九县市，几乎垄断了当时中国南方的印书业。中华人民共和国成立后，这一历史现象曾受到郑振铎等著名学者的关注。

四堡坊刻是闽西文化乃至福建文化史上的一朵奇葩，四堡与北京、武汉、江西许湾并称中国古代四大雕版印刷基地，也是目前四大雕版印刷基地中保存最完整的一个，它因此名列"福建省历史文化名乡"，幸存的古书坊群也被列为国家重点文物保护单位。我们课题组成员查阅了大量的相关资料，对四堡刻书情况有一定了解，发现四堡印刷的书种类繁多，据统计有九大门类九百余种。从经史子集、卜巫

---

① 陈弦章：《客家妇女地位与作用之成因浅析》，《龙岩师专学报》2004 年第 2 期。

星算、诗词小说、幼学启蒙到日常应用、医药养生甚至禁书如《金瓶梅》等无所不包。作为中国四大雕版印刷基地中印刷文物保存最完整的基地，四堡印刷基地本应该具有极强的文化价值和文化吸引力。长汀连城是我国客家人的聚居地之一，四堡雕版印刷业在当时就已经成为中原文化南传的重要桥梁，为传播和弘扬中华民族的传统文化发挥了巨大的作用。

正是四堡雕版之乡的文化底蕴，形成了四堡独特的民间文化习俗与信仰。"游马公"的时间定在每年的正月十四，马姓族人抬着马公、邹公及关公等神像（村民统称为"菩萨"）全村巡境。"游邹公"是在每年的农历七月初七进行，所抬神像为邹公、关公、妈祖、观音、弥勒佛、神农等。每年游行路线一般要视历书而定。"游两公"均在两姓本村游。这里还有约定俗成的规矩，即马氏族人"游马公"时还要抬上邹公，并且要置于马公前，第二日还要专"游邹公"。而邹氏族人"游邹公"却并不要"游马公"。其中原因何在？按马氏族人的传说是，马公驯 1456 年任四川布政使，赴任时渡江遇险，得一白犬搭救。后知白犬乃邹公变化而成。由此，马公后人知恩图报，塑两公同列，共享香火。①马驯致仕后，对邻姓邹氏把唐邹公演变成宋邹应龙提出质疑。还有一种说法是，邹姓先祖中的邹应龙是个清官，在审严嵩父子一案中有功，马姓族人敬仰崇尚他的忠义，所以拜他。现在，附近清流县的长校李姓也有"游邹公"，传说邹公是其开基祖李公的岳父，故而拜之。邹氏则说李公曾向邹公学法，云云。明崇祯十年（1637 年）重修的《汀州府志》卷六《祠庙》记载："邹应龙，字仲恭，自邵武迁汀州，唐元和壬辰及第，居官十五任，封鲁国侯，卒葬四堡里，乡人立庙祀之，祈祷辄应。宋绍兴绍定戎马冲突，公神兵默助，荆襄、虹县、两淮、南京、灵璧、江州皆捷闻，封昭仁显烈威济广佑圣王，配陈氏、李氏封孚惠夫人。"清初重修的《福建通志》和《长汀县志》也都有相关记载："邹公庙，在县东上保乡，唐敕建。"敕者，皇命也。是唐朝皇帝下令在上保乡建邹公庙的。在长汀、清流、连城、宁化等县方圆数百里的七十多个村庄，邹公庙不计其数，尤其是马屋、雾阁、双井、上保、枧头、社下前、黄坑、洋背、留坑、茜坑、下谢、黄石坑、长校、大连坑等村都在每年特定的日子举办庙会，把邹公作菩萨朝拜。封为"昭仁显烈威济广佑圣王"的邹公，已成为当地各姓氏群众最为信奉的神明。

四堡"游两公"活动中有许多规定，信仰中的仪式呈现出客家人的价值取向，

① 杨彦杰主编：《闽西的城乡庙会与村落文化》，国际客家学会、海外华人研究社、法国远东学院，1994，第 335～336 页。

如重视礼教、敦宗睦族、精明节俭，等等。宋明时两族尚未涉足工商业，明万历后则先后投身雕版印刷业，历经数十载，遂富甲一方。这些族商多以"儒商"自居，重视"立学"，如邹氏"学之于道，盖可忽乎哉！一脉书香，绳绳相继者，其来久矣"。又如马氏的冠婚丧祭，"一遵《朱子家礼》而行"。各种行业中也以"士"为重，如祠祭中就要求，"祠中执事人等，除司乐可厨陈设纠仪而外，必须读书子弟，庶衣冠整束，进退雍容，有光俎豆……"①客家人重视教育是有目共睹的。耕读传家，成为客家核心精神之一。首先，设立族田制，以奖励后学。其次，重视家教家训。在祠堂、族谱、堂联中渗透着强烈的寻根问祖意识。这两点在下文将论及，其光宗耀祖的教育理念实际也是祖先崇拜的体现。

二、客家人的谱牒信仰

家谱族谱是一种特殊的文献，就其内容而言，是中国五千年文明史中最具有平民特色的文献，记载的是同宗共祖血缘集团世系人物和事迹等方面情况。故有专家称，家谱与正史、方志构成了中国历史大厦的三大支柱，三者既各自独立，又互相依存。史学大师顾颉刚认为："我国史籍之富，举世无比。然列入公认的官修正史，由于种种原因，自今论之，尚难允称'信史'。今青年治史学，当于二十五史外博求史料，取精用宏，成就当非前代所可比。而今我国史学领域有尚待开发的二个'大金矿'，即地方志和族谱。它一向为治史者所忽视，实则其中蕴藏无尽有价值的史料，为'正史'所难于悉纪而不为人所知者。"

客家民系的研究兴起较晚，作为不断迁徙的族群，其资料记载相对较少。著名学者罗香林先生便利用谱牒资料来论证客家历史和文化，这是罗香林先生的一大创造，也是罗香林先生对客家研究的重大贡献，为后来许多研究客家文化者所效仿。罗香林先生作《客家研究导论》和《客家源流考》时，亦就此作了进一步阐述："客家最重视谱牒，而谱之为体，必溯其上世迁徙源流，故欲论客家迁移的历史，不能不聚其谱乘以资归纳；世人每以族谱侈谈华胄，攀援高门，以为内容所述，全不足信，必受其欺，不知此乃浅人不善鉴别所致，非谓谱牒果无参考与研究的必要也。"②

谱牒是记载同宗共祖血缘集团的世系、人物和事迹等方面情况的历史图籍，蕴

---

① 余丰：《连城四堡的宗族社会与民间信仰》，《厦门广播电视大学学报》2004年第2期。

② 罗香林：《客家源流考》，载张卫东、王洪友主编《客家研究》（第一集），同济大学出版社，1989，第47～48页。

藏着大量的资料，具有诸多文化意义。

（一）寻根问祖之依据

谱牒的最直接作用是据以寻根问祖。

每个姓氏，每个家族都有自己的祖先，故寻根问祖，报本思源，敬奉祖先，缅怀祖德乃人类之天性。随着家族内部子孙的繁衍，一个家族会不断发生分化，分别出不同的世代和支系。同时，由于各种因素，家族子孙后代会播迁各地。他们为了知道自己的来龙去脉，找到生命的依托，形成族群的认同感和向心力，便创造出了族谱家谱。谱牒记载始祖渊源、列举家族支系、叙述世代迁徙，因此成为寻根问祖的重要依据。由于有了族谱家谱的传承，中华儿女才得以认知各自的祖先，了解族房繁衍迁徙、郡望门第、祖庙祖坟、家规祖训等情况，自然也就孕育出深厚的寻根谒祖的意识及行为。尤其是漂泊在异国他乡的海外同胞，谱牒更是其保持血缘记忆、认同华夏子孙的重要凭借。正是这些谱牒，建立起他们与祖国故土的缕缕联系。

众多资料表明，客家民系是个不断迁徙的民系，有人称之为"移动的民系"。虽说此论有些偏颇，但也说出了客家民系的一个公认的特性，那就是迁移的次数多，地域广，跨度大。同时，客家人又是一个最重视寻根的民系。这已被现代大量的寻根事象所证实，港澳台及海外客家华人华侨的寻根热潮可以说是举世无双。

这种热潮根源于客家人的寻根理念，得益于客家人历来对谱牒文化的重视。许多客家移民在稍为安定之后，为了让本族之人对祖先有深刻的记忆，能够解答自己从何而来，不忘根本，便修撰族谱，以"崇先报本，启裕后昆"。不少客家家族把修纂家谱族谱作为后代子孙的一种义务写进家法族规，以保证家谱族谱续修的相沿不断。如福建省连城《李氏族谱》的《凡例》中称："谱法当一世一修，故每三十年为率。盖父子相继为一世，三十年内所当增益者必多，如此则世无失次，人无遗志，辑而继之无难也。若累世不修，其间不免遗漏散失。所谓谱之不修，子孙之不孝也。"正由于有此理念，又有许多热心参加编纂、热心资助出版的族人，客家地区存留的族谱家谱特别多，种类特别齐全，为我们今天研究客家文化留下了大量宝贵资料。

在对待家谱族谱问题上，著名的史学大师谭其骧先生有一段名言："谱牒之不可靠，官阶也，爵秩也，帝王作之祖、名人作之宗也，而内地移民史所需求於谱牒者，则并不在乎此，在乎其族姓之何时自何地转徙而来。时与地既不能损其族之令望，亦不能增其家之荣誉，故谱牒不可靠，然惟此种材料，则为可靠也。"从大的角度说，家谱族谱形成了对民系大迁移的记忆。海内外众多客家家谱族谱指向福建古汀州之宁化石壁村，造就了客家人的宁化石壁情结。众多客家家谱族谱指向古汀州府各县为其入闽始祖的开拓地，也奠定了闽西作为客家祖地的特殊地位。这都是谱牒的功劳。

根据近几年来上杭客家联谊会开展的客家姓氏源流调查研究显示，许多姓氏都与宁化石壁有关。

卢氏。卢处信原籍江西宁都，宋淳熙年间（1174～1189 年）任宁化学正，迁居宁化石壁。处信四世孙璧，号南洋，迁居上杭，为上杭卢氏开基祖。

丘氏。丘氏受姓始祖穆六十一世孙文仲迁江西宁都安居。唐朝后期六十六世仕成（讳国宗），入闽讲学由宁都迁邵武禾坪，生三子平崇、平奉、平湖。平崇迁宁化石壁，其后裔三五郎避乱迁上杭。丘三五郎为上杭丘氏始祖。丘氏为上杭第三大姓。

陈氏，唐高宗时期（650～683 年）宜都王陈叔明的第十一代孙陈伯宣从吴兴移居庐山。后陈伯宣的孙子陈旺又迁德安。唐昭宗大顺二年（891 年）诏谒义门。宋仁宗嘉祐七年（1062 年），大臣文彦博、包拯上书议义门"朝野太盛"，奉旨分庄，翌年依派拈阄分迁全国 291 庄。陈旺第九代孙陈魁因在汀州做官，诏令在宁化石壁立庄。陈魁五个儿子名为崐、崘、嵩、岳、峰，其中嵩、峰之后裔大多迁入上杭。陈氏为上杭第二大姓。

李氏。李氏之李珠从江西石城迁宁化石壁。其子木德、火德从宁化迁上杭胜运里丰朗村。李氏为上杭第四大姓。其他还有江氏、罗氏、张氏、袁氏、雷氏、廖氏等，其族谱均记载出自宁化石壁。

从小的角度而言，不少族谱记载了一个地方、一个村落某个家族的迁移史。比如，在《范阳堂卢氏族谱》"广东省梅县尧塘乡溯始"部分中详细记载了现今粤东饶塘卢姓的迁移史：

> 坎市天禄公年幼时，是文新公抚养长大，天保公年小时又由伯父之子天禄公抚养长大，虽属叔伯兄弟，但情同手足。天保公长大成人后在大埔西江寨定居生三子，次子到梅县白渡田背定居，娶妻生子名西唐，西唐生子名笠溪，笠溪生两子，长寿伯四郎号念二，次子寿伯五郎号念八。由于上述关系，天保公

的子孙每年必到坎市探亲祭祀以报答天禄伯祖怀念之恩。有一年婆太带着寿伯四郎由白渡田背到坎市探亲，回到尧塘澄坑半途，婆太不幸逝世，虽有人回白渡报丧，因在白渡家中仍有老小四代需人照顾，所以寿伯四郎独自草率地把婆太埋葬在澄坑宫子山上，又怕虎狼咬吃婆太尸首，故苦守庐墓三年，幸得早于五百年前由光稠公保送出岭南避难定居的老乡亲探悉是先代救命恩人的裔孙遭此事故，众乡亲纷纷送米送菜帮助，才得以维持。三年孝服已满，众乡亲见寿伯四郎为人忠孝朴素，苦留尧塘定居，又封外太公把亲生人送为妻，生儿育女，又有聂外公送女与翼简公为妻。①

由上述记载可以找到这一地区卢姓的发展脉络及其迁移历史。这样的记载几乎在所有的客家村落中都有。又比如，台北大学王正辉先生编《王氏族谱》(前言)提及："自乾隆年间，从福建汀州府武平县磐龙岗和树后 (何树凹)，横渡海峡于淡水登陆，开台至今二百余年，子孙繁衍至今已九代，现有人数千余人。"这就证实了台湾许多民众的根在大陆福建，而福建住民大都来自中原，闽台同胞一家同根就有这些族谱为证。

当然，这里更多是从血缘关系的角度谈。实际上，人类进步，种族繁荣，"人口代代繁多"和"生活居住分散"两种情况交织。因此，东迁西就，离散脱节，是常有之事。因此，著名谱牒文化专家柳哲指出，家谱更重要的意义是文化传承，而不是血脉传承。你可以在一个比较大的范围内寻找自己姓氏的根源，自己家族的文化渊源，自己有哪些优秀的祖先，应该在一个宽泛的前提下寻找自己的文化根源，而不必太局限于狭隘的血统。修家谱是敬祖先的表现，有人说中国人没有宗教，这是错误的，其实中国人有很朴素的祖先信仰，这就是朴素的宗教。不仅我国，韩国、日本、新加坡等受我国传统文化影响比较大的国家，也都存在浓厚的祖先信仰。韩国保存了很多完好的家谱，他们的总统卢武铉、卢泰愚都曾经到山东来认祖寻根。②

现实生活中，人们根据家谱族谱的记载寻根谒祖，寄托情思。这在客家地区是很普遍的。

---

① 宋德剑：《梅县桃尧镇大美村宗族社会与神明崇拜》，载谭伟伦主编《粤东三州的地方社会之宗族、民间信仰与民俗》(下)，国际客家学会、海外华人资料研究中心、法国远东学院，2002，第324页。
② 柳哲：《家谱是中国人的一种信仰》，《新闻周报》2006年9月18日。

（二）祭祀礼仪之指南

客家人都有十分浓厚的祖先崇拜情结，不仅每个宗族每年春秋二季要举行隆重的集体祭祀，有的"春祭祠、秋祭墓"，也有是"春秋二次祭墓"的，而且每个房族、家庭随时可以祭拜自己的祖先。由于家族繁衍、人口增长以及迁徙等因素，人们对祖先的追溯祭祀就越来越觉得繁杂艰难。大多时候，族谱家谱成为祭祀之指南。

许多客家移民在所修的族谱中制定了历代先祖的祭期。一个姓氏中，涉及范围广的族谱，规定远祖的祭祀时间、形式、地点等。涉及范围稍小的族谱规范小区域的祖先的祭祀时间、形式、地点等。比如，从福建上杭县迁出的邱氏，在其族谱中这规确定："清明前七日，祭始祖邱公八郎讳继龙，葬在胜运里官田叶坊山梅花落地金盘载珠甲山庚向；……清明前五日，祭一世祖邱公讳惟长姚郑氏梁氏合葬，在南坑水口社边东岸；……清明日，祭七世祖姚陈氏，葬本乡割茅窠，与长孙得旺共穴同祭。"①

再比如，广东梅县的大美村，历史上，大美村卢、张两姓都十分重视祖先崇拜。张姓春季在祠堂祭祖的时间是每年正月二十日，而卢姓是正月十五。秋季祭墓两姓都是在农历八月初一前后。张姓每年正月二十要到两个地方祭拜祖先，一是大美张姓的开基祠堂，一是五户祠。卢姓正月十五也要到两个地方祭拜祖先，一是显朝七世祖开基祠堂，一是松林卢家祠堂。张姓除了在本地祭拜祖先外，每隔十年还要到福建上杭、永定祭拜大始祖化孙公姚列考姚坟墓。张姓最后一次祭拜是在1908年农历八月二十八日，即大清明之后。②虽然相隔已是几代，相距也是数百里，但这些张姓的后裔还是不辞艰辛回到闽西祭拜张化孙大始祖，的确难能可贵。

大多数时候，在还没有统修族谱时，小家庭自身的规定则规范近一二代以内亲人的祭祀时间、形式、地点等。这部分的资料还没有录入大的族谱之中，而由小家庭自己把握。这正是民间草根力量之所在，它是家谱族谱内容发展的基础，值得我们注意。以笔者家庭为例，近十几年间，祖父母、父亲相继辞世，除全村大族的祖先祭祀活动统一组织外，对祖父母、父亲的祭祀都由笔者母亲设计。在不和其他祭祀活动冲突的情况下，母亲将祭祀时间确定为正月初九。实践几年后，她根据几个

---

① 转引自严雅英：《从馆藏客家文献看上杭客家向义宁州的移民》，载罗勇主编《"赣州与客家世界"国际学术研讨会论文集》，第79页。

② 宋德剑：《梅县桃尧镇大美村宗族社会与神明崇拜》，载谭伟伦主编《粤东三州的地方社会之宗族、民间信仰与民俗》（下），第324页。

儿子即笔者几兄弟上班时间及放假情况改为正月初六祭祀，并请人整理相关材料。

有的祭祀是很有特色的，不少家族在其谱牒中有特别强调。如笔者有一先祖葬在距本族村落二十多里远的地方，即今龙岩黄岗水库副坝区处。未建水库前，先祖坟墓下面是山田，其中有些居民。由于多种原因，该地居民与笔者的族人日常交往甚好，又有传说该坟墓风水好，会保佑人。所以，每当正月笔者族人在此祭祀时，只要听到地铳响起，该地居民便会带上工具前来帮忙，一同祭祀。祭祀仪式完成后，要在坟墓边起灶架锅，将祭祀供品做成午餐，让参与祭祀的族人与当地居民共享，祈求新的一年风调雨顺，家家平安，万事如意！在这里，已经没有我们平常印象中那种悲戚的祭祀场面，有的是后代与祖先在山野中共享美味、其乐融融的景象。因此，在笔者的记忆中，不少家族小孩（男丁）每逢正月春祭时，都愿意走远路祭祀先祖，因为他们觉得有许多的乐趣。

在客家人心里，祖茔是宗祖精气所在，家族的发展"叨先祖之恩庇"，故特别重视祭扫。

更有特色的是，一些宗族特别注重科举人才到祠堂谒祖与祭祀。如福建省武平县武北蓝氏具体规定了科举人物到武平县城蓝家祠堂谒祖或参加祭祀的奖励措施，不同级别的科举人物，给予不同等级的奖励。江坑《蓝氏族谱》中的《规款》载：

> ——配享每名发胙肉钱八文。
> ——绅士到祠与祭者发胙肉钱每名五拾文。本日享余。
> ——主祭自贡生及捐职六品以下者发胙肉钱五佰文，举人发胙肉钱捌佰文，进士发胙肉钱壹仟贰佰文，捐职五品发胙肉钱捌佰文，四品发胙肉钱壹仟贰佰文。若现任文武官员或告假回家到祠谒祖者，视其职之大小临时酌议发胙。
> ——主祭论爵平品论齿尊尊亲亲之义也。
> ——科目新进文武生员及补廪出贡到祠谒祖者每名发花红钱壹仟，新举人谒祖者发花红钱三仟文，新进士谒祖者发花红钱五仟文。[①]

从中可以看出客家人对名人、读书人参与祭祀的重视。

尽管不少家谱族谱中有将历史名人牵强附会为祖先，即"帝王作祖，名人作宗"之现象，但大部分资料还是真实的。在现实中，人们总是按其家谱族谱中实实

---

① 转引自刘大可：《论科举与传统村落社会——闽西武北客家村落的田野调查研究》，载福建省炎黄文化研究会、福建省龙岩市政协编《客家文化研究》，海峡文艺出版社，2007，第210页。

在在的传承记录来进行祭祀活动。

（三）研究史实之富矿

正史的记录毕竟是有限的，范围也太大，家谱可以作为历史研究的有利补充，而且更加生动。

谱牒在我国源远流长，已经形成有独特内涵、浸润着民族情愫的谱牒文化，它对民族的心理素质、价值取向、行为模式都发生着潜移默化的影响。毛泽东说过："搜集家谱、族谱加以研究，可以知道人类社会发展的规律，也可以为人文地理、聚落地理提供宝贵的资料。"谱牒中保存着大量富有姓氏家族及其迁徙过程与定居地特色的史料，这在正史中是无法找到的，也是正史无法记载的。

近代著名史学家梁启超对谱牒的史料价值给予高度评价，他在《中国近三百年学术史》中说："族姓之谱……实重要史料之一，例如欲考族制组织法、欲考各时代各地方婚姻平均年龄、平均寿数、欲考父母两系遗传、欲考男女产生比例、欲考出生率与死亡率比较……等等无数问题，恐除族谱家谱外，更无他途可以得资料。我国乡乡家家冀有谱，实可谓史界瑰宝。将来有国立大图书馆，能尽集天下之家谱，俾学者分析研究，实不朽之盛业也。"

所以有一些学者指出，谱牒内容除了反映世系繁衍之外，还包括宗族大事、姓名历史源流、人口分布、宗教信仰、族约家规、族产祀田、祠堂墓坟、人物传记、艺文习俗、地方史实等，已超越一般的历史学与文化学领域，它还涉及社会学、考古学、民族学、人类学、经济学、人口学、地理学、方志学、教育学、文学、民俗学等诸学科领域，实质上形成了一门跨学科的综合学科，具有丰富深刻的内涵和宽广的外延。有人称其为"谱牒学"，作为独立学科加以研究。

谱牒中的史料，有很大一部分是记录祖先开基过程中的故事的。祖先定居中的典故往往很有意思，可以从中了解其习俗与心理。客家在迁移中要定居下来，最看重的是地理风水因素。

以闽西张姓开基始祖张化孙为例。南宋淳熙二年（1175年），张化孙出生于宁化县石壁乡葛藤村，考取进士后，受朝廷委派"作牧汀州"。他精通堪舆术和岐黄术，任职汀州府时，多次到属地上杭考察，认为上杭地处鄞江（古时之汀江名）中游，物华天宝，地灵人杰，是块"生气行于地"的"风水宝地"。他于宋宁宗嘉泰四年（1204年）辞去官职，携家小来到上杭县城东北角一带游览勘察，最后选定在深坑尾官店前上吉街（今白砂镇茜洋村）定居。从地理形势看，该地背靠山势高大峻拔的上圆山，山上树木繁茂，山前有洋乾溪穿越田洋而过，溪两岸是肥沃的土地，物产富饶。张化孙开基此地后，果然子孙繁衍。据不完全统计，现今奉张化孙为先祖的海内外裔孙已达千万之众。族谱记录了张氏开基地的许多资料。

再如，1995 年 3 月修竣的赣南瑞金《密溪罗氏七修族谱》别出心裁，除载录源流、字派、世系、祠宇、祖茔外，特设"沿革记""兴替纪略"和"山水记"诸篇。前者力叙祖先创业、复业、展业之艰难，以"耸示子孙，瞿然警惕"，"益加策励，思开族之维艰，念守成之不易"，而承先启后。后者备述密溪山水之秀美形胜，意在激发族人爱乡惜土之情。他们在族谱中把村中名胜古迹提炼概括成"一阁、二坊、三旗、四塔、五祠、六庵、七品、八仙、九崇、十景"[①]。可见族谱具有很重要的史料价值。

家谱中往往记载了家族著名人士的事迹以及其优秀的文学艺术作品，包括与名人交往中的题赠、唱和等。许多作品在正史中是无法找到的。比如福建上杭陈氏论公，在官田的论公祠大厅里有"追远堂"匾额，两侧有"派出虞舜胄；世仰宋儒宗""南国理学无双士；北宋忠贞第一家"等对联。其中最引人注目的是北宋名臣杨时题的"半壁宫花春宴罢；满床牙笏早期归"一联。另有名儒黄文梯先生赠句："仰不愧天俯不怍人千古允称忠肃谥；穷不失义达不离道八闽惟见了斋翁。"杨联指的是北宋陈氏"三尧"兄弟的盛事，长兄尧叟，真宗朝状元，官至同平章事；二弟尧佐，举进士，三守庐州；三弟尧咨，仁宗朝状元，官节度使，至太尉。黄先生赠句说的了斋翁是贡川九世世卿公，宋初进士，累官秘书少监、吏部尚书。他不但勤政爱民，且重治家德育的事。此外，族谱还有民间传说、童谣、民谚等。这些资料是我们研究地方文学史、艺术史的宝贵资料。

再有，家谱中往往记载了家族拥有的集体田户，如祠田、坟田、房基田、庄田、山林等的数目，甚至还记录了当时的一些纳税情况，如《石城新田魏氏溯源堂七修族谱》载："为迭（递）年征粮，广此事，凡承充者难以替代，而况花户星散、工食浩繁，爰于乾隆庚戌岁合祠父老举豪杰吉常翁矢公失慎，权子母之息，日积月累，广而充之，权至乙卯年冬，放计金四十余两，当买到左坑南坑等处田，净谷五石三斗三升正，用价铜钱三十五两三钱八分正，又用区润笔礼金四两四钱。其租十班轮流，递年值年承充，其租拨于为工、食之需，承充而完纳征粮，光耀典籍矣。"由此可见，魏氏族人为减轻负担，免于挨门逐户催收之苦，特将部分族资放债生

---

① 曹春荣：《社区记忆：客家人的粘结剂与助推器——以瑞金密溪村为例》，载罗勇主编《"赣州与客家世界"国际学术研讨会论文集》，第 304 页。

息，以购置田产，雇人耕种，并将祠中管事人分成十班，轮流收租，所收租金一部分充作管事者的工、食之费，一部分用于完纳征粮。这样看来，家族在一定程度上承担了为朝廷征粮纳税的任务，实际上行使了部分基层行政职能。① 这是研究经济史的宝贵资料。

家谱族谱中往往记载了具有地方特色的宗教信仰、民俗活动的来历及祭祀形式等，如许多客家地区各种"公王"的祭祀，福建省永定西陂林姓"鞭春牛"，以及连城四堡"走古事"的民俗活动等。家谱中往往还记载了家族婚姻禁忌，阐述不能通婚的原因，等等，不一而足。这些都说明谱牒矿藏之丰富，值得我们好好挖掘。

（四）教化子孙之宝藏

家谱族谱属于传统文化的范畴，是中国五千年文明的见证。其实，修家谱由来已久，早在周朝就有，但多为官修，直到宋代，民修家谱才普遍繁盛。家谱族谱中有一个很重要的部分是家法族规，其内容多集中于崇尚正义、爱国守法、崇文重教、敬祖睦宗等方面，可以称得上是谱牒文化的精髓。它能够规范人伦，导人向善，是对社会法律和制度的一种重要补充。

每个家族还以族规族约、家法、惯例等管理族人，其作用巨大。如闽西连城《新泉张氏族规条款》就是一部森严的家族法规，共有十六个条款，内容涉及族仓储谷的借还、族中后人上学、族内产业争端、辈分关系、祭祀祖宗及男女有别、禁纵赌、禁诲淫、禁发墓、禁溺女浇浴等方面。

再如，连城县文川乡《李氏七修族谱》中载的"训戒"，"祖训"有六条：一训孝顺父母，一训敬老尊贤，一训和睦亲族，一训勤读诗书，一训诚实正业，一训早完钱粮；"族戒"有六条：一戒不孝不友，一戒挖卖祖坟，一戒为匪乱伦，一戒承充隶卒，一戒欺祖霸尝，一戒酗酒打架。每一条"训戒"都有详细的解说。如"一训勤读诗书"条是"报国荣亲，诗书之泽甚大。凡我子姓有志诵读者，品行文章有着砥砺，或列黉序或掇巍科，非特宗祖有光，亦副族人之望"。而"一戒承充隶卒"条是"隶卒世所共耻，以是人而列谱系与祠祭，岂不玷污祖宗败坏家风。尚有误践者，宜亲房令从正业，如固执迷，图谱摈黜"。其教化之意，约束之力，凸显无遗。

客家人重视耕读传家，尤其重视教育，这是客家文化的重要特征。这方面内容在谱族谱中体现得最为突出。罗香林先生指出："刻苦耐劳所以树立事功，容物覃

---

① 林晓平：《赣南客家祠堂的功能与文化内涵》，载罗勇主编《"赣州与客家世界"国际学术研讨会论文集》，第301页。

人所以敬业乐群。而耕田读书所以稳定生计与处世立身，关系尤大。有生计，能立身，自然就可久可大，客家人的社会，普通可说都是耕读人家，这在过去为然，现在还未全改，所以在他们普通人家的家庭分子来说，这方面内容在家谱族谱中体现得最为突出。总有人能做到可进可退、可行可藏的地步。这在社会遗业的观点看来，可说是一群迁民经过了生存奋斗而累积了无数经验的优者。"①

客家人意识到，在中国传统时代，一个家族如果缺少最基本的文化教育，其发展将会受到严重的局限。由于读书是成家立业之本，成才是光耀门第的前提，因而客家各家族都重视教育，把兴办学校、培养子弟作为一项永久性的事业，并成文写入族规族约之中。如赣南兴国的刘氏，是一个远近闻名的客家家族，该家族族规中写道："家门之隆替，视人才之盛衰；人才之盛衰，视父兄之培植。每见世家大族箕裘克绍，簪缨不替，端自读书始。凡我族中子弟，姿禀英敏者固宜督之肄业，赋性钝者亦须教之识字。"②明确把读书识字作为教育后代成材、保证家族兴旺的根本。

为奖励学习，各族设立了用于支付家族教育费用的所谓"儒资田"或"书灯田"（总称为学田）。如永定县中川胡氏家族，早在清代初年即设有"儒资田"。根据族规，凡族中考取秀才者，即可获得本家族当年儒资田的年收成。在赣南客家，族产中的田地称"公堂田"，公堂田的收获除用于祭祖之外，有一部分用来助学讲学，称为"学谷"。许多家谱中往往也会规定具体的资助方法。

家谱族谱的教化涉及各个方面：有做人的教育，如上面提到的几个方面的内容；有做事的教育，如强调以农为国本、耕读传家以及本房族特色的行业等内容；有生活的教育，强调各种习俗、信仰及与祖先有关的禁忌等。

家族中有文化有声望者，往往注重给后人留下家训，以期维持家族兴旺发达，千秋万世。还以闽西张姓开基祖化孙公为例。他定居闽西上杭县，育有18个儿子和108个孙子，子孙繁衍，至今裔孙达千万之众，被誉为"鄞江始祖"。这很大程度上得益于他的遗训诗："清河系出源流长，卜吉移居闽上杭。百忍家声思祖道，千秋金鉴慕宗祊。承先孝友垂今古，裕后诗书继汉唐。二九苗裔能凛训，支分富盛姓名香。"这是张化孙的遗训诗，也被张化孙后裔称为"外八句"，内涵深厚，意蕴悠长，张氏子孙无论播迁何处，都要带到定居地教育后人，使家族正气弘扬，兴旺发达。

---

① 罗香林：《客家源流考》，中国华侨出版社公司，1989，第105页。
② 上杭县《龙兴祠刘氏联修族谱》卷一《族规》，民国三十六年（1947年）刻本。

列祖列宗的"训词"是家族教育的信条，与几千年儒家教义相吻合，"出门思祖德，入户念宗恩，治平天下最，孝义古今稀"。客家人家族教育的核心是要求子孙勿忘"三命"：天命、君命、父母之命。天命即自然规律不可违抗，君命即国家利益不可忘记，父母之命即繁荣发达家族以及孝敬父母的使命不能忘。

客家家教历史悠久，内容丰富，形式多样，注重耕读传家，集中体现了儒家"修身""齐家""治国""平天下"的思想。除了祖宗家训外，他们特别推崇《朱子治家格言》。这也是中国历代士大夫尊崇的"治家之经"，为童蒙时期必读课本之一，略为识字的客家人都懂此书。笔者父亲跟随祖父上学行医，对此书更为推崇，常常把其中的名句挂在嘴边，教育后代。如日常生活规范方面的"黎明即起，洒扫庭除，要内外整洁。既昏便息，关锁门户，必亲自检点"，生活精神方面的"一粥一饭，当思来处不易；半丝半缕，恒念物力维艰。"如对财物态度方面的"重财，薄父母，不成人子"，强调耕读传家方面的"祖宗虽远，祭祀不可不诚。子孙虽愚，经书不可不读。居身务期简朴，教子要有义方"，为人处世方面的"施惠勿念，受恩莫忘"，等等。这些都是让人醍醐灌顶的名句，是客家家庭教育的精髓。

总的说来，谱牒文化的积极意义值得我们认真挖掘，为今日的文化发展服务。

当然，客家人的祖先崇拜浓厚独特，在客家人的生存发展奋斗中起到了凝聚、激励与协调的作用，但也要见到其消极影响。祖先崇拜主要会造成两种消极影响：一是易产生守旧观念，在建祠、修谱、祭祖上花费过多人力、物力，不免有浪费之嫌；二是太重宗族祖坟及风水观念，容易产生宗族间的斗殴等恶性事件，须予以防范。

第四章 圣贤创伟绩，人间百业兴
——客家圣贤崇拜

有学者指出，中国缺乏严格意义上的宗教信仰，千百年来实质上由儒家思想代行了宗教的功能。由此，它也被称为"儒教"。对于中国人来说，儒学不仅是一种理论体系和观念形态，更是一种信仰的支柱和生活意义的依据。这种信仰，形成中国人的祖先崇拜和圣贤崇拜。祖先崇拜和圣贤崇拜者属于人格神崇拜。

在中国，受传统儒家文化影响，不仅尧、舜、禹、汤、文、武、周公、孔子被公认为是圣人的典范，而且历代不少英雄豪杰、隐士文人也被尊圣称贤。人们对圣贤顶礼膜拜，十分崇敬虔诚。

何谓圣贤？古今有变化。古代对圣贤的界定较高。《论语·雍也》："子贡曰：'如有博施于民而能济众，何如？可谓仁乎？'子曰：'何事于仁？必也圣乎！尧舜其犹病诸！'"《论语·述而》："子曰：'圣人，吾不得而见之矣；得见君子者，斯可矣。'"《论语·子罕》："太宰问于子贡曰：'夫子圣者与？何其多能也？'子贡曰：'因天纵之将圣，又多能也。'"

从中可以看出：其一，圣人具有非凡的才能，是受命于天的。其二，圣人是仁爱之人，能造福民众，能救助民众，即"有博施于民而能济众"者。其三，圣人既伟大又罕见，连尧舜恐怕也难荣膺此名。圣人在古人心目中享有至高无上、神圣无比的地位，连万世师表的孔夫子都自叹弗如，连名垂千古的尧舜都很难够格。

随着时代的发展，后世尊崇圣贤，所崇拜的对象越来越广泛。《礼记·祭法》言："夫圣王之制祀也，法施于民则祀之，以死勤事则祀之，以劳定国则祀之，能御大灾则祀之，能捍大患则祀之。"可想而知，凡有规范施行天下、以身殉职、以劳定国及能抗击大灾大患者，皆应受到后人祭祀，皆能荣膺圣贤的桂冠。

《汀州府志·人物》中称："天地生万物，人居一焉。以对待言，则人与物峙；

以浑同言，则人亦物也。玉生于山，而不得山山而玉之；珠产于渊，而不得渊渊而珠之。人物本乎人，而不得人人而人物之。然则三才并峙者，一二人之谓，而非人人之谓也。夫此人人者，同禀天地之气与性，而以德则绌，以功则绌，以言则又绌。身世百年，无能树立，直草木朽耳，谓之不人不物宜也。汀非海滨邹鲁乎？上下千余年，广袤七百里，其中为接往圣、开来学之人，为黼黻隆盛、霖雨苍生之人，为不避刀锯斧钺、直言敢谏之人，为见危授命、临大节不可夺之人，若是者，盖卓然矣。然亦不属数数矣。志人物。"①说得很明白，圣贤如玉，圣贤如珠，稀缺而宝贵。正如不是山山都能出玉，不是渊渊都能产珠一样，圣贤人物也是屈指可数的。《汀州府志》列举了称得上圣贤的四种人，其核心标准就是"立德""立功""立言"之"三不朽"。"立德"，即树立高尚的道德；"立功"，即为国为民建立功绩；"立言"，即提出真知灼见。此三者是虽久不废、流芳百世的。唐代孔颖达对这"三立"作了精辟的阐述："立德，谓创制垂法，博施济众；立功，谓拯厄除难，功济于时；立言，谓言得其要，理足可传。"于是，"三立"有了定论，"三不朽"成为中国历史上许多人的人生目标和理想。中国历史源远流长，诞生了数不清的杰出人物，在他们身上总有说不尽的故事，道不完的话题。他们的思想、操守、业绩，是我们宝贵的精神财富。

香港中文大学谢剑教授曾对清代嘉应地区（今广东梅州）一百二十二座特殊性庙坛进行过分类，共分为九类，"为数最多的依次是'名宦贤吏'、'艺文功名'及'武德军功'三项，这类庙坛合计总数竟高达九十六座，占全部'群祀'的78.05%"。"从概念上分析，前三项也是相互关联的，对'艺文功名'及'武德军功'的崇拜，当然在鼓励人们成为'名宦贤吏'……国中其他非客家住域或非纯客家住域，则无此种现象。还指出，上文谈过的谢剑分类的嘉应地区总计一百二十二座九项特殊性庙坛中，涉及'贵'的名宦贤吏、艺文功名及武德军功三项高达九十六座，占全部"群祀"的78.05%，而涉及'富'的财神宫等则只有1座，实在不成比例。"②这只有客家地区才有的现象很能说明问题，古代客家人更看重的是"贵"。

闽西客家人崇拜的圣贤，本书分三类阐述：一是共性的圣贤，如孔子、张飞、武侯诸葛亮、关帝等；二是本省本地的圣贤，如王审知、朱了、李纲等以及各县自己尊奉的贤人；三是各行各业的祖师，如药王仙师孙思邈、木匠仙师鲁班、商圣陶朱、理发仙师吕祖等。

① 乾隆《汀州府志》卷三十《人物》，第339页。
② 参见汪毅夫：《客家民间信仰》，福建教育出版社，1995，第15页。

一、共性的圣贤崇拜

1. 五谷神崇拜

被尊奉为五谷神的是后稷，他是庇佑农业，确保五谷丰登的农业神。相传，后稷幼时已崭露头角，长大后成为原始社会负责农业的头领，为农业发展做出了巨大贡献。据《国语·鲁语上》记载："昔烈山氏之有天下也，其子柱，能殖百谷百蔬……故祀以为稷。"后稷被人们尊称为谷物之神。

闽西客家人普遍崇拜五谷神，又称之为"五谷大帝"，设庵庙祭祀，祈求风调雨顺，五谷丰登。故而，常常与土地神一同祭祀。闽西连城、长汀一带，还有"食新日"节俗。在早稻开镰时节，家家户户统一约定时间，做新米饭，盛新米饭、三牲（猪肉、鱼、鸡）供奉五谷大神、土地神，祈求五谷大神保佑各家五谷丰登。这在相关章节已有论述。

2. 孔圣崇拜

孔子时代称尧舜为圣人，后世封孔子为"至圣先师"。儒学是中华传统文化的重要组成部分，创立者孔子，名丘字仲尼，生于公元前551年，是春秋时期著名的思想家、政治家、教育家，具有至善、至美的人格魅力。经历代统治阶级的晋封，孔子达到了无与伦比的至尊地位，被尊称为"大成至圣文宣王"。孔子也因此成为君子人格、文化昌盛的象征。中国古代社会，一般在县治所在地既办儒学又建孔子庙（又称文庙），而且官办儒学与孔庙一向比邻而建，地方官员要定期参谒文庙，以示重视。

闽西客家人倡导耕读传家，重视教育。每个家族都有族田供子孙读书或予以奖励，故客家各个家族都有孔圣崇拜。

祭祀孔子的形式很多，一是单设"文庙"供奉，如众多县城的文庙。二是与关帝合奉，称"文武庙"。如连城县培田，有吴姓族人吴鸿飞抱着期盼培田文风兴盛、人才辈出的目的，对培田水口的关爷亭进行改造，改建为上、下两层的楼阁式建筑，以上、下层供文、武之序，上祭孔子，下祭关公，即上为文庙，下为武圣庙，一文一武合称"文武庙"。培田也有单设的文庙，每年的农历九月初八日（孔子诞辰日），由培田村中的孔圣会组织在文庙内举行祭祀孔子的仪式。三是与众神合祀，如永定高陂镇西陂村的天后宫中同时奉有孔子、关帝、魁星、仓颉等。

3. 汉帝崇拜

闽西宁化县石壁，张氏族人因张良之故祭祀汉高祖。据上市村《清河郡张氏十修族谱》所记《汉帝庙记》载："书云圣王之制祀也，法施于民则祀之，以劳定国则祀之，能御灾危则祀之，是非事于也不在祀典。昔我祖子房仕汉，不以力征，不自矜功，经营天下，归于一统，君敬臣忠，两相用意，故我张氏者，子房苗裔也。然乡人题资鼎建高祖庙，立君臣像于（宋）淳祐之秋，伟哉巍峨，高殿廊庑辉煌。青山遍翠，古木笙簧，千门万户，永锡无疆，千秋享祀，纳踵于无穷也。予记之曰：非是不在祀典也欤？"[1]

4. 谢安崇拜

(1) 谢安崇拜缘起

谢安，字安石，陈郡阳夏(今河南太康)人。他出身名门大族，祖父谢衡以儒学知名，官至国子祭酒；父亲谢裒，官至太常卿。他自己在晋孝武帝时任宰相。

在闽台两地有很虔诚的谢安崇拜。对此学者张晓松有专题研究。谢安信仰是如何来的？《漳浦县志》记载："谢东山庙，浦乡在处皆有之，相传陈将军自光州携香火来浦，五十八姓同崇奉焉。"今人多认同谢安香火是由陈元光从北方带入的。《漳州府志》更确言："谢广惠王即晋谢安石也，陈将军元光奉其香火入闽启漳，漳人因而祀之。"另《平和县志》亦有类似说法："邑人多祀广惠谢王，其源起于陈将军。"后两种说法估计都是参照了《漳浦县志》的记载，谢安"广惠圣王"之称号应为唐以后所封。

漳州目前所知供奉谢安年代最早的宫庙有两座：南靖船场新溪尾寺和龙海颜厝的古县大庙。南靖船场的新溪尾寺，据称是唐上元二年(675年)，陈元光的部属将谢安的香火带到那里的，此时距陈政669年入闽才六年，可能性不大，只能存疑。比较可靠的是龙海颜厝的古县大庙(又称谢太傅庙、广应圣王庙、积苍庙)。该庙历史悠久，最早为南朝梁时设龙溪县的县衙所在。

在漳州，总体而言，福佬地区奉祀谢安的宫庙数量远远超过客家地区。而且客家地区仅在客福交汇地区如九峰、长乐等地才有奉祀谢安的宫庙，纯客家地区几乎没有发现有主祀谢安的宫庙，可见《漳浦县志》《漳州府志》等载谢安香火是由"陈将军"即陈政集团带来是对的，它最早应是只在福佬地区流行，后来才传到与福佬交汇的客家地区。

---

[1]　转引自石奕龙、李文睿：《宁化石壁村客家俗民的世俗化宗教信仰》，载福建省炎黄文化研究所、福建省龙岩市政协编《客家文化研究》，第766页。

无论福佬或客家地区，凡谢安诞辰日都要举行盛大的庆祝活动。我们在调查中发现，各地宫庙关于谢安诞辰的说法不一，据我们目前的资料统计，关于谢安的诞辰日至少有五种说法：二月二十八、三月二十八、十一月二十六、十一月二十七、十二月二十七。

对谢安信仰的归属，大陆学者都是把谢安列入"忠义贤孝之神""先贤先圣"或地方保护神之类，而非"王爷信仰"。但在台湾，谢安却被列为王爷之一，"谢安信仰"也成为"王爷信仰"之一种。①

其实，对谢安的崇拜，客家地区有专门的庙宇，而且把谢安作为客家公王祭祀，如永定陈东乡的"四月八"民俗活动，就是祭祀"玉封公王"谢安的。传入台湾的"王爷信仰"可能是受到客家人的"公王信仰"影响，新北三芝民主公王宫所供奉的是"玉封公王"谢安。

陈东几百年来传统的民俗活动"四月八"，每次都是从初七至初九，历时三天，以初八最隆重。民俗活动的核心是祭拜"玉封公王"。"四月八"是谢安生日，村民在这天都会举行祭祀活动。陈东乡有句民谚："不重年，不重节，只重'四月八'。"可见"四月八"这一民俗活动在他们心中的地位。

与闽南地区崇拜谢安不同，永定陈东卢氏称谢安为"玉封公王"。而在一县之隔的新罗区适中镇，陈林赖谢四姓家族在十月中旬举办盂兰盆盛会，同样祭祀谢安，这里称谢安为"正顺圣王"，所供地点称"白云堂"。适中谢氏的盂兰盆节（俗称"十月半"），是为纪念谢安淝水之战的战功的。所以在谢氏新安点，人们搭起五彩缤纷的"新安行台"（彩坊），以象征"淝水之战"谢家军的辕门。

陈东卢姓人为什么会对他敬若考妣、奉若神明呢？卢姓人有三种说法：一是淝水之战后，对于如何处置战俘特别是战俘中的大小头目，朝中意见不一，大部分人主张斩尽杀绝，皇帝也有此意，但谢安力排众议，主张优待俘虏，将他们发配垦边。众俘虏由此得救。内中有个卢姓头目刀口余生，其后裔此后一路南迁，至元末明初其裔孙天佑公到陈东开基，繁衍子孙。为报答谢安恩德，卢氏召集十方姓氏，创建了当地有名的广圣殿，立谢安为主神，四时香火不断。"四月八"有卢、陈、江、苏、徐、谢等十个姓氏的人参加，成了陈东传统的客家文化节日。广圣殿也成为陈东各姓团结共处的圣地。二是东晋时权奸当道，有一卢姓忠臣挺身而出，联合另外三位大臣一起弹劾奸臣，不料"打蛇不成反被蛇咬"，四位大臣大祸临头，其

---

① 张晓松：《漳州客家、福佬"谢安信仰"比较研究》，《闽台文化研究》2015 年第 1 期。

中三家惨遭灭门之祸，唯有卢姓忠臣由于得到谢安的力保得以保命，最后流落到陈东，于是建广圣庙报答谢安。三说卢氏原是东晋时的名门望族，后因卢循造反受株连灭族，有个卢姓之人多亏谢安搭救，才得以逃往南方开基，由此奉谢安为神。

供奉谢安神像的广圣庙，有上下堂和左右横屋，建筑占地面积四五百平方米。活动的主体是巡游公王，广圣庙是活动的中心。

农历四月初七上午，迎神队伍把广圣庙内的神像"玉封公王""一品夫人""郎君舍人""祖师菩萨"四神请出庙，巡游城里、江屋、高峰、上村、陈东、蕉坑、榕蛟、蛟塘、共星、下坪等十村。每村各设一个供坛，三四十张的八仙桌拼起来，摆上糕点、水果、鸡鸭等各种贡品，村民虔诚祭拜。每个供坛要停留两三个小时，因此神像有时还在陈东、共星村过夜，两天后回到广圣庙。

善男信女为了表示虔诚，从初六早晨就开始斋戒。到了初九开斋那天，四邻八乡的亲戚朋友都赶来陈东做客。家家户户的客人少则三五桌，多则十几桌，甚至更多，好不热闹。

5. 韩愈崇拜

昌黎祠是祭祀韩愈的庙。

韩愈，字退之，原籍河南孟州，自称"昌黎韩愈"。唐宪宗元和十四年（819年）春天发生了有名的韩愈谏迎佛骨事件。唐宪宗免了韩愈的死罪后，把他贬到潮州做刺史。韩愈在潮州任上提倡儒教、大力兴学，对地方的贡献很大。潮州人十分感激，尊其为"岭南师表"，在潮州城立庙宇祭祀。苏东坡在《潮州昌黎伯韩文公庙记》赞颂曰："文起八代之衰，道济天下之溺。忠犯人主之怒，而勇夺三军之帅。"后来潮州商人对韩愈儒者身份十分向往，对儒家道德理想十分倾慕，并把这种向往和倾慕，倾注于韩愈身上，崇拜韩愈，最终凝练成潮州商人的文化精神。广东客家人十分崇拜韩愈，并把这种崇拜带到台湾。在台湾屏东内埔，有一座昌黎祠，是台湾唯一一座祭拜唐宋八大家之首韩愈的庙宇，建于清嘉庆八年（1803年），至今已两百余年。而内埔的客家人祖先大多来自大陆岭南，为感念韩愈恩德，不忘中华文化传统，客家人祖先迁移来台湾后，便建了昌黎祠纪念他。①

6. 文丞相崇拜

文天祥，字履善，号文山，南宋德佑二年（1276年）任右丞相。1278年元兵进犯，文天祥奋力抗元，后兵败被俘，被掳至大都，囚禁在兵马司土牢达四年之

---

① 林连金：《看台湾特色庙宇真稀奇》，《海峡导报》2012年11月13日。

久。文天祥面对元统治者的软硬兼施、恩威并用毫不动摇，誓死不降，在狱中写下了千古不朽的《正气歌》，表现了他凛然不屈的气节。后人感其气节，立祠祭祀。国内建有多处文天祥祠，其中当属北京文天祥祠最有名。北京文天祥祠，又名文丞相祠，坐落在今东城区府学胡同 63 号，是文天祥当年遭囚禁和就义的地方，明洪武九年（1376 年）建。

文天祥与闽西渊源极深，宋德佑二年（1276 年）十月，文天祥移兵汀州，驻扎了几个月，希望能重整河山，但因元军势力大，且汀州知府黄弃疾降元，文天祥于景炎二年（1277 年）正月移兵时属漳州的龙岩（也属闽西）。

据传，撤出汀州后，文天祥曾途中驻扎朋口镇（在汀州往龙岩的路上）。傍晚，他登上当时称北岭的山头，遥望沦陷的故土，百感交集，潸然泪下。清人有诗叹曰："昔日移漳将士屯，苍茫北岭泪沾臆。"当晚，文天祥就住在山下的一个无名小村。据说，文天祥住在村里的这个晚上，一夜蛙声聒噪，扰得将士难以入眠，文天祥披衣走出村口，见坝头一只大青蛙鼓腮高鸣，便取过朱笔，在蛙头上点了一点，道："将士抗敌辛苦，你莫叫了。"群蛙即刻皆静。据说此处产的青蛙头上有一个红点，人称"红头神蛙"，别处见不到，只因文天祥的朱笔点之故。为纪念文天祥，后人就把北岭改名垂珠岭，岭下的村庄改名垂珠坝。

20 世纪 90 年代，连城宣和乡洋背村发现一批古钱币，经考证极有可能是文天祥的部队撤退时埋藏的。宣和一带旧称河源里，时属汀州管辖。史载文天祥的两个女儿定娘、寿娘数月间相继病死河源，大约就在此处。

崇宗敬祖的客家人特别崇拜文天祥。长汀建有文丞相祠，《汀州府志》卷十三《祠祀》载："文丞相祠，一名东山书院，祠宋文天祥。明万历间增祀李纲。春秋致祭。"闽西不少地方都有祭祀文丞相的祠庙。

闽西客家人不但崇拜文丞相，连跟随文丞相抗敌的将士也崇拜。闽西朋口镇王城村郊野的田埂边上，有由几块石头简易砌起来的石冢，占地不足两平方米，称"三将坛"，当地客家人按客家习惯又称"三将公王"，是为纪念文天祥三位牺牲的部将龚、刘、杨而建。

跟随文天祥入闽的将士，不少被打散后留居闽西，傅姓、项姓等几个姓氏就是文天祥将士的后裔。据称，傅氏远祖傅以南，曾随文天祥抵抗元军。傅以南在南宋宝佑元年（1253 年）考中进士，景定年间（1260～1264 年）任安徽宿州太守。当元兵南侵甚疾之际，傅以南偕家属，从宿州避乱入闽，抵汀州宁化县石壁村大城坑、中门、凹里，暂住了一段时间。南宋景炎二年（1277 年），文天祥进军江西，恢复州县多处，不久为元兵所败，从赣南退回汀州。以南闻知立即率长子旦郎、次子景郎奔赴汀州，与文天祥相会。由于去漳州的道路被阻，时局发生变化，文天祥等一行人，还未到漳州，就只好改变行军路线，转赴广东勤王，寻找端宗。傅以南不幸逝世于梅州，旦郎、景郎扶柩葬于梅州程乡县（今大埔县）。其衣冠在连城北门外潘洋。长子旦郎、次子景郎均下落不明。三子是郎，由宁化石壁迁汀州宣豪里杉树坑、大岭背坑（今连城县宣和乡傅家墙）。

和汀州府客家接壤的闽南支系龙岩州人也崇拜文丞相。景炎二年（1277年）正月，文天祥移兵漳州府龙岩，在龙岩驻师达两个月之久，在此期间他致书老母："坐孤城中，势力穷屈，泛观宇宙，无一可为，甚负我平生之志。三年不见老母，灯前一夕，自汀移屯至龙岩，间道得与老母相见，则下从先帝游，复何云。"据说，驻师期间，文天祥还带领一批将校探访了龙岩名胜翠屏山麓的龙岩洞。进洞前，文天祥倡议大家摘梅花瓣含口中，取"衔枚（梅）疾进"之意，以激励士气。后人因文天祥驻戈于此，建景忠祠（文信公祠），以表达对文天祥的敬慕和怀念。龙岩适中倒岭，今尚存驻师桥遗址，这是文天祥大军渡桥之处。清适中才子林泰（字希尹）《题国公桥》诗赞道："当朝丞相过桥东，战马萧萧满路风。万古人间留壮烈，百年溪水泣英雄。伤心荒涧碑犹在，极目寒山事已空。怀古不堪回首望，冷烟衰草夕阳红。"

据说，文天祥率军路过今龙岩江山乡铜钵村时，有郭铉、郭炼兄弟胸怀爱国壮志，投靠文天祥。郭铉兄弟武艺高强，兼通兵法，得到了文天祥的器重，被任命为左右先锋，跟随文天祥转战南北，屡立战功。文天祥为其请功，得封"惠侯""济侯"爵号。后郭铉兄弟因身负重伤，不能随军作战，文天祥派人护送他们到梅州疗养。文天祥兵败后，郭铉兄弟伤愈迎文天祥入梅州，并建议文天祥屯兵梅州，据险以守，与元军决一死战。文天祥未能采纳他们的意见，进兵潮阳，至五坡岭，郭铉兄弟与文天祥一起战败被俘。元将张宏范诱劝他们投降，郭铉兄弟大义凛然，回答道："只有断头将军，没有投降将军。"即拔剑自刎，未遂。张宏范假惺惺地称赞郭铉兄弟"各为其主"，忠贞不贰，并释放他们。至元十九年（1282年）十二月，文天祥在大都菜市口不屈就义。消息传来，郭铉兄弟悲痛万分，决心以死尽节，于是向北哭拜文天祥，泪尽继之以血，自尽身亡。郭铉兄弟死后，铜钵乡亲父老集资为他们建庙，尊他们为"郭公"，世世代代香火不绝，以纪念他们坚贞不屈的民族气节。[①]

---

① 郭义山：《郭公庵堂仰英风》，《闽西通讯》2016年第11期。

二、区域的圣贤崇拜

1. 玲瑚公王崇拜

客家人的迁移史使客家人对开创基业者非常崇拜，尊为圣贤。闽西连城、长汀一带有玲瑚公王崇拜。"玲瑚公王"指王审知。王审知，河南光州人，为五代十国时期闽国的建立者，被誉为天闽王。他曾率兵马经闽西，其第七子王延升徙居闽西清流县，是当地王姓族人的肇居祖。于是王审知在闽西客家受到崇拜，建庙享祀。客家人称其为"白马公王""玲瑚公王"。长汀城区的白马庙，即是祭祀闽王王审知的。李世熊《宁化县志》于"白马庙"条下记载："顺治六年二月，郭寇攻宁，城几陷。夜漏三下，或见铠袍白马持枪西来者，势其锐，贼以为援兵至，宵遁。邑人谓是白马神也。"

2. 李纲崇拜

李纲，字伯纪，号梁溪先生，祖籍福建邵武，祖父一代迁居江苏无锡。宋徽宗政和二年（1112年）进士，历官至太常少卿。宋钦宗时，授兵部侍郎、尚书右丞。靖康元年（1126年）金兵入侵汴京时，任京城四壁守御使，团结军民，击退金兵。后受奸人排斥，抑郁而终。朱熹评价李纲："纲知有君父而不知有身，知天下之安危而不知身之有痼疾，虽以谗间窜斥濒九死，而爱国忧君之志终不可夺者，可谓一世伟人矣！"

原属汀州府的宁化草苍祠有一块镌刻着李纲七绝诗的石碑。据《宁化县志》记载，此碑"高四尺二寸，阔二尺二寸四分，因碑诗中有揩泪字，遂称为揩泪碑云"。明崇祯《宁化县志》卷六《侨寓》中记载："李纲，字伯纪，谥忠定，邵武人。宋高宗相，献恢复策不用，出知潭州（今长沙），改洪州，又改福州，由洪抵吉赣来福，道经宁化，行倦，憩草苍神祠，题诗壁间……"诗载卷八，全诗为："不愁芒履长南谪，满愿灵旗助北征。酹彻一杯揩泪眼，烟云何处是三京？"其序云："旧岁新皇，光嗣宝历，子（余）被命拜相，献恢复中原之策不用。二阅月，余以观文殿学士出知潭州，今改洪州，夏又改福州。自洪抵吉赣来福，道经宁化，行倦，憩草苍祠下，因拜神。坐间，思忆二帝有感，作一绝写怀，兼寓行踪云。时大宋绍兴一年（当是二年之误）壬子夏五月吉金政事樵川李纲书。"这可以证明李纲到过宁化。

李纲经过并祭拜的宁化草苍神有记录。现存最早有关宁化显应庙的记载，见之于南宋开庆年间（1259年）修纂的《临汀志》：在宁化县西，地名草仓，长孙将军祠也。将军讳山，闽时锐将。护呈挽至县而没，称草仓将军。后出灵壹，自是阖县敬信，有求必应。宋朝天圣间，永福、进贤二坊人争土牛，讼于漕台。檄分为二庙，一曰通圣，一曰崇兴。旧传崇兴祠前乃东京孔道，南渡初丞相李公纲经过，有诗云："不愁芒履长南谪，满愿灵旗助北征。酹彻一杯揩泪眼，烟云何处是三京？"嘉定间，赐庙额曰"显应"。绍定初产瑞芝，郡守林公岳有诗记其事。

后来，宁化官府将李纲作为显应庙的主神，同时将显应庙的庙名改为大忠祠。李纲是宋元以来士人认同的忠义典范，符合官方教化地方的需求。在清康熙《宁化县志》中，仍然可以看到对这一历史事件的记载：嘉靖间，知县潘时宜移草仓神于后堂，特祀丞相于中堂，改祠额曰"大忠"。拨民廛五间，官塘四口，岁收租银，以办二祭。同书还记载明代提学副使熊汲在《显应庙记略》中对潘时宜的做法大加赞赏："李公祠，盖为宋丞相李忠定公建也。前此未之有，始于今日，其顺民之情乎？读写怀诗，公自叙详矣。诗仅二十八字，而讨贼复仇，忠君忧国，恫乎有余思焉。至今传诵人口，虽三尺之童能扬言之。则夫过化之泽，千载一日，庙而祀之，固邑之人争先而奔走者也。予惟公忠义之性，与元气周流，常充塞乎天地间，而几先之哲，与敏达之材、果断之气，又足以副所欲为；且器使善任，豪杰尤附之。天不祚宋，困于馋邪，使颠沛流离而濒死者屡，可悲矣！"

上天让贤人李纲途经闽西宁化，而宁化客家人尊而祀之，亦可见客家人的忠义之心。

3. 朱子崇拜

紫阳祠，别称朱子祠，是专门奉祀南宋理学家、思想家朱熹的祠庙。朱熹别号紫阳，是以他的祖籍地江西婺源的紫阳山为名。朱熹产于闽，八闽为朱子闽学发祥地，闽人特别尊崇他，各郡皆有专祠。在浙江杭州、江西九江白鹿洞书院等地，也都建有紫阳祠，香火旺盛。长汀紫阳祠建于康熙五十四年（1715 年），"有司春秋祭祀"。

这里特别要提及武平的紫阳祠。《武平县志》记载，紫阳祠在所城东门外。庶吉士王应锺记略曰："丁亥岁，王将军建节兹土，雅好青衿，乃揖弟子员进之曰：'夫涉泰山者先东山，涉沧溟者先震泽。圣学倡于宋，而考亭夫子为著，固诸生之东山震泽，希圣者所假途也。盍与尸而祝之？'因守备黄镇旧址，其山峭然高旷然。彝东峙为古塔，西番为新梁，环山之麓为安流，面城关山，经营有期，请于漳南张公，公义其举，报可……祠凡三楹，中为神座，举夫子居焉。堂广三丈，深三丈二。庭外为垣，植桃李桂柏其中。越明年，将军以擢行，张将军代，则曰：'夫子产于闽，余，闽人也，宜加惠闽土，幸王将军尚留有余之役以俟我。'集诸生营后栋，扩地程工，大都祖前堂法。厅事凡三楹，深广称前栋，移神座于中，而前楹则以处诸生，正栋则以肃瞻拜，取升堂入室之意也。诸贮器牲所庖湢者，皆备具云。"[1]任职武平的两位将军，前赴后继修建供奉文人的紫阳祠，其功值得称赞。尤其是张将军，以朱子产于闽而自豪。

这在一定程度上反映了闽西客家人崇文尚德、知礼诚信的优良传统。古代汀州的文脉中，理学是重要一支。南宋及明清时期汀州书院勃然而兴，与理学的昌盛和流播有极大关系。

4. 九鲤仙师崇拜

在永定第三高峰的仙洞山山顶，有一座寺庙。寺庙建在山顶，离最高处只有几步之距，这是很少见的。庙前有一座土地伯公塔，里面有土地伯公塑像。寺庙依一山洞而建，由一块块石头垒砌而成，那斑驳陈旧的石块仿佛在诉说着历史的沧桑。这一石洞，为九鲤仙师洞府，仙洞山之名即由此而来。

庙中供奉着八个神像，神位牌上写的是"九鲤仙师"。调研的向导是吴银村人，姓苏。笔者问，九鲤仙师的来历，他也说不清楚。问是否应该是九个神像才对，他也不是很清楚，只说泉州也有仙洞山，有时村中人会请木偶戏来庙前表演。后来查资料，知道宁德有九鲤溪，德化有九仙山，莆田有九鲤湖，永春有供奉炎帝的仙洞山。

莆田九鲤湖是道教重地。相传汉武帝时，安徽庐江有一何姓太守为淮南王刘安部下，何氏的九个儿子因反对其参与淮南王谋反，南逃至此隐居，他们炼丹济世，普度众生，丹成跨鲤升天成仙，九鲤湖因之得名。

何氏九仙炼丹的种种传说，在福建产生了深远的影响。福州、福清、莆田、仙游等地都有九仙的庙宇，主要供奉九仙公。人们觉得朝拜九鲤仙师可添六福，即添福、添禄、添寿、添财、添丁、添贵。仙洞山供奉的神祇是否和九鲤湖的一样呢？如果一样，为何观中只有八个塑像呢？值得继续考证。

九鲤仙师庙的建造年代不得而知。当地有一个传说：永定吴银村盛产烧香用的黄纸，而造黄纸需以一种植物的叶子当原料，这种植物只有仙洞山上才有。一天，几个采摘叶子的吴银村村民在仙洞山顶上休息时，突然看见一只白兔，村民们上前去追，追着追着白兔钻进了一个洞内，于是村民们用随身带的工具开挖，挖着挖着

---

[1] 康熙《武平县志》卷三《建置志》，福建省武平县志编纂委员会 1986 年整理本，第 65 页。

竟然挖出了一坛白花花的银子，而白兔却不见踪影。村民深感此系神明所赐，于是用这些白银在山顶上修了一座神庙，并在往永定吴银村方向修筑了一条石路。久而久之，这座山顶上的神庙仙洞成为山下客家人和闽南人共同祭拜之所。

5. 欧阳真仙崇拜

有一说法是，欧阳真仙即为欧阳修。欧阳修，宋代庐陵（今江西吉水）人，字永叔，号醉翁，是北宋著名的文学家、政治家。欧阳修心忧百姓，为官勤政清廉。欧阳修在《伶官传序》中言："忧劳可以兴国，逸豫可以亡身，自然之理也。"其心忧百姓疾苦、为国为民谋福祉的道德追求为客家人所敬仰。

另一说法是，原属汀州府管辖的清流县有座大丰山，山顶寺庙即供奉欧阳真仙。《清流县志》记载，欧阳真仙原名欧阳大一，字世清，为清流县东华乡下窠村人，系欧阳家族的三世祖。他于唐乾符五年（878 年）出生，十六岁上大丰山学道，经过二十几年的潜心修炼，最终在大丰山顺真道院成仙。

民间传说八仙之一的吕洞宾云游至大丰山，感受此山仙气浓郁胜似蓬莱仙境，欲开道场下度凡人。欧阳真人寄养在官坊村其姐家，为其姐放牧养牛。因年少聪慧异常被吕洞宾慧眼看中，欲引度为仙，守大丰山道场。吕洞宾在大丰山最高处南面悬崖绝顶上设好楚汉棋盘石，邀请何仙姑、九龙女（九龙洞狐仙）下棋对弈，何仙姑扮作侍茶少女，等待欧阳世清入局。世清放牧上大丰山，见绝壁处有人下棋，甚感惊奇，前往观看。吕洞宾呼唤何仙姑拿出一粒仙丹给他泡茶，世清饮茶后顿觉全身清爽有劲，于是坐下观看老人少女楚汉博弈。哪知棋局错综复杂千变万化，不能分出胜负。世清看得痴迷，不知时光匆匆逝去，竟然忘记回家。

吕洞宾对世清说：度你上天庭如何？世清想等把牛赶回家再说。吕洞宾开怀大笑说：不用赶，那头仙牛，早回天庭了。天上一日人间一年啊！不信，去看看你插在山凹的赶牛竹鞭，都已长成竹林。世清去看，果真如此，诧异不已，遂打消回家念头，决意跟仙人上天庭。然而上天庭必须是修行圆满的得道仙人，凡人必须经历一番舍弃肉身的考验。吕洞宾对欧阳世清说：上天庭之前必须做一件事，就是从棋盘石上往下跳，我先跳，你闭上眼睛，随后跟来，不许偷看就行。说完纵身跳下万丈山崖。这么高也敢跳，这不是找死吗？世清心念一动，偷偷往下一望，果然触目惊心的场景呈现在眼前：血肉横飞，悬崖枝桠上挂满血淋淋的肠子。世清惊吓得在原地半晌不能语，打死也不敢往下跳。不知过了多久，眼前血腥的场景忽然不见了，只见三位仙人腾云驾雾飞到半空，从天上传来吕洞宾的声音：欧阳真人，你的修行尚不圆满，只能做个半仙，就在大丰山好好修行，享受凡间烟火供奉，守好此地道场吧。从此，欧阳世清在香炉峰的岩洞中打坐修行，坚志修炼不慕尘俗，终于悟得天道，功德圆满，神通天界，并被宋孝宗钦封为"通天妙应欧阳真君"。

欧阳世清在大丰山修炼成仙，为百姓消灾解厄、驱邪赶鬼，济世救人，有求必应，他的事传遍大丰山周围村落。大丰山因欧阳真仙在此得道而闻名遐迩，吸引了众多的朝拜者不辞劳苦登临膜拜。大丰山成为民众道教信仰朝圣膜拜之地，登临大丰山朝拜欧阳真仙的信众络绎不绝。每年七月十五日（欧阳真仙的生日）的顺真道院庙会期前后，上大丰山朝拜欧阳真仙者少则数百人，多则数千人。除本县各乡村信众外，从永安、连城、宁化、长汀、明溪、将乐等地来朝拜的香客高举彩幡，敲锣打鼓蜂拥上山，祈求欧阳仙公保佑风调雨顺、五谷丰登。

闽西连城、清流、宁化、长汀、明溪等地客家人十分崇拜欧阳真仙，其影响甚至波及上杭、永定一带及赣南和粤东地区，范围相当广泛。笔者在连城调研时多次听信众称欧阳真仙很灵验，其中一个细节是，许多香客高举的彩幡下山回到家后会自动打结，形成奇异形状，福佑信徒。而每个人都说这是自己亲历的。笔者后来也曾登顶大丰山，见过欧阳真仙神位。

最为虔诚的祭拜形式是为欧阳真仙守岁。连城北团、四堡，清流灵地、赖坊、邓家一带，虔诚的信徒会选择除夕夜里上大丰山为欧阳真仙守岁。无论年纪大小，无论刮风下雨，无论天寒地冻，他们都执着前行，形成了为仙公守岁的传统。家人团圆吃年夜饭是大事，而笔者连城、清流的一些亲戚则在除夕上大丰山为"仙公"守岁，很是虔诚。

信众对欧阳真仙的推崇还表现在行动上。史载连城培田村民吴汝厚，"生平孝事父母，友爱兄弟"，且"赋性慷慨乐施"，对欧阳真仙非常仰慕。于是不顾路途遥远，到大丰山朝拜欧阳真仙。当看到大丰山庵破烂不堪，"每大风则庵瓦皆为之拔起"，吴汝厚心里甚为难过，于是捐资修复，"公乃施铁瓦于其上，复铸钏于庵中"。

在连城，为祭祀方便，信众也会从大丰山分灵回村祭拜。许多大型庙会游神时，欧阳真仙是其中重要的一尊。

6. 保生大帝崇拜

八闽古为蛮荒之地，生育养育成为大问题，保生大帝的崇拜即由此而来。保生大帝原名吴夲，同安白礁人（还有龙溪青礁人、安溪石门人等不同说法），生于北宋太平兴国四年（979年）三月十五，卒于景祐三年（1036年）五月初二。生前学医，杂以巫术，不但医术高明，医德也高尚，死后当地百姓奉为医神，建庵"肖像而敬事之"。

南宋时，吴夲的影响迅速扩大，"不但是邦（漳州府）家有其像，而北逮莆阳、长乐、建、剑，南被汀、潮以至二广，举知尊事，盖必有昭晰寞漠之间而不可致诘者矣"。明清以后，保生大帝崇拜进入鼎盛时期。南宋时，其封号只到"真君"，到明代四次敕封，最高神格是"昊天金阙御史慈济医灵冲应护国孚惠佑普妙道真君万寿无极保生大帝"。明代以后，供奉保生大帝的慈济宫在福建越来越多。①

在闽西永定湖坑一带的客家人，除了到慈济宫祭拜保生大帝外，每逢举行大型民俗活动"做大福"时，要把保生大帝请出来巡游村野。

7. 莘七娘崇拜

归化县（现明溪县）有显应庙。"宋时建祀莘氏圣七娘。旧传神五代人，从夫出征，至归化死。乡人立祠以祀，凡祀禳皆应。宋绍兴中，阮定等作乱，民祷于神，获平之。后姜大老、黎七等后先窃发及成兵赴建康者，皆仗神威破敌。端平中封惠利夫人，赐号曰'显应'。元末，又助陈有定破贼罗天麟、曹福山、马文甫等于扶竹凹。明永乐中，沙寇陈添保等攻略至明溪，闻哨声震天，惊遁。此皆灵迹也。六月十一日神诞辰，士庶焚香迎赛。有田塘百亩岁供祀。"②

8. 张老先师崇拜

今上杭步云乡的马头山寺供奉张老先师。张老仙师名张清朗，明末上杭县人，出家后改名性戒，受戒后又名海经。因其静心修身，潜心钻研并精通佛学禅理，龙岩州退职大理寺正卿王命浚特题一联赠予他。此联为"至敬至诚，五蕴皆空空色相；道高道厚，六根尽净净身心"。佛教有"肉身菩萨"之说，佛教徒即身证得菩萨境界，具足大智慧、大悲心，称之为"肉身菩萨"。张老先师顺治三年（1646年）圆寂，成为少见的肉身和尚。于是，后人就尊称其为"至道禅师"。上杭一带的百姓在上杭步云的马头山寺为他塑一金身像，作永世之纪念。

调研中，庙中主持向笔者介绍，中国肉身菩萨相当少，很可惜的是，"文革"初期"破四旧"时，至道禅师的"真身"（即"金身木乃伊"）被焚毁，寺院荒芜。

张老先师崇拜在附近的乡镇传播。如清朝后期，有一位连城培田弹棉被的工匠到上杭县的古田步云一带为客户加工棉被，这位名为吴昌蟠的工匠极为崇拜张老先师，曾到马头山庵供香求神。一天晚上，吴昌蟠得到至道禅师梦示，有人蓄意破坏培田村落的风水。吴昌蟠惊梦，星夜赶回培田，与族人一道，寻高人指点，挽救了培田的风水。为感恩，培田吴姓先民于培田的黄山源择址建寺庙，与上杭的马头山

---

① 林国平：《闽台民间信仰源流》，福建人民出版社，2003，第124～126页。
② 乾隆《汀州府志》卷十三《祠祀》，成文出版社1967年影印同治六年刊本，第189页。

寺同名，也塑至道禅师贴金像。每年的四月十五日，培田吴姓的男性族人都要进庵焚香朝拜（据说因至道禅师原为童男身，忌讳女性上山入寺进香）。清末，培田先民将寺庙改名为"酬恩寺"，以示知恩图报、永世不忘之意。

9. 各种贤人祠

如前所述，客家人同广大中华汉族人一样，崇拜为地方安定、发展作出贡献的人们。他们或抵御强敌，或扶危济困，或好善乐施，或见义勇为，或孝敬长辈……民众自发立祠祭祀，以彰其德其功。这在府县志中记录极多。

对地方有贡献的官员，也有立祠祭祀以彰其贤。如《武平县志》中有载的忠烈祠、徐侯祠、郑侯祠、何侯祠。其中"何侯祠"条云："明参议朱安期撰记，其略曰：'武平，汀之僻邑。而浮粮为害，虚实相冒，莫可穷诘。征则病民，弛则逋公，侯实忧之。会诏清丈，侯忻然曰："是可借手以拯民生矣！"遴民之耆有行者署公正，且朔望对神矢无私。尤善隶算，人莫敢欺。因发沙罗围隐田四十余石。是时，七闽并举，侯独称最云。侯讳凤起，号近洙。甲戌进士，楚之蕲水人。任满，迁广德州守。'"①"忠烈祠"条："山川坛右，祀徐必登十二人，从祀林铎等。"《汀州府志》载："林铎，武平人。嘉靖间，贼过白鹤岭，铎挺身杀贼，乘胜深入贼，攒枪刺之，犹手刃数贼而死。"②

清流县有唐公祠。"唐公祠，在县南一里。明正德七年，流寇攻城，几陷。郡丞唐淳驰兵御之，邑赖以全。士民立祠置田祀之。伍晏有记。"③

三、各行各业的祖师崇拜

随着社会生产力的不断发展，社会分工愈来愈细，圣人之称也就逐渐具体化、普遍化，几乎各行各业各领域都有自己的圣人。但万变不离其宗，凡被有关行业奉为圣人者，一般都对该行业作出了历史性的特殊贡献，或有开创之功，或有转折之勋。如《周礼·考工记》曰："百工之事，皆圣人之作也。烁金以为刃，凝土以为器，作车以行陆，作舟以行水，此皆圣人之所作也。"

行业祖师崇拜是民间信仰中的一大分支。这一名人崇拜现象，愈到后世，演化愈烈，以至三百六十行，几乎行行都有圣人这一保护神。正所谓"三百六十行，无

---

① 康熙《武平县志》卷三《建置志》，第 66 页。
② 乾隆《汀州府志》卷三十一《孝义》，第 356 页。
③ 乾隆《汀州府志》卷十三《祠祀》，第 189 页。

祖不立"，"行行都有祖师爷，业业都有守护神"。

有些行业称圣，有些行业称神。如文圣孔子、武圣关羽、史圣司马迁、诗圣杜甫、医圣张仲景、药圣孙思邈、书圣王羲之、画圣吴道子、酒圣杜康、茶圣陆羽等，又如木匠奉鲁班、笔业奉蒙恬、纸业奉蔡伦、棉纺业奉黄道婆、铁匠奉李老君和欧冶子、染坊业奉葛洪、鞋匠业奉孙膑、渔业奉妈祖、戏曲业奉田公元帅，等等，不胜枚举。

许多行业所奉祖师都和该行业有直接关系。但也有不少行业或领域的圣人乃牵强附会所致，甚至不惜从神话、传说或民间文学作品中扯上一个人物，奉为祖师。而且，往往越是社会地位低微的行业，越是如此。最为典型的是，如塑泥人与捏面人皆奉女娲为圣人、祖师。这无非是在上古神话中，传说女娲曾抟土造人。又如演戏的伶人，其所奉圣人竟是风流天子唐明皇。历史上，唐明皇曾大兴梨园教坊，并放下皇帝的架子，亲自登场作戏。铜铁锡业奉烧八卦炉的太上老君为圣人；乞丐因伍子胥有过乞食的经历而奉其为圣人，杀猪屠夫仅仅因关羽手使大刀而奉他为圣人，等等，都是牵强附会。

下面以药王仙师和茶圣为例说明客家的祖师崇拜。

1. 药王仙师崇拜

孙思邈，京兆华原（现陕西铜川市耀州区）人，唐代医药学家。孙思邈医术精神，医德高尚，被后人称为"药王"。

孙思邈出生贫民家庭，从小就聪明过人，长大后开始爱好道家学说，在太白山研究道家经典，探索养生术，同时也博览众家医书，研究古人医疗方剂。他一生致力于药物研究，边行医，边采集中药，边临床试验，他是继张仲景之后中国第一个全面系统研究中医药的先驱，为中医发展建立了不可磨灭的功德。

孙思邈医德高尚。他认为，医生须以解除病人痛苦为唯一职责，对病人一视同仁"皆如至尊"。孙思邈一生勤于著述，著书八十多种，其中以合称为《千金方》的《千金要方》和《千金翼方》影响最大，两部巨著六十卷，药方六千五百剂。《千金方》是唐代以前医药学成就的系统总结，被誉为我国最早的一部临床医学百科全书，对后世医学的发展影响深远。

笔者家族世代行医，特别推崇药王仙师，家族大堂中设有"药王仙师"牌位。小时候，家人总要求背几句汤头歌诀，逢年过节，亦随祖父、父亲焚香祭拜，极为虔诚。

据《汀州府志》记载，在登俊坊建有药王庙。

2. 茶圣崇拜

福建盛产茶叶，客家地区多山，也有不少茶农，他们奉陆羽为茶圣，其身世、遭遇、才能都被涂上颇为神秘、传奇的色彩。

陆羽，字鸿渐，汉族，复州竟陵（今湖北省天门市）人，唐代著名的茶学专家。一名疾，字季疵，号竟陵子、桑苎翁、东冈子，又号茶山御史。陆羽一生嗜茶，精于茶道，以著世界第一部茶叶专著《茶经》而闻名于世，对中国和世界茶业发展作出了卓越贡献，被誉为"茶仙"，尊为"茶圣"，祀为"茶神"。

从上面可以看出，人们崇拜圣贤，不仅因为其神秘、传奇而尊崇、供奉，而且也为圣贤高超的技艺、脱俗的识见、高尚的行动而折服。人们对圣贤的膜拜，对促进社会和有关行业的发展都产生深远而巨大的影响。

当然，也有学者指出，中国没有一个彼岸的、完全异于人类的万能上帝，人们崇拜的对象不是神而是人，中国崇尚圣人和准宗教文化的文化心态延续、保护了封建专制，还造成了好古心理和权威主义，压抑了中国人的个性。这种推崇权威和古人的心理严重阻碍了科学的发展。正确认识崇尚圣贤的观念和信仰体系，厘清其利与弊，是新时代客家人必须面对的问题。

第五章　仓颉惊鬼神，华夏文脉长

——客家母语与汉字崇拜

　　语言文字是重要的交际工具和信息载体，它植根于民族灵魂和血脉，是民族文化的载体和社会文明的表现形式。它跟一个民族的文化心理、文化特征与思维方式紧密相联。历经几千年演变而成的汉语言文字，真实地记录了汉民族文化的发展轨迹，凝聚了几千年来中华民族的生存智慧，成为延续历史与未来的血脉。

　　中国人从远古以来就有文字崇拜，认为汉字是有灵气的东西。客家人执着的母语情结和虔诚的汉字文化崇拜意识，是中华民族文化精神的核心表现。这种精神是民族的巨大凝聚力，无论在过去、现在或是将来，对团结、凝聚海内外汉民族族群都有着重要意义。它是推动中华民族文化认同的一个重要着力点，也是两岸和平统一、实现中华民族伟大复兴的一个重要着力点。

一、客家人执着的母语情怀

　　方言是某一种语言的分支，是语言在某一特定区域的变体。它与母语之间是一种主次关系，它们在语音、词汇和语法诸方面都既有承传，又有变异，表现出同质异构的特征。客家方言脱胎于中原古汉语，是汉语的一个分支，是客家民系在其形成与发展过程中，在特定的地理环境里，以中原古汉语为基础并吸收了当地语言成分而逐步形成的一种方言。它主要分布于福建西部，江西南部，广东南部、北部和东部，广西东南部，以及四川和湖南的部分地区。它是客家社会群体在长期的交流过程中在约定俗成的基础上形成的有声的符号体系，是客家人主要的语言交流媒介。

　　学术界往往把客家话的形成视为客家民系形成的标志，普遍认为客家人南迁并与当地民族逐步同化，从而产生了客家方言。

罗香林先生根据其客家民系形成于唐末五代的观点认定客家方言形成于五代宋初，其重要证据就是宋人陈一新《瞻学田碑》一文中有关闽粤赣三角地带居民语言"风声气息颇类中州"的记载。华东师范大学王东教授则认为，北宋末年更大规模的北人南迁，从根本上改变了大本营区域的居民格局，从而使客家方言与宋代的语言在声母、韵母和构词等方面有着很多的相似性，但这并不能证明客家民系和客家方言形成于北宋。他认为"客家方言的产生，当在 15 世纪至 16 世纪之间，即相当于明朝的中期"。①

语言学家罗美珍认为："（客家先民）到达闽、粤、赣山区以后，由于地理环境和自然条件的限制，不易受到外来的影响，加上强烈的宗族观念和保守思想，使他们增强了对外来影响的抵抗。在当地，他们征服了土著以后，一方面逐渐同化了土著居民，另一方面也吸收了土著的语言和文化。在这种特定的条件下，到宋形成了一个庞大的社会群体和社会区域。语言也就在这时发展为与中原汉语有一定差别的独立系统。宋人周去非的《岭外代答》、陈一新的《瞻学田碑》和王世懋的《闽部疏》都谈到虔南韶居民的语言近于汉音而与南方其他汉族的语言不同。"② 就是说，在闽、粤、赣山区这个区域，在宋代形成了客家人的共同语言——客家方言。

厦门大学人类学教授邓晓华是连城客家人，他把现今客家方言音韵与晚唐五代、宋代北方语音进行历史比较，粗略地勾画出它们之间的关系，探索客家方言的历史形成和发展脉络。他指出，客家话的许多音韵特征与晚唐五代、宋代音韵相符，音韵格局介于唐末至《中原音韵》之间，客家方言基本上是在晚唐五代至宋初时从中原汉祖语分离出来，逐渐发展演变而形成的。③

不管如何，客家人是从中原迁徙出来的汉族人，根在中原，祖是炎黄。无论迁居何处，也无论漂泊何方，客家人始终不会忘记自己是正宗的汉族人、正统的炎黄子孙，他们所讲的客家话是正宗的汉族语言，而不是什么"南蛮"的少数民族语言。世界各地的客家人组织，大多数都称为"崇正总会"，一直坚持讲客家话，又称为"唐音"，并且告诫子孙后代："宁卖祖宗田，不卖祖宗言"，一有机会，就要返回"唐山"——祖国去。这种崇正意识，全赖客家话维系。

---

① 王东：《客家学导论》，上海人民出版社，1996，第 136～140 页。

② 罗美珍：《从语言视角看客家民系的形成及其文化风貌》，载《国际客家学研讨会论文集》，1994，香港。

③ 参见黄顺炘、黄马金、邹子彬主编：《客家风情》，第 155 页。

　　中华民族历来重视自己语言的建设与传承，最典型的是汉民族支系的客家民系。客家人称家乡话为"阿姆话"。这是客家后代对自己所说的家乡话的形象称呼。在日常生活中，海内外的客家老前辈总是以"宁卖祖宗田，唔卖祖宗言；宁卖祖宗坑，唔卖祖宗声"这句口头禅教导后代，这是颇有深意的。"祖宗田"是指祖宗留下的产业，"祖宗言"则包括祖宗使用的语言、祖宗的教诲和祖宗的文化传统等方方面面。客家人世代不忘的是"祖宗言"。"祖宗田"是身外之物，是有形的资产，是搬不动带不走的，对于历经离乱、辗转迁徙的人们来说没有多大意义。而"祖宗言"则是无形的资产，可以随身携带。客家先民正是怀揣"祖宗言"，铁脚板走四方，终于在闽粤赣这一方净土安身立命。他们在新居地实践"祖宗言"，弘扬"祖宗言"，靠"祖宗言"开天辟地、艰苦创业，为子孙后代留下了一片赖以繁衍生息的新的"祖宗田"。客家人世代铭记的"祖宗言"，其实就是千百年来规范中国人的生活方式的中华传统文化的精华。

　　客家人不断迁徙，四处闯荡，身处异乡，举目无亲，客家话就是他们联络的最好手段。客家人甚至把不讲客家话看成是忘本叛祖的行为。有时客家话起到联姻的作用，男女双方同是讲客家话，风俗相近，容易和睦相处。这种习俗使客家后裔顽强地保留客家话而世代相传。越是侨居国外，这一习俗就越被强化。比如孙中山的上祖本是广东紫金客家人，后迁增城，最后迁到中山县翠亨村，待孙中山出生时，已隔七代。孙中山出生在广府话地区，讲广府话为主，但也不忘客家话。在革命时代，他遇到广州人来访，讲广府话；遇到客家人来访，就用客家话会话。这是很生动的例证。[1]

　　客家人与不是讲客家话的对亲，或即使是讲客家话但语音有差异的客家人对亲，都要求女方用最短的时间学会男方村落地道的本地话。所以，客家人所说的"阿姆话"并不是母亲原来的娘家话，而是孩子出生地的话。谁家的妻子最快学会当地语言，往往被称赞贤能。

　　举个客家人迁徙定居海外的例子：商务部发布的《对外投资合作国别（地区）指南》里面提到，苏里南的官方语言为荷兰语，通用苏里南语和英语，而客家话则为法定语言。

　　苏里南共和国，简称苏里南，位于南美洲大陆北部，面积约 16.5 万平方公里（包括与圭亚那有争议的 1.7 万平方公里），人口约 56 万。无论从面积还是人口看，

①　黄顺炘、黄马金、邹子彬主编：《客家风情》，第 153 页。

它都是南美洲最小的国家。它东邻法属圭亚那，西接圭亚那，南与巴西接壤，北面是大西洋，是南美洲国家联盟成员国。

苏里南在历史上是美洲印第安人居住地，1593 年被西班牙探险者宣布为属地，1602 年荷兰人到此定居，1630 年被英国人占领。1667 年，英荷签订条约，苏里南成为荷兰殖民地。1975 年 11 月 25 日，苏里南独立，成立苏里南共和国。它于 1978 年 3 月 22 日加入关贸总协定，现在是 WTO 成员。1995 年，苏里南加入加勒比共同体。

虽然距我国万里之遥，但它和中国的渊源却十分之深。据中国新闻网报道，苏里南的华人历史可以追溯到一百六十多年之前。1853 年，18 位华工从荷属爪哇岛出发前往苏里南。到华工契约期满时，仅有 11 名华人存活，其中 3 人选择继续留在苏里南谋生。在此后的岁月里，陆续有更多华人来到这里经商、生活。到 2017 年，苏里南侨胞已经超过 4 万人，成为当地的主要族群之一。这些华人大多来自广东客家地区。因为华人在全国总人口中比重较大，苏里南视客家话为法定语言，还开设了很多中文学校。不仅如此，华裔在当地扎根后，对苏里南的政治和经济发展都作出越来越重要的贡献。比如说，1980 年，祖籍广东的医学博士陈亚先就被推举为苏里南共和国的首位总统。而在历届的政府阁员中，也有华裔担任重要职务。如政界知名人士李火秀曾任教育部长，张振犹先生曾任卫生部长。

据中国侨网报道，祖籍深圳的迈克·杨进华，2002 年步入苏里南政坛，先后担任工业贸易部、环境整治和土地森林政策部的部长。新生代华裔中，出类拔萃者也有很多。祖籍东莞的杨源发，精通荷兰语和英语，还会讲地道的普通话和客家话。他 17 岁时便随总统出访，还在联合国发表演讲，为苏里南和华人赢得荣誉。而现任总统德西·鲍特瑟也有中国血统，还会说中文，总统夫人英格丽德祖籍在广东。2013 年，鲍特瑟夫妇访华期间，还特地去湖南瞻仰毛泽东主席故居。

不仅将客家话作为法定语言，2014 年 4 月，苏里南政府还将中国春节定为全国法定假日，这在西半球尚属首次。

据人民日报报道，中国驻苏里南使馆商务参赞马英莉告诉记者，如今有近 20 家中国企业活跃在苏里南市场；苏里南央行与中国人民银行于 2015 年签署了 10 亿元人民币的双边互换协议，进一步便利了两国商贸往来；400 余名苏里南各行业人员在华参加短期培训和研究生项目，成为中苏友好的民间大使。①

---

① 陈雅莉：《你没看错，客家话是这个南美国家的法定语言，华人还当过总统》，https://www.guancha.cn/society/2017_11_28_436914.shtml。

从这个典型案例，可以看出移民海外的客家人典型的母语情怀。

语言是一个民族的血液和乳汁，是一个民族的家园与脊梁，是一个民族精神的根与灵魂。"宁卖祖宗田，不忘祖宗言"表现了客家人强烈的对母语的执着，是这个不断迁徙的族群执着保有民族核心文脉的铮铮誓言。

二、客家人虔诚的汉字文化崇拜

汉字，是中国独有的一种文字，是中华儿女智慧的结晶。汉字是中国汉语操用者的思维形式，汉字思维的意象性决定了在中国文化传统内部没有构成体系化的形而上学。"天圆地方""事事相联""天人合一"的思想对汉字的产生及形成体系有着至关重要的影响。这影响可以说是决定性的。

汉字使中华民族成为拥有诗词歌赋的民族，产生了文房四宝、书法艺术、绘画艺术，等等。简而言之，汉字文化不仅产生了中国式的文学形式，还产生了中国式的艺术形式。中国传统文化，具有哲理、史思、诗心与画意相通的显著特征。

中国自古南腔北调，方言繁杂，话语不通，秦始皇统一文字后，文字在加强国内各地区交流方面起了重要的作用。相对来说汉字独立性强些，超地域、超时代的汉字既可以贯通古今，也可以联系各地区人们的思想，对于维护国家统一、民族大团结，促进各地区人们的往来起着重要作用。汉字是以形来表意的，口语是用声音来表意的。所以，汉字可以不需要那么在乎怎么读，不同的地方不同的时代用什么音来念都可以表达一样的意思。清代著名学者陈澧曾说："声不能传于异地，留于异时，于是乎书之为文字。文字者，所以为意与声之迹也。"著名作家王蒙先生认为，中国文化的根基是中国的文字，汉字应该是中国文化的第一大支柱。笔者在《语文教育文化论》中也提出，中华民族的文化核心是"生成理论、汉字文化、儒道思想"，汉字文化是中华传统文化的第二核心。

正因文字的重要，网络上有韩国人宣称"汉字是古代韩国人发明的！"这一论调一出现，学界及社会上一片哗然，中国人、韩国人和许多西方汉语研究者都加入论战，不可谓不热闹。

韩国人提出的理由是："东夷人是韩国人，是大汶口文化的创造者。被称为'汉字'的文字有可能是高丽人发明的。"他们宣称"殷朝的统治者是高丽人，（甲骨文）一些基础象形文字反映了高丽人的生活方式和风俗"，例如"家"字下半部分包含了表示"猪"的汉字，而"只有高丽人把猪养在屋子"。

实际上，在客家地区，猪是养在屋子里的，而且在有些地方和厨房离得很近。为此，曾有人指责客家人不卫生，甚至认为这是土著的做法。其实不然，从造字法看，养着猪的房子正是"家"。我们有些人把汉民族最经典、最传统的东西说成是少数民族的。客家人保留了中原的许多习俗，猪代表富贵、代表平安的家，这正是古代汉族的习俗。到现在，这种意识在客家人中还显得特别突出。最能说明问题的是客家人汉字崇拜方面的习俗。

1. 仓颉崇拜

中国人从远古以来就有文字崇拜心理，认为汉字是有灵气的东西。《淮南子》有"昔者仓颉作书而天雨粟，鬼夜哭"的记载，汉字的产生是一件惊天地、泣鬼神的大事。汉字从产生之始就蒙上了神秘色彩，有着绝通天地的力量，由此而产生了许多习俗。

仓颉是中国文字的创造者，是中华民族的文祖。仓颉因造字被尊为神，许多地方都有祭祀仓颉的习俗。位于陕西省白水县城东北的史官乡，有国内仅存的一座纪念仓颉的庙宇——仓颉庙，里面有一尊四只眼睛的仓颉像，来往的游人都会对他顶礼膜拜。仓颉因创制汉字而名垂千古，汉字因仓颉而产生、发展，因此对仓颉的尊敬、爱戴，也就是对汉字的崇敬、热爱，这种爱是中华人民与生俱来的。

在客家地区，仓颉崇拜表现最典型的是福建永定县高陂镇的西陂天后宫。西陂天后宫塔共有七层，一层大殿供奉天后圣母（妈祖），中间几层供奉孔子、关帝、文曲星等，最上层供奉仓颉。其他被供奉者都有塑像，只有仓颉无像，因为人们想象不出仓颉的具体形象，就只立了个牌位，表示人们的敬重之心。

这是客家人对造字之神的崇拜。

2. 敬惜字纸

人们对汉字怀有虔诚敬重的情感和神秘敬畏的心理。到宋代，人们对文字的崇拜逐渐演变为对字纸的敬惜，产生了敬惜字纸的信仰。有学者提出敬字塔起源于宋代，但我国迄今并没有发现宋代敬字塔。大约从明代开始，敬字塔在我国南方出现；到清代，敬惜字纸的信仰达到巅峰，现在我国南方遗存的敬字塔也多为清代建造。客家民间有爱惜字纸的习俗，有字的纸是不能随便糟蹋的。大人们经常恐吓孩子："用字纸当手纸眼睛会瞎。"也告诫孩子不能把字纸垫在地上坐。

敬惜字纸的信仰随着客家人的迁徙而进入台湾。台湾的惜字民俗至今保留且更为典型。清代时，台湾的许多地方建有惜字亭、敬字亭。不论是官府衙门、书院、文昌祠，还是街庄等处，都有惜字亭的设置，其他如一般聚落、庙宇或民宅也有设置。虽然现在它们不多见了，但在一些地方还保留着传统。

在现在的台湾美浓地区，居住着不少祖先来自大陆的客家人，他们保留着敬重汉字的习俗。这里庙宇很多，庙宇前都有两个炉子，一个写着"金炉"，一个写着"字炉"。金炉是朝拜时用来烧金纸的，而字炉是用来烧收集来的字纸的。同时因人们对文字本身充满着敬意，故尊称它是"圣迹"，刻于炉子上。印有文字的字纸被丢弃或是被拿来做其他用途，他们都视为是对文字的一种亵渎。在重视文风的美浓地区，常会有人背着写有"敬惜字纸，尊古圣贤"的字纸篓，自愿做"捡字纸"的工作。他们捡拾被丢弃在路旁的字纸或到各家各户去收集不用的字纸，洗干净之后，统一拿到附近的惜字亭或庙前的字炉，焚香膜拜，虔诚地将字纸烧化。这个过程叫作"过化成神"，意思是藉着火焚的洁净效果，保留文字的神圣性并传达对文字的崇敬之情。

"送字纸"是客家的习俗，时间不确定，过去字纸比较少、比较珍贵，故有一年一次的，更有十二年一次的。不管多长时间，在焚字纸时，"绅士商民，演乐迎送"，十分隆重，体现了客家人对此风俗的重视，对汉字的崇拜，体现了客家人尊崇文化、敬畏先贤、恪守儒家教化的古风。

著名作家龙应台女士在谈什么是"文化"时，举了一个例子。在台湾南部乡下，她曾经在一个庙前的荷花池畔坐下。为了不把裙子弄脏，她便将报纸垫在下面。一个戴着斗笠的老人家马上递过来自己肩上的毛巾，说："小姐，那个纸有字，不要坐啦，我毛巾给你坐。"字，代表知识的价值，斗笠老伯坚持自己对知识的敬重。

由于历史原因，大陆地区敬惜字纸的信仰已不多见，尤其是敬字塔中烧字纸的习俗已绝迹，敬字塔也很少见。经一些有心人挖掘，在上杭稔田发现了敬字塔。2016 年 10 月 13 日上杭新闻网刊发了林斯乾的《闽西地区罕见的敬字塔》一文。

近日，笔者来到稔田镇南坑村，看到一处奇特的八角形攒尖顶塔形建筑，塔基直径约 2.8 米，塔身三层，通高约两米。第二层正面有焚烧字纸用的拱形炉门，两边有对联，但文字已多脱落。墙面依稀可见用楷体抄录的古诗及篆书字迹。第二、三层均有塔檐，檐角微翘，塔檐和塔身描绘着各色花纹，色彩鲜艳如初。整体外观古朴典雅，整座塔处于一处竹丛间，并不显眼。据当地老人说，该塔离原来的位置已有移动。至于该塔的建造年代，有待进一步考证。当地老人告诉我们，在距该塔不远处，原来有一所学校。按老人的说法，我们果然在不远处看到了这所早已废弃的学校遗址。根据该塔的特征，这座塔是目前发现的闽西罕见的敬字塔。

敬字塔，也叫字库塔、惜字塔、焚字炉、敬字亭等等，顾名思义，是古时焚烧字纸的塔形建筑。古人认为文字神圣而崇高，写有文字的纸张不应随意丢弃，哪怕废纸也需要洗净焚化。由专人焚烧，甚至有专门的礼仪，非常郑重。有些地方村民还组织有"惜字会"，除了自愿外，人们义务上街收集字纸。

敬字塔的兴起除了先人的文字崇拜外，还与科举考试的盛行分不开。"学而优则仕"的观念深入人心，崇拜文化，尊重读书人，进而演变为对文字的崇拜也就顺理成章了，敬字塔也就逐渐成为文字和文化的载体，受到人们的顶礼膜拜，祈求金榜题名。

敬字塔选址往往在寺庙、道观、宗祠、书院附近，或是在集镇、集市等公共空间，还有在群山之中、绿水之侧，有的也充当着风水塔的角色。

敬字塔仿造佛塔而建，主要有三种形制：密檐式、楼阁式和单层。敬字塔不能登临，少为密檐式，多为楼阁式，层数也不像佛塔那样一定是奇数，最简单的只有一层。敬字塔是用来焚烧字纸的，所以用来投放字纸和排烟的入炉口和排烟口是其标志，而佛塔并无此结构。敬字塔多为民间建筑，在模仿佛塔的基础上，加入了更多自由发挥的细节。

每年的农历七月初七是中国传统的"七夕"节日。这一天可以说是妇女的节日。而在闽西客家县明溪，又把"乞巧节"叫"七吉"。这是孩子们的节日。据明万历《归化县志·岁时》记载："七月初七日，各街儿童备酒果设拜，焚所书字纸。"这是为孩子们祈求智慧灵巧，教育他们敬惜字纸，努力读书，热爱民族文字。

七月七日据说是魁星的生日。魁星主掌文运，深受读书人的崇拜，闽东更有"拜魁星"之俗。而汀州民间则有聚餐请先生的习俗，可以说这天就是古代的"教师节"了。私塾会放假一天，学生凑钱买酒宴请老师，并将一年来书写的字纸焚化。会餐时，师生同乐，要让老师喝得满脸通红为好。

在闽西的客家地区，人们还认为有字的书能驱鬼。因为鬼怕字，要一个字一个字过关，每读一个字，鬼都要花很长的时间，一本书还没读完天又亮了，没时间作祟了。因而闽西客家人有晚上在孩子床头放一本书，或出门走夜路时带上一本书的习俗。

近来，有人提议把中国农历的谷雨日定为"汉字日"。之所以选谷雨日，滥觞于上古仓颉造字的传说。

这些习俗，过去我们一味地说是迷信，现在看来，实在值得深思。保存着中华民族传统文化的经典书籍都是以文字记载的，汉字文化是中华传统文化的核心，保有汉字就是保有中华民族的文脉。

"字之恩德，说不能尽。敬惜书字，福报甚大。"敬惜字纸、崇敬文字，是中国文化传统理念之一。"字纸莫乱废，须报五谷恩；做事循天理，博爱惜生灵。"这是"先天下之忧而忧，后天下之乐而乐"的思想家、政治家范仲淹家训中的一节，是支撑其家族繁盛八百年的精神支柱。

3. 对联堂联

如果说书法是汉字的形体艺术，那么，诗词歌赋尤其是对联就是汉字形体美与内涵美的结合。

对联，雅称"楹联"，俗称"对子"，是由两个工整的对偶语句构成的独立篇章。其基本特征是两联字数相等，平仄相对；词性相近，句法相似；语义相关，语势相当。它是中华民族文化瑰宝之一，已经有一千多年的历史了。对联大约分为春联、喜联、寿联、挽联、装饰联、行业联、交际联、名胜联、格言题赠联和杂联（包括谐趣联）等。对联是一种文化现象，也是一种具有中国特色，不能翻译，也不能改写，更不能移植的艺术形式。尤其是拆字联如"二人土上坐；一月日边明"和"踏破磊桥三板石；分开出路两重山"等，只能出现在中国的汉语言文字中。

作为我国特有的文学形式之一，对联又与书法美妙结合，让人于翰墨之中品味文字的诗情哲理，在词句之间赏观书法的风神韵致，是中国人文艺术的完美体现，成为中华民族绚烂多彩的艺术独创。

客家人在使用对联上情有独钟，楼宇、寺庙、学校、祠堂多有楹联。尤其是长汀、连城、清流等地客家人，每家每户都有堂联，如陈氏"颖水源流远；虞山世泽长"、李氏的"紫阳门第；沛国家声"，在表达崇宗敬祖的同时，也显示客家人对汉文化的热爱。

4. 占卜预知

自汉字起源始，汉字就是中国传统文化最亲密的同胞兄弟。"先民造字，远取诸物，近取诸身，仰观天文，俯察地理"，汉字反映了先古人类社会意识和文化心理，先天具有可视性和意象性，从而能够嵌入传统文化的筋脉中并交融于无形。故而，汉字在许多领域发挥其独特的作用。

殷商时期甲骨文产生，文字被刻在甲骨上，用来书写卜辞，有占卜、预知未来的功能，可见文字一出现便不只是简单用于语言交流。

另外，还有测字艺术。它是流行于中国民间的一种活动，起源于民间的拆字游戏，是一种带有艺术技巧性的活动，有它存在的群众基础。

由于汉字是由笔画构成的，笔画的分合重组可以变化出不同的汉字。又由于汉字是以表意为目的的，它的各个构成部分也都包含着一定的意义。如果把一个汉字用不同的方法分拆成几个部分，那么，因为分拆的方法不同，拆出的几个部分包含的意义也就各不相同，拆出的部分传达给人的信息也就不同。早在春秋时期，人们就注意到这点了。《左传·宣公十二年》引用楚庄王的话说："夫文，止戈为武。……夫武，禁暴、戢兵、保大、定功、安民、和众、丰财者也。"这里楚庄王把"武"字分拆为"止"和"戈"两部分，并且把"武"的内容阐发为"禁暴、戢兵"等七个方面，就是从"止"和"戈"这两个拆出部件的含义入手的。

正由于汉字的这些特性，为人们创造汉字解析艺术提供了先天的条件。

客家地区还有佩带护身符的习俗。符是对汉字极度崇拜从而使之神化了的东西，主要是道教在使用，在民间有一定的影响。根据神话传说，汉字的产生具有极大的神秘性，如仓颉造字惊天地泣鬼神，以及龙马背河图、龟献洛书等，就已体现了对汉字的迷信。中国早期的文字甲骨文、金文等，大多是形象化的文字，也用来占卜、铸鼎，极其神圣。这是启发道士们制作符的基本条件。符篆，道教又称"符字""墨篆"或"丹书"，是一种用墨或朱砂画在特定纸帛上的文字或变形文字及图案，用来作为驱鬼镇邪的神物。东汉开始，道教就在民间广为传播符篆，形成不少派别。宋代张君房编撰《道藏》，收辑了古代道教符篆专书。在民间，符咒更具神秘的迷惑力。

道家的符篆虽说是以汉字为原型加工出来的符号，但比汉字更具有抽象性、会意性、神秘性。它仿汉时印章篆字和模仿云气缭绕形状的云篆天书，组成了一种文字和图画的神秘图像，成为道教法术的构成部分。据晋葛洪《抱朴子》载，当时已有黄帝符、延年命符、消灾符、治百病符等数不胜数的大小符。当时的人们以为"符出于老君，皆天文也，老君能通神明，符皆神灵所授"。使用它时，一定要心诚，心诚则灵，不诚则不灵。这就是俗称的"画符不知窍，反惹鬼神笑；画符若知窍，惊得鬼神叫"[1]。

此外，民间还流行着将多字合写为一体的书写习俗，名为"斗方""方字"，这在表示吉祥喜庆，尤其是在商贸、节庆以及婚嫁寿诞等喜事的对联字帖中常有出

---

[1] 刘德龙主编：《民间俗信与科学文化》，山东教育出版社，2001，第317页。

现。如"黄金万两""招财进宝""日进斗金""斗大金元宝"等，它使文字更接近于符箓，在心理上加强了祈祷的语言力量。这是存于民间的、非常特别的汉字文化，对一代代人产生了巨大影响。

三、客家人聪慧的汉字教育模式

汉字本身就是文化的一个组成部分：汉字的形体之精巧产生了书法艺术，意蕴之丰富催生了谜语、谚语、歇后语、对联等文艺样式，音韵之谐美亦被应用于诗律成就了诗词的形式革新。从更为广义的角度说，汉字文化是深广的历史人文积淀，是不同时代人民智慧的结晶，是在汉字的钢筋水泥上架起的传统文化大厦。它渗透于中国人的所有文化领域里。

汉字一直被认为是难学难写的。几千年的流传过程中，汉民族发明了许多学习汉字的方法，民间有很多游戏式的识字方式，反映了中华民族的智慧。

汉字游戏有拆字歌和谜语。这是中国汉字文化的独特景观，在民间广泛流行，尤其是南方的客家地区。

1. 汉字拆字歌

客家人是汉民族的一个重要分支，在南方众多的汉民族支系中，它保留了最多的古中原文化传统。客家人重视教育，可谓是国人皆知。诗人冼玉清赞扬："学校最多文教盛，满街儿女挟书囊。"日常生活中如何进行启蒙教育，客家人积累了丰富的经验。拆字歌和排字歌便是其中的有效手段。如"一字写来一条龙，二字写来隔条河，三字写来叠叠上，四字写来四四方，五字写来盘脚坐，六字写来三点一划长，七字写来金钩梁上吊，八字写来两边排，九字写来弯曲曲，十字写来一横又一直"——这些生动易懂、形象生动的语言，把汉字从一到十的写法具体描述了出来。一般地说，拆字歌是从十唱到一，而排字歌是从一唱到十。

排字歌和拆字歌从儿童的特点出发，给予其形象的启示，而不是枯燥无味的说教。这是寓教于乐的好方法，对教人识字、启迪人智、传承文化、培育情感有重要的作用。这种方法，对今天我们从事语文教育的同仁，不无启迪作用。拆字歌所表现的文化意蕴，更是发人深省。那简明的唱词，有着深刻的含义。拆字歌和排字歌用客家话唱，其曲调是在吸收与融汇民间小调精华基础上，新创造出的一种独特唱腔"傀儡腔"，它包括猜调与拆字歌等。歌唱中往往伴有很多幽默风趣的独白和对白。排字歌和拆字歌在福建、广东、广西、四川一带很流行。其他则还有"古文""十字歌"等。拆字歌又如：

> 唱了十字拆十字，忙把十字唱分明；十字头上加一撇，千秋万代福无疆。
> 唱了十字拆九字，忙把十字唱分明；九字肚里加日子，旭日临门九子升。
> 唱了九字拆八字，忙把十字唱分明；八字底下加刀字，财上分明大丈夫。
> 唱了八字拆七字，忙把十字唱分明；七字侧边企个人，化龙化凤化麒麟。
> 唱了七字拆六字，忙把十字唱分明；六字底下加交叉，交朋结友情义长。
> 唱了六字拆五字，忙把十字唱分明；五字底下加口字，吾辈同奔锦绣程。
> 唱了五字拆四字，忙把十字唱分明；四字底下加马字，讲理讲法不骂人。
> 唱了四字拆三字，忙把十字唱分明；三字肚里加一直，称王称霸失人心。
> 唱了三字拆二字，忙把十字唱分明；二字肚里加人字，天高海阔任遨游。
> 唱了二字拆一字，忙把十字唱分明；一字肚里加一直，十分春色在人间。

还有一种问答式的拆字歌也很典型，它显示出了普通民众的生活智慧：

> 问：么（个）字写来半边衣衫一口田？么（个）字写来女子亲嘴口相连？么（个）字写来一人走呀田中过？么（个）字写来三人跪在田面前？
> 答：福字写来半边衣衫一口田，如字写来女子亲嘴口相连，東字写来一人走呀田中过，海字写来三人跪在田面前，恭喜老兄福如東海万万年。

"福"字左边为"示"，被解为"半边衣衫"，而右边被拆为"一口田"；"如"字被分成"女"和"口"，形象地解为"女子亲嘴口相连"；"東"字是繁体字，被分解为"一""人""田""中"四字；"海"字被分解成"三""人""田"（母）三字；最后四个字连成"福如東海"的祝福语，很有生活情趣和语言智慧，也可以看出人们对养育自己的"田"的热爱。这些文字游戏代代口口相传，有很强的教化功能。

还有民谣中的识字歌。如台湾客家童谣《一一一》："一一一，松树屋上一管笔。两两两，两子亲家打巴掌。三三三，脱去棉袄换单衫。四四四，两子亲家打斗趣。五五五，五月十五好嫁女。六六六，河背村庄火烧燎。七七七，天上落水地下湿。八八八，穷苦人家捋粥钵。九九九，两子亲家饮老酒。十十十，糍粑饭子软泥泥。"

2. 汉字谜语

汉字谜语是一种以汉字字形为基础的智力游戏，也是一种别开生面的艺术形式——解字艺术。它是汉民族特有的一种语言文化现象。汉字谜语利用了汉字的字形特点和整字或构字部件的含意，对汉字进行分解，运用离合、增损、象形、会意等多种方式创造设置，将汉字的字形用隐喻的语言表达出来，让猜谜者去玩味、体会、猜测、推断。

字谜有广义、狭义之分。广义的字谜，指所有的文字词语谜，如字类谜、词类谜、句类谜等。狭义的字谜，指单个汉字的谜语。后者注重文字形体的组合及偏旁部首搭配，要从形态、功用和意义上对谜底汉字各个组成部分作多角度描绘，词句简短，行文措辞和谜面修辞技巧也比较高。

字谜能加深人们对谜底汉字的字形、结构、字意的印象。在猜谜过程中，众多猜谜者的角逐，也会激发猜谜者的积极性和竞争意识。尤其是一些难解难破的字谜经过苦苦思索而获得结果，更使人感到胜利的喜悦，产生一种美的感受。它是汉字文化宝库里的一个瑰宝。

比如，在闽西客家民间就有许多这样的字谜：

> 九横六直，天下才子不识；颜渊问孔子，孔子想了三日。——晶。
> 一点一横长，架梯上屋梁，背头弯一转，中间一口塘。——高。
> 一人桥上站岗，二人桥下乘凉。——六。
> 一点一横长，一撇到潮阳，田糜崩一片，脚下水汪汪。——康。
> 东西南北角叉叉，八仙带刀在脚下，子女两人面对面，却见妖精竹头下。——十分好笑。

客家人日常表现出来的汉字崇拜习俗，是执着于中华文化的一种精神表现。这对传承中华民族的核心文化，凝聚海内外汉民族族群具有重要意义。

第六章　上善若甘霖，恩泽福万民

——客家妈祖及水崇拜

妈祖，人们又称之为"天上圣母""天后"，在我国民间被奉为救苦救难的海神。人们对妈祖的信仰，渐渐地形成了富有特色的妈祖文化。它是中国民间信仰文化的一个组成部分。

妈祖崇拜发源于福建闽南地区，后传播到了客家地区，因而妈祖在客家地区也被广为祭祀。客家地区的妈祖崇拜，由于区域及民系的特殊因素，形成了既有妈祖文化的共性，同时又具有客家民系文化特点的信仰文化。

客家人信仰中还有许多对女神和水的俗信。

一、妈祖崇拜的起源

据传，妈祖本名林默娘，福建莆田湄洲人。宋太祖建隆元年（960 年）三月二十三日生。父愿，五代时官都巡检。自幼聪颖，八岁读书，性好佛。十三岁遇老道士元通，授以要典秘法。十六岁观井得符，能布席海上救人。雍熙四年（987 年）九月初九日升化，时年二十八岁。

妈祖生前是一位"预知人祸福"的女巫，死后被当地人奉为神灵，常穿朱衣，乘云气，巡游岛屿，受到乡里的爱戴，尊为"海神"。

妈祖死后约一百年，其信仰逐渐扩大。洪迈《夷坚支景志》载：兴化军（今福建莆田、仙游一带）境内，地名海口，旧有林夫人庙，莫知何年所立，屋宇不甚广大，而灵异素著。凡贾客入海，必致祷祠下，求杯笅，祈阴护，乃敢行。盖尝有至大洋遇恶风，而遥望百拜乞怜，见神出现于樯竿者。北宋宣和四年（1122 年），给事中路允迪奉旨出使高丽，航行途中遇狂风怒浪，其余船只均覆没，唯有路允迪所乘的船只在妈祖显灵的指引下，避开风浪而平安抵达。事后，路允迪上奏朝廷，为妈祖请功。宋徽宗特赐莆田宁海圣墩庙庙额为"顺济"。得到官府认可后，妈祖信仰以较快的速度向外传播。

妈祖始封"灵惠夫人"，崇宁间，赐庙，额名"灵神"。元代天历年间（1328～1330年），更额名"灵应"。元统二年（1334年），加封"辅国"。至正年间（1341～1368年），又加封为"感应神妃"。清康熙二十二年（1683年），加封"天后"，并敕建祠原籍。雍正十一年（1733年），御书"赐福安澜"，悬挂于福州南台庙宇，并命沿海各省，修祠致祭。自是崇奉日盛。据统计，自北宋徽宗宣和四年（1122年）至清同治十一年（1872年），妈祖共被褒封五十九次，封号达六十六字之多，成为"护国庇民妙灵昭应弘仁普济福佑群生诚感咸孚显神赞顺垂慈笃佑安澜利运泽潭海宇恬波宣惠导流衍庆靖洋锡祉恩周德普卫漕保泰振武绥疆嘉佑天后之神"。同时还被御赐庙额四次，甚至列入国家祀典。历代统治阶级出于自己的统治目的而对妈祖大肆封赐褒爵，使之更为神化，这无疑加速着妈祖文化的传播。代表封建社会大传统的统治阶级文化虽与代表乡民或俗民的小传统文化有所不同，但它们却是相互影响、互动互补的，"大传统引导文化的方向，小传统却提供真实文化的素材，两者都是构成整个文明的重要部分"。①

宋代妈祖信仰形成后，历代文人儒士和达官贵人对妈祖歌功颂德、褒扬有加。撰于延祐二年（1315年）的《昆山灵慈宫原庙记》说："今夫轻舟单舸，以行江潮，尚有风涛不测之虞。""当其霾噎敛藏，天宇澄穆，然犹奋击震荡。若乃纤云召阴，劲风起恶，洪涛腾沓，快风吹撞，束手罔措。……千夫怖悚，命在顷刻。于是，呼呼天妃，应答如响，光景赫然见于樯端，而船中之人如婴之睹怙恃矣。"宋绍兴八年（1138年），状元黄公度在《题顺济庙》中写道："枯木肇灵沧东海，参差宫殿翠晴空。平生不厌混巫媪，已死犹能效国功。万户牲醪无水旱，四时歌舞走儿童。传闻利泽至今在，千里危樯一信风。"宋人吴自牧亦述："其妃之灵者，多于海洋之中，佑护船舶，其功甚大。"尽管妈祖传说虚无缥缈，但由于文人的褒扬和达官显贵的倡导，妈祖传说"上达天听"，下入民心，极大地促进了妈祖文化的形成与播行。

① 参见李亦园：《人类的视野》，上海文艺出版社，1996，第144～157页。

二、客家的妈祖崇拜

盛行于沿海地区的妈祖海神，在客家地区也广为祭祀。客家聚居的闽西南、粤东、粤北、港澳台以及海外各地，均普遍崇奉妈祖。需要注意的是，在客家地区一般称妈祖为天后，或称天妃，很少称妈祖。

客家地区对妈祖的崇拜很盛。以闽西为例，据客家学者谢重光先生田野调查，明清时期闽西客家地区的天后宫（妈祖庙）或与天后有关联的寺庙有四十三座，特别是明中叶以来，清代乾隆、嘉庆时期信奉妈祖十分兴盛。不仅妈祖庙数量多，分布范围广，而且传播妈祖信仰的途径多样化，成为对内维系家族团结，对外扩大与外族、外乡、外县的经济、文化联系的纽带。以永定县为例，这里各乡、社都有天后宫或妈祖庙。而武平县，不但城邑、乡村有妈祖庙，连高山顶上也缭绕着祭拜妈祖的烟火。其中武平县武东乡太平山的天后宫最为典型。[①]

客家人浓厚的妈祖信仰情结，与其迁徙的历史、泛神崇拜理念以及向海外迁徙的意念有关系。

（一）客家区妈祖崇拜的传播缘由

从已掌握的材料看，妈祖信仰在宋代就已传入远离海洋的客家地区，其原因有多种。

1. 直接因素

这里指的是某人或某族群因为直接的因素形成的妈祖崇拜。

（1）姓氏族缘

西陂天后宫位于福建省永定县高陂镇的西陂村。西陂村总人口达六千多人，其中以林姓居多。他们都称与妈祖林默娘有着直接的渊源关系。这座天后宫是西陂林姓族人特地从莆田湄洲祖庙分灵出来的，这反映出他们崇拜本姓妈祖、祈求妈祖保佑的心愿。永定县高陂镇、湖坑镇、陈东乡一带林姓家族亲切地尊称妈祖神为"姑婆"，称呼也显得很独特。湖坑镇土楼小溪边上，有座林姓家族建造的天后宫，直接就命名为"姑婆庙"。"闯关东、走西口、下南洋"是近代中国人迁徙三部曲，过去客家人为了谋生，背井离乡下南洋，家人希望海神保佑。湖坑镇所在的永定金丰片区特别多民众下南洋，那里分布着数量众多的妈祖庙。洪坑人多为林姓，与妈

---

① 谢重光：《闽西客家地区的妈祖信仰》，《客家》1994年第1期。

祖同姓，就将庙称为"姑婆庙"。

（2）从军经历

军人在从军途中，或回转故乡探亲，或退伍时，有时要面对波涛汹涌之大海。他们受沿海风俗影响而祈求妈祖庇佑平安，并立祠以祭。如福建山区腹地的建宁天后宫就是一例。

建宁天后宫位于县城北门，相传是由建宁籍驻台兵员服役归里时带回奉祀的。

清朝时，驻守台湾的兵员都是由闽省各县抽派，三年换防一次。当时有两个建宁籍贯的士兵服役期满，回归家乡时随身携带了一尊妈祖神像，希望能保佑一路平安。归途中，他们搭乘的航船遇上了狂风巨浪，危难之中，他们急忙捧出妈祖神像叩拜，祈求妈祖庇佑众人平安。果然，不久就风平浪静了，他们平安渡过台湾海峡回到故乡建宁。两位士兵的现身说法，让乡民深信不疑。于是，妈祖娘娘海上显灵保佑平安的事就在建宁广为流传。在一些好事者推动下，人们募集资金，在城关北门拱长坊建起了天后宫。每年的农历三月廿三日，当地人都要举行"迎妈祖"的朝拜活动。这是台湾妈祖信仰回传大陆山区腹地的典型例子。

（3）从商经历

连城庙前镇芷溪天后宫的兴建属于此类。根据笔者主持的福建省教育厅课题《民系文化与语文教育》调查整理的资料可以看出，芷溪水尾妈祖庙及其"天上圣母"的雕像的来由，与妈祖文化有着很直接的渊源关系。

乡民口口相传的是，乾隆年间（1736～1795年），家乡一个不务正业的浪荡子杨明安，经亲戚介绍后，到广东一家木材行卖苦力挣钱。有一次山洪暴发，木材行堆积在上游的木材被滔滔洪水冲往下游的香檀桥上，危及大桥安全。官员放话说如果桥被冲垮，这批木材的主人就要负一切责任。为了保命，木材老板吓得逃跑了。这是一批价值上百万的木材，杨明安当时的想法是，富贵险中求，大不了一死。于是，杨明安就冒死大声说是他的。为保平安，他心里不停默念祷告："祈求妈祖保佑。"也许真的感动了妈祖，洪水很快退去，大桥安然无恙，他因此成了百万富翁。

发财后，杨明安将资金转回福建，到福州开了个"和昌木材行"，经营木材进出口生意。富贵来得蹊跷，在他的心中一直有个结，就是念念不忘妈祖的恩德，要还愿。乾隆三十二年（1767年），杨明安路经湄州岛，特地到妈祖庙里进香还愿。庙主得知杨明安身份后，就向他提出购买大樟木雕刻妈祖神像的要求。杨明安则主动提出要捐赠樟木，唯一请求是，庙主要多雕一尊妈祖神像，让他带回家乡供奉，以圆自己的夙愿。庙主得知他的慈心善意后满口应允。于是，妈祖信仰落户连城芷溪。

闽西连城隔川乡的天后宫的来历也很有特色。笔者在调查中了解到，五百年前，隔川乡竹光村一位商人在沿海经商时，曾受到妈祖庇护，所以偷偷地把湄洲妈祖庙里的香灰包了一包回家。他觉得这就把妈祖的神灵带回了隔川，于是请来能工巧匠，按照妈祖原形雕成塑像，并请风水先生在整个隔川乡中选择一座内水口风水宝地，建成一个坐南向北的天后宫。天后宫大门处能远眺整个隔川乡，意思为妈祖保佑全乡子民。这个传说中反映出来的偷偷传播妈祖信仰的方式很典型，是中国民间信仰传播的一个特色。

（4）迁徙新居

由于客家人不断迁徙，于是将妈祖文化带至新居所，由此形成了传播妈祖文化的新渠道。这方面的例子有不少。东南亚一带的客家、港澳台客家及内地四川、广西等地客家区的妈祖崇拜，都因移民搬迁之故形成。

客家人是妈祖信仰的推动者。台湾妈祖庙之源头——北港妈祖庙，最初是由当地闽籍居民根据湄洲僧人传入的神像建造的。陆正平《北港名胜朝天宫》一文说妈祖庙"位于北港镇中心区域，建自逊清康熙三十三年。习俗相传：是时，福建省湄洲'朝天阁'有一僧人树壁，奉'天上圣母'神像来台，道经北港，附近居民多为闽籍，极其崇奉圣母，爰经集议，建立小庙供奉"。值得注意的是，正是这座云林北港的妈祖庙，成为台湾客家人朝拜的中心。周朝宗《云林风俗》记载："三月廿三日：天后诞辰，本县北港称'妈祖生'，南北香客，多赴北港行香，粤庄尤盛。"所谓"粤庄"，系指台湾客家人居地。林姓又为闽南大姓。这一切，都为这一传说涂上了一层厚厚的地方色彩。一是客家人虽不断向近海地区迁移，不断向海外拓展，但那是后起之事，是生齿日繁以后为扩展生存空间所致。就其祖居的闽粤赣边区基地而言，则是在丘陵山区。在这样的生活环境中，早期是不太可能萌发海神崇拜的。再者在客家人的居地中，福建比广东的天后宫建得要早，分布更为广泛，故可证此俗系由闽入粤。至于台湾客家人的妈祖信仰，受讲闽南语的人之影响，至为明显。①

澳门共有天后宫八座，是澳门一道重要的文化风景。其中最引人注目的是路环岛天后宫，因为它塑立有一尊高达 19.99 米的妈祖雕像。据载此天后宫创建于康熙

---

① 吴永章：《试析闽、台、粤客家地区的"妈祖"崇拜》，《中南民族学院学报（哲学社会科学版）》1998 年第 4 期。

十六年（1680年），后经历几次重建与扩建。妈祖虽是闽南人敬奉的海神，传至澳门却是客家人的功德，因为客家地区早在宋代就已有妈祖崇拜，且据路环天后宫内两处碑铭显示，清朝时经粤东嘉应州（今广东梅州）客家人的大规模重建，此天后宫才成为澳门重要的妈祖崇拜圣地和重要的文化景观。

有的研究者认为，最早到澳门定居的是福建莆田和广东潮州、汕头人。福建为广东邻省，自唐末五代始，福建人口增长超过了广东。宋代福建经济、文化比较发达，成为全国最发达的省份和人口过剩的区域之一。五代以后已有闽人移居香山县境的记载，及至宋代，县志中已有一些闽人官仕香山的记录，其中宋代香山县令洪天骥最为著名。此外，宋代闽人移居该县的也很多。谷都南湖郑族、仁良都南湖郑族、良都长洲黄族、仁都邑城高族等等，成为当地的大族。南宋的益王、卫王在张世杰、陆秀夫的扶持下航海到泉州。他们曾征用当地许多船只和水手组成一支大规模的船队，渐次行至香山、新会沿海，后来结集于崖山。《广东通志》载：张世杰等人"奉帝幸香山，以马南宝宅为行宫，复驻浅湾"，元将败张于香山岛。研究者一般认为，浅湾指澳门十字门一带的海湾，而香山岛则为澳门附近岛屿的古称。张世杰败于元后，成千上万的南宋遗民流散当地，许多人定居香山，其中当有不少闽籍遗民。入明后，香山仍为地广人稀之地，闽人继续移居香山，其中以客家人最为显著。这些客家人大多来自福建西部的汀州，他们先是移居广东梅州，而后陆续迁移各地，成为广东汉族人口的主要组成部分。他们也盛行妈祖崇拜的习俗。葡人初到中国骚扰广东失利后，广东实行海禁。"安南、满剌加诸番舶，有司尽行阻绝，皆往福建漳州府海面地方，私自行商，于是利尽归于闽，而广之市井皆萧然也。"[1]

明末清初，四川遭受了几十年的战乱、瘟疫之灾，许多地方可以说是十室九空，甚至有人烟断绝几十年的。清廷制定了移民入川的措施。在这被称作"湖广填四川"的浪潮中，一批批来自福建、广东、江西的客家人也进入四川谋求新的发展。他们为了在新的地方生根发芽繁衍，为了消灾祈福，也为了寄托对祖籍地的思念之情，纷纷以祖籍地所信奉的神祇为对象兴建庙宇，亦作为会馆，作为祭神、聚会的场所。福建籍客家人建的是"天上宫"，亦称天后宫、妈祖庙，即为福建会馆（公所）奉祀妈祖。单四川江津县内就有十三座，分布在十个镇，占镇数的27%。会馆一般建在各地的主要街道，地当闹市，规模较大，占地都在一千平方米以上。以江津城区的天上宫为例，该宫占地十余亩，建有牌坊、佛殿、文昌殿、后殿、乐

---

[1] ［明］严丛简著，余思黎点校：《殊域周咨录》卷九《佛郎机》，中华书局，1993，第323页。

楼、禅房、内台、后山等。乐台即戏台，可演出戏剧、歌舞。会馆成了城区及各场镇的主要建筑，是商业的中心区，会馆之间商铺连接成街。① 四川江津"天上宫"的对联都是"封崇溯宋元以始；钟灵在闽蜀之间"。对联很有特色，充分体现了客家移民对故土的眷恋之情及对新居住地的热爱之情。

2. 间接因素

（1）水神崇拜

古代科学技术不发达，人们无法掌握自身的命运，于是常常会祈求神灵的保佑。尤其是生活在海上、江河边的人们，面对反复无常、威力无比的力量更觉无助，这为妈祖信仰的形成提供了土壤。水为生命之源，人类对水有特殊的情感。许多民族都以不同方式表现对水的崇拜，创造了水神形象。在出现妈祖后，许多居住山地的客家人把对水的崇拜也寄于妈祖身上，于是，他们选择在江河边或水口建天后宫。

（2）行业崇拜

妈祖信仰有源于行业的崇拜如水运等，典型的如为闽西汀州的天后宫。因汀江航运受潮州影响之故，其传播渠道和前面提到的连城庙前和永定高陂的妈祖信仰有所不同。

客家人所居的地方属于绵延千里的大山区，条件极为恶劣，交通极为闭塞，因而受外界的冲击和影响较小。据史载，古代汀州"民生尚武。岛居安鱼盐，山居任耕织。南通交广，西接赣水。南接潮海，后枕卧龙，凭山负海，在闽山之穷处，介于虔梅之间"②。

千百年来，客家文化圈内始终保留着一些古代的文化特征，诸如信仰习俗等，又吸收新鲜的东西，使之互相渗透、融合。妈祖信仰在宋代就已传入远离海洋的客家地区。古代汀州府因汀江连接着潮州、汕头，陆路连接赣州、赣水，于是成为交通枢纽。

"客家母亲河"汀江，是福建省四大水系之一，是福建省第三大江，是唯一通往外省的航道。汀江发源于宁化，流经长汀、武平、上杭，再经永定县流入广东，在广东大埔三河坝与梅江汇合称为韩江，主流在澄海县入海，全长 328 公里，其中福建境内 285.5 公里，而长汀境内 153.7 公里。汀江自古以来便有舟楫之利，一度

---

① 钟永毅：《江津移民的客家会馆、宗祠与民居》，载陈世松主编《四川移民与客家文化学术讨论会论文集》，第 438 页。

② [宋] 祝穆编，祝洙补订：《宋本方舆胜览》，上海古籍出版社，1991，第 151 页。

号称"上河三千，下河八百"。

据有关史料记载，南宋理宗绍定年间（1125～1264年），著名法医学家宋慈任长汀县令，为缩短运盐路程，沟通汀潮经贸往来，他打通了汀江韩江间的商业航道，长汀由此接受了沿海一带崇祀盛行的妈祖信仰，从此，妈祖信仰就融入了汀州民众民俗信仰之中，妈祖成为民间十分崇敬和信仰的"妈祖娭哩"（客家方言"娭""哩"即"母亲"，把妈祖喻为母亲以上的祖辈之意）。长汀民间旧时习俗，许多家长给孩子取名要契一个"马"字，意即请妈祖庇佑，孩子快快长大。[①]

在汀州落籍之初，妈祖主司汀江航运，保佑急流险滩无数、船只经常触礁撞滩的汀江航运安全，成为河神。

随着时代的发展，在客家区，妈祖所司职能不断被改造和扩大，其主司"航海安全"的职能被人们淡忘，有的地方甚至连妈祖是海神都少有人知。客家人崇拜妈祖，大多不是把她作为海神，而是把她作为如同佛祖、观音、玉皇、关帝、公王一样能够降福于人、保境安民、抗灾救疫，保护风调雨顺、五谷丰登、人丁兴旺的多功能神灵加以崇拜。发展到后面，妈祖崇拜在客家地区逐步蔓延并升级，妈祖庙、天后宫随处可见，香火越来越旺。在闽西，几乎每县都有妈祖庙（宫）。

（二）客家地区妈祖崇拜的独特色彩

1. 宫殿依水而建

天后宫大多是依水而建的——这体现水神崇拜的特性。尽管客家是山区，客家人的天后宫大多还是依水而建的，或临大江、小河，或居当地水口。如闽西连城隔川乡的天后宫，当地虽然没有江河，但信仰者也要找一水口的位置。上面提到的连城庙前镇芷溪天后宫的兴建，也是如此。杨明安求到神像后，与同乡黄富民护送神像返回家乡。几人一路跋涉，本来要将神像放回村中的，但到了芷溪村口——水尾时，突然觉得神像沉重起来，抬得很吃力。大伙都觉得奇怪，只好暂时停放。他们特地从江西赣南的兴国请来了风水先生踏勘地形，寻找原因。江西来的风水先生经过认真踏勘后，认为此处是"双龙合脉狮象把水口"，是难得的建庵造庙的风水宝地。于是，他们决定在此地兴建天后宫。这事当然是传奇，不过也可看出客家人对天后宫选址的要求。

---

① 黄顺炘、黄马金、邹子彬主编：《客家风情》，第129页。

2. 独特的山寨天后宫

本是水神的妈祖，也充当山神的角色，这是较为奇特的现象。一般在客家区才会有此状况。这一般是因族缘关系形成的，比较典型的是武平县武东乡太平山的天后宫。

这座天后宫内设立了四座神位，中间供奉的是妈祖，塑像体积最大；左边神位供奉着一尊观音立像；右边神位供奉着一尊吉祥哥立像；妈祖塑像前面还特别安置了一尊小小的观音像；神座的左侧平置一块石碑，上面刻着"林氏十二世开山施主林奇卿公"的字样，显示宫庙建筑者的身份及与天后娘娘的渊源。[①]

3. 独特的建筑风格

天后宫的建筑总体上是大同小异的，但各地又有不同，闽西天后宫更是有较多的不同点。

西陂天后宫，造型奇特，是全国少见的宝塔式建筑物。

主体建筑为七层塔式结构，通高四十余米，为楼阁式。一、二、三层为四方形，土木结构；四层以上为八角形，四、五层是砖木结构；六、七层用大圆杉木为轴心，数十根方木条向八方辐射成年轮状，纯木构筑。塔顶葫芦用瓷都景德镇特制的圆缸垒成，分红、黄、蓝、白、青诸色，用8毫米粗铁索拴牢。底层为天后宫主殿，长12米，宽14.4米，高6.5米（内高5.3米），墙厚达1米，是典型的客家土楼的建筑风格。殿中间四根杉木擎天大柱拔地而起，直达塔顶，支撑着塔的中心。中轴线自南而北，庙堂叠进，共有房屋36间。塔南为登云馆，塔北为大厅堂，两厢是上、下酒楼。主殿供奉妈祖神像，神龛上高悬"神昭海表"的匾（原匾题为雍正御书，中钤有玉玺，今匾无之）。正殿大门的楹联是乾隆御赐的联句："忠信涉波涛，阅历玉洲瑶岛；神明昭日月，指挥水伯天吴。"塔的南北各有一大天井，北端宫门画梁雕栋，溢彩镂金。大门彩绘诗幅有"维神显圣寄斯宫，四海江湖著大功"之句。

大门入口处有一座木质的永久戏台，十分雅致，呈半圆穹窿形，镶嵌立体图案，结构奇巧，有良好的集音作用，俗称"雷公棚"。台口柱联是："一派是西河，潺潺声杂管弦曲；七层朝北斗，叠叠影随文武班"，横额为"鸾凤和鸣"，戏台中堂横额是"钧天雅奏"。西陂天后宫的建筑结构及其艺术成就，是国内的天后宫中罕见的。

---

① 谢重光：《闽西客家地区的妈祖信仰》，《客家》1994年第1期。

西陂天后宫的供奉体系很是独特，主塔一层大殿供奉妈祖，二至五层，分别奉祀关帝、文昌帝君、魁星和仓颉。一楼朝东后殿祭祀孔子，取"遥望东山"之意。

位于长汀县东大街朝天门外的汀州天后宫，北倚卧龙山，南临汀江，西连横岗岭，在9口大池塘水中央建立起来，是按照潮州三圣宫的样式来建造的，其殿宇广阔、雄伟壮观，人们习惯称之为"蛤蟆浮塘"。

天后宫主建筑分前殿、正殿和后殿。正殿上为五凤楼，右旁为厢厅，内为妈祖起居室；左为小阁楼。后殿为积庆殿，奉礼妈祖父母之神位。正殿玻璃间内奉的妈祖塑像，由清道光年间（1821～1850年）广东潮州名艺人精心雕琢，清秀端庄，十分逼真。

其他如闽西永定高陂富岭天后宫虎型建筑奇特异彩，澳门天后宫依山面海的群体建筑辉煌气派，众多乡村天后宫建筑简朴实用等，不一而足。这里就不一一细说。

4. 多神合祀

这也是闽西客家人祭祀神祇的特点。上面提及西陂天后宫里多神祭祀，还有的地方天后宫与关帝庙合建。

另据考证：连城（古称莲城）有三圣妃宫，唐汀州刺史陈剑始立；宋嘉熙间三圣妃宫内祀灵惠助顺显卫英烈妃、昭觋协助灵应慧祐妃、昭惠协灵顺勇惠助妃，今州县吏运盐纲必祷焉。又据宋《梦粱录》："顺济圣妃庙在艮外，妃姓林，莆田人氏，素灵异。宣和癸卯年赐庙额，累加夫人美号，后封灵惠协应嘉顺善庆圣妃。"《八闽通志》载："莲城是唐之古田乡。"《闽都记》："顺懿庙，在闽江上游龙潭阁，榜曰临水宫，祀临水夫人。神名陈靖姑，为陈昌之女，母葛氏，生于唐大历二年，嫁刘杞，年廿四卒。龙井中有蛟，吐气为疫疠，一日朱衣女执剑索白蛟斩之，乃知神异，乡人立庙祀之。宋淳祐间赐额。"

这种三圣妃宫在闽西客家不多见。

5. 祭祀仪式的独特性

从客家区众多妈祖庙的造像看，除正殿主祀妈祖外，配殿往往还有观音和关公神位，两侧还塑有侍者形象。儒释道与地方神祇崇拜熔于一炉，不同宗教的诸神共同祀奉是妈祖庙的一个显著特征。武平县武东乡太平山的天后宫把祖先和妈祖一同祭祀，这种现象不多见，主要因其同宗之故。

祭祀时间，各地不一。正常的朝拜活动是在农历三月二十三日"天上圣母"的出生日，农历九月初九的升天日。有些地方在正月元宵节也举行隆重的朝拜活动，还有实行春秋祭祀的。如，民国《仁化县志·祀典》载："天后，岁以春秋仲月诹吉致祭。"这一习俗的形成，有学者认为，是因为客家人保持了二月和八月扫墓祭祖的中原古风，将祭妈祖的时间也并在其间举行。又有正月出游的。如广东河源地区有正月十三日、十六日、十九日奉诸庙天后神出游之俗。更为典型的如闽西连城庙前镇芷溪天后宫，每逢农历初一十五、逢年过节人们都要祭祀妈祖，村中的神佛法事也聚集这里。每到这个时候，大批的信男信女便蜂拥而至，燃香放炮，念经诵佛，热闹非凡。因有村民香客的资助，即使是平常时，天后宫也是香火不断，明灯辉煌，体现了乡民对妈祖的虔诚。总之，客家地区祭妈祖的时间，三月二十三日为通例，春秋和正月则为特例，而将乡村法事合办更为独特。

客家人举办的妈祖祭典形式相当隆重，在妈祖诞辰之日，奉神出游，顶礼膜拜，排宴演戏，盛况空前。尤以福建汀州、广东河源、台湾苗栗等地为甚。据《客家风情》载："清代福州建有汀州会馆，八县（长、杭、武、永、宁、清、明、连）共有，祀奉妈祖。每年到妈祖生日，会馆张灯结彩，排宴演戏以示庆祝，汀州八县的旅省同乡都可参加宴会、看戏。"据同治《河源县志·岁时》载：自清代嘉庆以后，每年正月"十三、十六分日恭奉北庙、东庙天后神出游，俱本日还宫。十九恭奉阿婆庙天后神出游，次日还宫。均先于新城东门外教场结厂以为驻跸之所，邑中士庶竞以童男女扮演古事于神前为导，多至三四十队。凡神所经过，门户必设香花室烛，极其致敬。惟阿婆庙还宫，驾经新城南门外，是日男女聚观于南门，罔不下万人，尤为盛景。年习为常"。

除了常规的祭祀仪式外，笔者在调查中还了解到，闽西连城隔川乡的天后宫有一种不定期的朝拜活动，那就是替"天上圣母"换袍。隔川乡天后宫的"天上圣母"内外共穿七件衣服，每次换袍要花上一定的资金，要按原有的式样定制。因此，一般要等村中做生意赚了钱的村民捐助，然后才举行隆重的换袍仪式。而且有一个不成文的规矩，那就是竹光村不让其他村的人替"天上圣母"换袍，原因是"天上圣母"是竹光村人引来的，不能让其他人看到"天上圣母"的金身。

长期研究客家文化的张鸿祥特别注意到长汀"清河祭祀妈祖"的独特性，称之为"汀江绝响"。据其介绍，"清河祭祀"是清末至民国年间汀州客家人祭祀妈祖的仪式之一，它与我国各地祭祀妈祖的方式不同，为汀州所独创。仪式不是在天后宫内举行，也不是在城乡巡游，而是在汀江上举行。这与汀江航运息息相关。举行"清河祭祀"的原因是，汀江有九九八十一滩，屡出行船事故。清末汀州商户们联名举荐时在北京任内阁中书的康咏，去莆田湄洲湾妈祖庙致祭，希望借助康咏的声誉，祈求妈祖庇护汀江航运安全。康咏背负汀州百姓的期盼，去莆田湄洲致祭。返汀后，他与汀州城的商户商量，计划筹办一场酬谢妈祖的祭祀活动。康咏提出既然是祈求汀江平安，索性就将祭祀活动搬到汀江上举行，恭请妈祖巡江，并命名为"清河祭祀"。所谓"清河"，即通过妈祖的巡江，祈求清除汀江一切影响行船安全的障碍和凶险，求得河清海晏，舟楫平安。于是就有了在穿城而过的汀江上举办的旷世未有的、独一无二的妈祖祭祀仪式。

"清河祭祀"并不是每年都举办，也没有固定的时间，大约三四年一次，祭祀时间在丰水的上半年。举办之时，江上四条大船并列而行。船体布置得很漂亮。第一条船安放灯笼，上书"天上圣母"，民乐鼓队居其中。第二条船树黄色大旗，上书"天上圣母"，妈祖神像安放其中。第三条船安放香案，香烛祭品摆放其中，树四把黄凉伞，还有十番器乐。第四条船装妈祖娘娘的全副銮驾，有两副大扇及执事两人。祭祀开始，鞭炮齐鸣，大船开动，两岸观众争相观看，万人空巷，虔诚者焚香祭拜。

"清河祭祀"的路线是从太平桥开始起航至麻潭岭背游绳渡止。回归路线从游绳渡经麻潭岭、曾溪背、车子关、惠吉门、五通桥、半片街、水东桥至跳石桥止。

（三）客家地区妈祖崇拜的特殊文化因素

1. "庙""宫"同称

客家人奉妈祖为神，将对其供奉与祭礼之所名曰"庙"或"宫"。如福建长汀城东门有"天后宫"，福建武平县溪东乡有"天妃娘娘庙"，连城县"天后宫"又称"夫人庙"，广东嘉应州（今梅州市）有"天后宫""天后庙"，广东镇平县（今蕉岭县）兴福乡马鞍潭岸有"天后宫"等等。还有文中提到的其他地方的"宫""庙"。在称号上，客家地区一般称"天后"，或称"天妃"，林姓族人直接称"婆太"，而很少称"妈祖"。

2. 融入时代潮流

根据笔者的课题调查资料，闽西连城庙前镇芷溪天后宫有两个牌匾、两个名称：南面向芷溪方向的前大门楼牌匾题为"天后宫"，北面向另一个乡镇新泉的后入门楼牌匾题为"妈祖庙"。这种命名方式在全国、甚至于海内外的妈祖庙中都是罕见的，这是芷溪天后宫的独特魅力，也即"一庙两名"。它激起了许多人的好奇心。芷溪天后宫已经有近两百年的历史，由于风雨侵袭，年深日久，逐渐破败不堪。1930年的一场山洪，将天后宫彻底淹塌了。好在人们及时将妈祖塑像转移，暂时安放在其他地方。1942年，村民决定重建天后宫，因种种原因，先建成了小屋"天后宫"。1996 年开始在小屋"天后宫"的基础上进行了扩建，根据募集的资金进行逐年扩建，加建了三宝佛殿一座、宿舍七间和南北进出的两大门楼。由于时代的发展，海峡两岸的文化交流越来越多，为顺应海峡两岸大力弘扬妈祖文化的时代潮流，当时有人就提议把水尾庵"天后宫"改名为"妈祖庙"，和闽南语系的妈祖文化对接。但也有不少人反对，因"天后宫"的叫法已形成习惯，在客家地区极为普遍，没必要改变名称。由于两家各执一端，最后人们采取折中的办法，将正南面作为进口的正大门楼牌匾题为"天后宫"，而将朝北面出口处的后大门楼牌匾题为"妈祖庙"。"一庙两名"就这样形成了。从这案例中可以看出社会主流文化对民间文化的影响。

3. 增加地方特色的传奇故事

每一个地方的天后宫在建成后，人们都会把当地出现的一些好事和坏事与天后娘娘的神力联系起来，融进有地方特色的传说故事，增加足以让一方之人产生崇拜的神奇色彩，以此增强妈祖信仰的神奇色彩。如连城隔川天后宫，传说新中国成立初期破除迷信时，有位村民陈某某用斧头砍天后宫文臣武将的手，结果，不到一个月，陈某某去炸鱼时被炸了一只手。村民认为是天后宫"圣母娘娘"显灵了。笔者在调查中发现，村民敢于有名有姓地说出故事的经过。这类故事还有很多。

前面提及的武平县武东乡太平山天后宫的建成也是一个传奇。传说昔年太平山山林失火，有位仙姑自天而降奋力扑灭火灾，后来人们得知这位仙姑就是妈祖娘娘。太平山两侧园田村和袁畲村的村民为答谢妈祖恩德而建庙，并用占卜的方法，决定庙址设在袁田一侧。太平山天后庙的建庙缘起，鲜明地反映出当地妈祖信仰的一个特点，即人们一开始就把妈祖当作山区救火的神灵来崇奉，偏离了沿海妈祖海上护航、水上拯溺救厄的本来面貌。[1]

汀州天后宫也有地方典故。传说汀江原来水势凶猛，一路险滩极多，行船遇难时有发生。一日，妈祖脚踩祥云，慧眼巡视在汀城上空，了解汀江河流多发生故障，危害行船安全，顿生怜悯之心。她发现东门有一块宝地，处北山东面狮子滚绣球右侧，三面环水（池塘），属田鸡浮塘之脉势，适宜建造宫殿。即降落人间，化身劝善，发动民众建宫祭祀，以保一方平安。宫殿建成后，塑造金身择日登殿，香火极盛。汀州八邑朝拜者络绎不绝。据传有个乙卯年的六月，汀城普降大雨十余日不绝，河水猛涨，波涛滚滚，农作物和低洼处房屋冲毁不少，严重威胁群众生命安

---

① 谢重光：《闽台客家社会与文化》，第 268 页。

全。又说汀江河内有一水牛精在作怪。到了某一天傍晚时分，水势有增无减，眼看就要漫上岸来，整个汀城就要化为一片汪洋，人们惊骇万分。这时忽见天空一片霞光，"妈祖娭哩"现出金身，手摘一片树叶，脚踩祥云至汀江上游，将树叶抛向河中化作一叶扁舟，圣母端坐舟中，舟篷前高挂一盏油灯顺水而下，舟过水退，雨止天晴，直把水牛精赶到麻岚井中镇住，永世不再复出，拯救了汀江两岸居民。从此万民感戴，"妈祖娭哩"更受到人们的崇拜了。[①]

三、客家人的水崇拜

水是生命之源，客家人对水极为尊崇。

1. 对水神的崇拜

农耕社会中，水是农业的命脉。传说中龙王是最有权威的水神。在客家区，还有其他水神：水母娘娘、三圣公主、天帝、观音菩萨、黄倅三仙师等。

有时，人们会制造自己当地的水神。在闽西客家上杭、永定、武平等地的农村中流行黄倅三仙师崇拜。据清同治《上杭县志》载："黄七翁，本邑人。宋时钟寮场未立县，石峡间两山如束，中通一径，有山精虎狼为害，翁皆其子婿有异术，以符法治之，群妖屏息，隐身入石，现像于石壁间，每风雨，石中隐隐闻钟鼓声，民敬畏之，立祠香炉石岩下。遇岁灾旱祷之辄应。县既迁，改建行祠于今县治之西南，世称黄倅三仙师，倅其婿也。"仙师神庙门前对联是"黄云洞中群仙集；紫金山下显神灵"。仙师公爹是位有求必应的神仙，农历四月以后，各村轮流迎仙师公爹。如上杭县太拔乡坵辉村在四月十五日"恭迎三大仙师午后出宫，一由水口出，历荷树坪旋至店前墩；一由歇峦岗上，旋至高前村；一由雷公岭上，旋至矮乾子岗。……卜丰穰于沃野"。四月中旬，正是上季禾苗生长的时节，让三大仙分头巡视各地禾苗，预祝当年好收成。这种扛菩萨巡于田间的仪式在客家地区非常普遍。

2. 习俗中对水的尊崇

（1）人死后的买水习俗

客家人有"买水浴尸"的习俗。"父母疾革时，了孙环立于前，谓之'送终'。为长子者袒臂，用香纸到溪边取净水，谓之'买水'。取回后，以水略拭父母遗体，更换新衣，将新衣剪脱少许，分作若干条，各缠于手，父左母右，谓之'手尾'。"

① 黄顺炘、黄马金、邹子彬主编：《客家风情（续集）》，第 129 页。

另据《梅州客家风俗》记载:"死者家属,在未正式成服以前,孝子、孝孙、媳妇、儿孙们,将上衣反穿,腰束麻皮,持壶或碗哀哭着去河溪中间向河神买水,先在河岸上插上未点燃的香纸,再丢几文钱于河中,顺水舀水,舀水多少均不能重舀。回来时不能哀哭,至堂上为死者抹脸,俗称'沐浴'。"[①]

著名学者谢重光认为,此俗有中原礼俗的根据,儒家经典《礼记》就有送终"掘中霤而浴""浴于中霤"的记载,所以论者以为客家人浴尸之俗"尤浴以中霤之义也"。但古越族也有"买水浴尸"之俗,如南宋范成大《桂海虞衡志》记载:西南蛮"亲始死,披发持瓶瓮,痛哭水滨,掷铜钱纸币于水,汲归浴尸,谓之买水。否则,邻里以为不孝"。南宋周去非《岭外代答》卷六《食用》"买水沽水"条亦载:"钦人始死,孝子披发,顶竹笠,携瓶瓮,持纸钱,往水滨号恸,掷钱于水,而汲归浴尸,谓之买水。否则,邻里以为不孝。"

（2）生活中的水习俗

客家人重视水,儿童满月有洗浴习俗。四川东山客家人认为,人跟树木一样,需要"上水"才能生存,并且认为老年人满六十岁以后自然"上水"比较困难,需要有外力相助才能"上水",才能获得旺盛的生命力。雨水这一天,出嫁的客家女儿会举行仪式为父母"补水"。

客家人对井水特别尊崇,过年过节要洗井、烧香。大人常常告诫小孩不能往井里扔东西,更不能撒尿。

（3）节俗中的水崇拜

闽西永定县高头的闹龙灯很出名,有着悠久的历史。每到元宵,全乡三十几个较大的自然村,每村都不肯屈居人下,都要制作一条或两条足以自豪的灯龙到祖祠参拜,并表演各种舞技,以增加祖祠元宵夜的热闹气氛。舞龙灯的时间是从正月十四日起到十六日止,共三天。其较有特色的程序是,第一天晚上多由各制龙灯的自然村自行安排,一般是舞前先把龙灯持到有水潭的溪边举行请水仪式。在仪式中,村民要紧锣密鼓敲着《请水谱》,烧香、放鞭炮之后,扎制好的新龙龙头对着水潭做三下潜水的象征性舞蹈动作,程序就算完成了。据传说,请了水的灯龙就沾了真龙的性灵,有了魂魄和灵光,舞起来有意想不到的"神助"而得心应手。接着,这条经过请水的灯龙先去参拜祖祠中列祖列宗的牌位,再到各大神坛如民主公王、妈祖庙、伯公坛去参神,然后到本自然村中的各楼各屋去参拜设在大厅里的观音。在

---

① 黄玉钊等编著:《梅州客家风俗》,暨南大学出版社,1992,第48页。

高头，家家户户都非常欢迎任何一个自然村的灯龙到自己楼里做客，多多益善。民俗认为这样一来可以增强"楼龙"的旺势。龙灯到楼中，家家户户都要燃放鞭炮以为答礼。第二天，即元宵之夜，各路龙灯都要集中到祖祠表演。从这一习俗中可以看出很有特色的东西：一是灯龙要举行请水仪式，表现了客家人对水的崇拜。二是在许多习俗，包括舞龙这一习俗中，客家人往往更为尊崇祖先，要先到祖祠中参拜、祭祀，充分体现了客家人的祖先崇拜意识。这在其他地方是较为少见的。

3. 客家风水中的水崇拜

风水，或称堪舆。《说文解字》："堪为天道，舆为地道。"仰视天象，俯察地理，实则"地理"为以地为对象的"相地"术。晋郭璞《葬书》："气乘风而散，界水则止。古人聚之使不散，行之使有止，故谓风水。"此书正式确定了风水的哲学基础，为后世的风水术定下了基本的观念；人需要"气"，"气"则因天、地、人的配合才能产生"生气"、克服"死气"。"生气"的操作靠着风和水，使人生活或工作在一个和谐的环境中。客家人因其独特的迁移经历以及特殊的居住环境，在中华汉族的众多民系中，最重风水。

风水观念早在秦汉时就传入福建，魏晋之后，风水术逐渐在八闽流行，晚唐时期，在开发程度较高的福建东南沿海地区，已形成较为系统的风水形法理论，并影响到广东等地。随着赣南形法派风水术由福建的客家地区向福佬地区的逐渐扩张，两地的形法理论也慢慢地走向融合。明清以来，随着福建居民大量移居台澎等地，福建的形法思想亦传入这些待开发的地区。大体来说，闽台的形法派同理气派一样，其形成与发展过程都同福建居民的开发活动以及家族的事死事生活动密切相关，并融入了该区域的一些民间习俗，从而对闽台民间社会产生深刻的影响。[①]

对风水之说，人们有着不同的看法，有认为是迷信的，有认为是科学的。后者认为，风水就是风生水动、人与自然和谐相处的道理，是中国最高的哲学境界《易经》的阴阳和谐、中和平衡、生生不息的科学观在风水术中的体现。当然，它被后世江湖术士所推演，成为扑朔迷离的神秘学问，成为让人陷入迷津的道术。它亟待人们去认识挖掘。

我们现在来看客家人重风水的习俗。在经历了动荡的岁月之后，客家人为了适应生存的环境，更加重视各种选址的风水条件。趋吉避凶的风水观念，使客家人在阳宅屋场和阴宅墓地的建筑上多有讲究。这是客家人追求生命的生存和繁荣理念的

---

① 林国平：《闽台民间信仰源流》，第 332 页。

具体体现。

台湾学者陈怡魁在其著作《生存风水学》中归纳出了"九大风水宝地"：(1)冲积扇平原，(2)盆地，(3)依高地而居，(4)依水源而居，(5)绿洲，(6)河阶台地，(7)湖中沙丘，(8)二河交会处，(9)海滨住地。客家人在多年的艰难困苦的迁徙岁月中，从生活的经历中，体验出如何应对周遭的环境生存下去。他们在山河大地之间，挑选一处适合人类生存的环境，并且好好利用这一有利的环境，积极奋斗，努力不懈，使常居此地的后代健康、平安、兴旺、成功。其选地有口诀："乾山乾向水流乾，乾峰出状元；坤山坤向水流坤，富贵永无休。"如台湾屏东客家村。屏东平原大武山孕育了终年潺潺的流水。1683年清政府统一了台湾，福佬客家先民入垦屏东平原。客家人沿东港溪和林边溪深入山下开垦，乾隆年间（1736～1795年）客家再涉下淡水入垦今高雄的美浓镇。从六堆地区客家人的聚落调查发现，客家人离不开水，而且客家聚落也都在"九大风水宝地"之上。美浓有大埤，浓弥着水雾。内埔有东港溪和龙颈溪大小河川环抱，河边树林密布在方围之内为埔，故名之为"内埔"。佳冬乡有林边溪流，旁有高大的茄冬树，后才改乡名为吉祥的"佳冬"。新埤有新的埤塘。东港溪由内埔流入万峦乡，沿着河岸开发了头沟水、二沟水、三沟水、四沟水、五沟水的客家聚落。我们在台湾六堆地区走访客家聚落，居民都是选在风水宝地之上，而且都以水边高地为开发的据点。这些客家聚落的形成，符合风水选址观念中的"龙穴宝地"，与西方人文地理学探讨的"聚落发源地"不谋而合。客家先民的这种选址，印证了《撼龙经》所谓的"大水与小水相交之处，乃真龙之行，真穴之址"。[1] 客家聚落建筑重视风水，先求生存，然后才力求繁荣。他们重视大自然形势与人居合而为一的法则，追求个人家族的生存安居，而非偏重于追逐荣华富贵的功利的风水。在客家人踏实的人生体验中，表现出"风水好不如心地好，未得地，当积德以求之；已得地，当积德以培之"的心态。从中可以体会出客家人为求生存的生命哲学：一是择吉而居，二是努力不懈，三是积极向善。《老子》曰："上善若水。"

在客家，规范的土楼建筑前必建一口池塘，一个半圆形的池塘，远远看去就像是倒映在地面上的半月，十分美观。客家人称池塘为"风水塘"，认为"塘之蓄水，足以荫地脉，养真气"，所以，池塘有养人蓄财的寓意。对于注重聚族而居的客家居民来说，门前有塘至关重要。同时，客家人对水的运行很讲究，往往是池塘两侧

---

① 曾喜城：《台湾南部六堆客家传统民宅建筑与江西派风水关系之研究》，载罗勇主编《"赣州与客家世界"国际学术讨论会论文集》，第165页。

有沟渠，以形成活水，是典型的风水塘。客家人认为，门前的池塘越大，家族储积的财气就越旺，出的人才越多。而且，池塘的功能还有很多，比如生活用水方便，还可以游泳，最重要的是满足安全防火的需要，若遇火灾，风水塘就成了救命塘，还可以养鱼，到了夏天有凉爽的过塘风，等等，这些都是实际生活的需要。

永定客家土楼中的振成楼，因其奇特巧妙的建筑设计，科学完整的功能设置，中西建筑的完美结合，精雕细琢的制作功夫，丰富的文化内涵，被誉为"东方建筑明珠"。振成楼内的设置不仅实用而且很美观。天井中有两个小花圃，楼内的东西两侧设有两口水井，是依八卦图中的阴阳太极而设，代表日月。最让人赞叹的是，东西两口井的水位高低不同，东高西低，而且水温也有所不同，但井水都清凉可口，取之不尽，用之不竭。也有人说，对应的两口水井，如人之两肾，藏精蓄水，以使楼房兴旺发达。

从更广的视野看，客家人非常尊崇妈祖，海内外凡是有客家人聚居的地方，就有妈祖信仰。而且，人们对妈祖的信仰已远远超出了消灾纳福的意义，他们把妈祖看作中华民族传统文化的载体，当作寻根问祖的纽带，天后宫（庙）成为朝拜、谢神、集会的中心，成为不忘祖根、思念家乡的场所。人们对妈祖的信仰蕴含了深刻的民族向心力和民族认同感。客家人的妈祖崇拜包括水崇拜是传承千年的信仰，早已深深浸入了客家人的血脉。

第七章　定光古佛在，护佑客家亲
——客家定光佛崇拜

定光佛崇拜，或称定光古佛崇拜，是具有客家地区特色的民间信仰，有很大的影响力，有人称定光佛为客家保护神。

佛教有过去、现在和未来三世说，有三世佛。燃灯佛修过去为过去佛，为释迦牟尼佛之前的佛，地位尊贵；如来佛主修今生，是现在佛；弥勒主修未来，为未来佛。许多供奉竖三世佛的庙宇，往往在正殿——大雄宝殿中供奉燃灯佛（左侧）、释迦牟尼佛（正中）、弥勒佛（右侧），代表过去、现在、未来三世。

关于"定光古佛"之名，在佛教经典里，定光佛即然（燃）灯佛，又叫定光如来、普光如来，是过去庄严劫中所出世的千佛之首。燃灯佛是佛教过去世的教主。佛经里说他出世时，周身放光，身边光明无量，犹如点燃巨灯一般，所以叫他燃灯佛。因其点化释迦菩萨而成佛果，当九十一劫时，将转世普度众生。《大智度论》曰："如然灯佛生时，一切身边如灯，故名然灯太子，作佛亦名然灯，旧名锭光佛。"《瑞应本起经》卷上载："锭光佛时，释迦菩萨名儒童，见王家女曰瞿夷者，持七枝表莲灯，以五百金钱买五茎莲奉佛。又见地泥泞，解皮衣覆地，不足乃解发布地，使佛蹈之而过。佛因授记曰：'是后九十一劫，名贤劫，汝当作佛，号释迦文如来。'"关于燃灯佛授记故事，佛经中没有专门的经典，多分散记录在各种三藏经典里。综合各种记载，其故事梗概如下：

释迦曾为一梵志（仙人），名儒童子（亦名云童子、善慧童子），跟从珍宝学道，尽得珍宝真传。学成后为报师恩，出外寻找宝物。一日，他来到了输罗波城，恰逢一婆罗门祭祀德在这里召开无遮大会，用贵重财物和自己的女儿布施才识渊博的婆罗门。儒童子诵出自己所学，令众人折服。此婆罗门便将所布施的物品交给儒童子，并要求他留在这里。但儒童子仅受下了金瓶、金钵及五百金钱，并且辞别众人，回山去见师父。途中，经过莲花城，正好碰上燃灯佛前往该城游化说法。他从一青衣王族女子手中买了一枝七茎莲花。见到燃灯佛后，他将花散在空中以作供养。他又发现地面有一滩污水，心想佛是赤足行走，这污水一定会弄脏了佛的双脚。于是将自己的鹿皮衣铺在燃灯佛将走过的泥地上，但皮衣面积不够，就顿发大心，亲身扑在地上，还用自己的头发，铺在污水上面，等着燃灯佛从他头发上走过去。燃灯佛从他的头发上走过，并为儒童子授记预言他来世将作佛，名释迦牟尼佛。儒童子得到授记，身心清净，腾空于燃灯佛前，欢喜无限。然后降落于地上，顶礼佛足，愿随他出家。这一世后，又经过许多世的修炼，他最终成佛。

丁福保《佛学大辞典》"定光"条曰："（佛名）梵名提洹羯佛，Dipamkara，译言锭光佛或然灯佛。有足曰锭，无足曰灯，作定非。释迦佛尝称为儒童。此佛出世之时，买五茎之莲奉佛，因而得未来成佛之别记。"又《过去现在未来因果经》卷一说："今我女弱，不能得前，请寄二花，以献于佛。""借花献佛"后来逐渐成为人们常用语。

民间宗教世界又把燃灯佛比作老子化身，掌握青阳期；释迦佛掌现世之红阳期；弥勒佛掌未来之白阳期。每期为一劫，又称青阳、红阳、白阳三劫，分别度人二亿、二亿及九十二亿。清代初年问世的《三教应劫总观通书》中形成了如下内容：世界是过去、现在、未来三佛轮管天盘。过去者是燃灯佛，管上元子丑寅卯四个时辰，度道人道姑，是三叶金莲为苍天；现在者是释迦佛，管中元辰巳午未四个时辰，度僧人尼僧，是五叶金莲为青天；未来者是弥勒佛，管下元申酉戌亥四个时辰，度在家贫男贫女，是九叶金莲为黄天。

可见，"定光佛"名称由来已久。

随着佛教的发展及其影响的扩大，人们开始相信定光佛转世普度众生的传说。于是，民间开始把一些神奇人物传说成定光佛转世，甚至官方也如此。北齐文宣帝高洋有一种特殊的操作，他把自己打扮成燃灯佛授记里"布发掩泥"的修行菩萨儒童即释迦牟尼的前世。多种文献记载，高洋视高僧法上为佛，自己布发于地，让法上践之。另据史载，宋朝有人鼓吹宋太祖是定光佛转世，以此来争取民心，为赵宋王朝披上一层神圣的外衣。宋人朱弁在《曲洧旧闻》卷一中说道："五代割据，干戈相侵，不胜其苦。有一僧，虽佯狂而言多奇中。尝谓人曰：'汝等望太平甚切，若要太平，须待定光佛出世始得。'至太祖一天下，皆以为定光佛后身者，盖用此僧之语也。"

在中国，定光佛地位特殊且崇高，定光佛信仰在很多地方都有，但认真分析，其所指截然不同，以致让人产生误解，一些研究者也常常将其混淆。

全国各地称"定光佛"的都是过去佛转世，但转到现世为何人，各地所膜拜的转世真身各有不同。闽西客家地区的定光古佛为俗姓郑名自严的泉州同安县人。在其去世后，闽西百姓收集其遗骨及舍利，"塑为真像"，顶礼膜拜，形成了客家地区独特的定光佛崇拜。

一、闽西定光佛简介

据考，现存最早的有关记载闽西定光古佛生平的文献为南宋文人周必大的《新创定光庵记》：定光，泉州人，姓郑名自严。乾德二年（964 年），驻锡武平南安岩，淳化二年（991 年），别立草庵居之，景德初，迁南康郡盘古山，大中祥符四年（1011 年），汀守赵遂良即州宅创后庵延师，至八年（即大中祥符八年，1015年）终于旧岩。① 周必大对定光古佛生平的描述比较简略，但清晰地勾画出定光古佛生平的基本轮廓，没有任何神话色彩，成为后世志书撰写定光古佛传记的蓝本。由于古代同安县属泉州府管辖，故文中说定光古佛为"泉州人"。

现存较早而且比较详细记载定光古佛生平和宋代定光古佛信仰的是《临汀志》。《临汀志》成书于南宋开庆元年（1259 年），由汀州知州胡太初修、州学教授赵与沐纂，是福建仅存的三部宋修方志之一。据胡太初、赵与沐的序跋可知，早在隆兴二年（1164 年）汀州就修纂了《鄞江旧志》，庆元四年（1198 年）又续修了《鄞江志》，《临汀志》是在这两部旧志的基础上编纂而成，"道释"部分的记载特别详细，其中《敕赐定光圆应普慈通圣大师》即定光古佛传就多达二千余字，既可以了解定光古佛的生平，也可以看出定光古佛信仰的产生和发展情况。

据张木森、邹文清考证，熙宁八年（1075 年），定光被追赐"定应"封号，这是其获得敕号的开始，沈辽创作《南安导师赞》，此诗是已知现存最早的定光赞诗。崇宁三年（1104 年），定光被敕封为"定光圆应"之际，有一个赞颂定光的诗文创作高潮，主要有《临汀志·定光传》中署名苏轼的《定光石佛赞》（应为黄庭坚之作）、黄庭坚《定光佛石松赞》，以及僧惠洪的《南安岩严和尚传》《南安岩严尊者传》《南安岩主定光古佛木刻像赞》《南安岩主定光生辰五首》，其中前两传是现知

① 开庆《临汀志》卷七《仙佛》，福建人民出版社，1990，第 164 页。

最早的、翔实的定光传记，是其后定光传记写作的蓝本。此外还有僧宗杲的《南安岩主赞》。

乾道三年（1167年），定光被朝廷累封至八字，据《元一统志》卷八"风俗形势"门引1198年所修汀州州志《鄞江志》（已佚）佚文"郡有三仙二佛"，及《临汀志·定光传》中"详《行实编》""《鄞江集》云"之记载，表明《鄞江志》应录有《定光行实编》，同时所编的《鄞江集》也应录有定光偈语，它们成为日后《临汀志·定光传》的基础。①

《临汀志》所载可以详细知道定光古佛的生平：定光古佛，俗姓郑，法名自严，同安县人。祖父仕于唐，为四门斩斫使，父任同安令。后唐同光二年（924年）郑自严出生，11岁时出家，依本郡建兴寺契缘法师席下。十七岁时游历江西豫章、庐陵，拜高僧西峰圆净为师，在那里盘桓五年后，告别圆净法师，云游天下。乾德二年（964年），来到武平县南安岩，见这里石壁陡峭，岩穴天成，遂结庵于此。景德初，应邀往江西南康（今于都县）盘古山弘法，住持禅院。三年后返回南安岩。大中祥符四年（1011年），汀州郡守赵遂良慕名延请郑自严到汀州府城，建寺庙于州府后供其居住，以便往来请教。大中祥符八年（1015年）正月初六圆寂，享年八十二岁，遗偈共一百十七首，其中二十二首乃亲笔所书。定光古佛去世后，百姓收集其遗骨及舍利，"塑为真像"，顶礼膜拜。②

对于定光佛的生卒时间，文献记载不尽相同，有一定分歧。福建师范大学历史系教授林国平在其《定光古佛探索》一文中总结，主要有五代说和元代说二种：

一是五代说。主张郑自严出生在五代时期的除《临汀志》的作者外，元代刘将孙、清代的杨澜及康熙《武平县志》、光绪《长汀县志》和民国《福建省志》等的作者也持此说，但在具体出生年上又有分歧。元代刘将孙在《养吾斋集》卷二十八《定光圆应普慈通圣大师事状》中承袭了《临汀志》中的郑自严卒于北宋大中祥符八年、享年八十二岁的说法。杨澜《临汀汇考》卷二对郑自严的出生年说得比较含糊，但认为其为五代时人是很明确的："南唐保大年间，宁化天华山伏虎禅师诞生其地，为居民叶千益之子。生时天为雨花。同时，定光佛亦来武平，为白衣岩主，汀郡沙门，一时称盛。……伏虎、定光，生为汀人，没为汀神，救旱御兵，至今崇祀。"而福建方志多记载定光佛卒于宋淳化八年，如康熙《武平县志》卷九

---

① 张木森、邹文清：《"南安岩定光佛"文献初步研究》，载闽西客家联谊会、龙岩市政协文史和学习委《定光古佛与客家民间信仰》，2008，第114～115页。

② 开庆《临汀志》卷七《仙佛》，第165～166页。

《人物·方外志》和光绪《长汀县志》卷二四《人物·仙释》有完全相同的记载："淳化八年，师寿八十有二，正月六日申时集众而逝，遗骸塑为真像。"民国《福建通志》卷二百六十三《宋方外》："自严本姓郑，泉州同安人，沙门家所称定光佛是也。年十一出家得佛法，振锡于长汀狮子岩。乾德二年，隐于武平县南岩。……淳化八年，坐逝，年八十有二，赐号定应。"而《福建高僧传·宋一》也记载："郑自严于淳化乙卯正月初六，集众曰：'吾此日生，今正是时。'遂右胁卧而化，谥曰定光圆应禅师。"但宋代淳化年号只使用五年，并不存在上述各志书提到的"淳化八年"之说，也无《福建高僧传》所说的"淳化乙卯"年。"淳化八年"和"淳化乙卯"年很可能是"大中祥符八年（乙卯）"之误。另外，王增能先生据武平《何氏族谱·序》的"北宋乾德二年（964年），郑自严卓锡武平南安岩，时年四十八岁"的记载推算，认为"公元917年为定光古佛诞生年，确属明白无误"。①

二是元代说。《元至治自严尊者碑》："略曰：自严尊者，元仁宗时曾应诏入都，灵异卓著。南归杭州，遇山出蛟，以帝赐金钟覆之。入闽，喜此岩有'一峰狮子吼，万象尽归依'语，启道场，敕赐藏经。尊者接诏归，有句云'九重天上恩纶赐，顺得昙花满路香'。旋示寂于杭。闽人塑遗像于寺及岩中。"清末丘逢甲见到此碑后，认定定光佛是元代人，并言："今所传宋封定光圆应大德普度古佛者，当元仁宗而讹。"

中国古代尤其是宋代，地方神明追封敕号蔚然成风。据《临汀志》引《行实编》记载，郑自严获得朝廷的八字敕封也并非易事，前后花去近百年的时间，请封过程如下：

宋熙宁八年（1075年），郡守许公尝表祷雨感应，诏赐号"定应"。宋崇宁三年（1104年），郡守陈公粹复表真相荐生白毫，加号"定光圆应"。宋绍兴三年（1133年），虔寇猖獗，虔化宰刘仅乞灵于师，师于县塔上放五色毫光，示现真相，贼遂溃。江西漕司以闻，绍兴二年（疑为"三年"之误）嘉"普通"二字。宋乾道三年（1167年），又嘉"慈济"，累封至八字大师。民依赖之，甚于慈父。……宋绍定三年（1230年），礦寇挺起，干犯州城，势甚炟炟，师屡现灵。贼驻金泉寺，值大雨，水不得渡。晨炊，粒米迄不熟，贼众饥困，及战，师于云表见名旗，皆有草木风鹤之疑，遂惊愕奔溃，祈求乞命。汀民便生，皆师力也。宋嘉熙四年（1240年），州人列状于郡，乞申奏赐州后庵额，有旨赐额曰"定光院"。续又乞八字封

---

① 王增能：《谈定光古佛——兼谈何仙姑》，载《武平文史资料》第八辑，1987。

号，内易一"圣"字，仍改赐"通圣"，遂称"定光圆应普慈通圣大师"。[1]

关于敕封，还有一个民间传说：宋朝有个"狸猫换太子"的故事，宋仁宗是主角，因宫廷之争，他出生后一直以为刘太后是其生母，后来才知自己没见过生母，生母早已归天。他十分想见生母一面。定光佛施行法术，让宋仁宗与其生母李太后见面。宋仁宗大喜过望，遂给定光封号，连封数次，让他选择，定光就是默默无语。宋仁宗笑了："你这个和尚怎么不说话？你呀，真乃古佛也。"郑自严随即谢恩。据说，"定光古佛"之称由此而来。

历史上对定光古佛的赞美诗文不少。

福建地方史专家林国平教授在其《定光古佛探索》一文中说："值得注意的是，定光古佛去世后，许多文人士大夫也纷纷撰写诗文，盛赞定光古佛，志称：'名公巨卿，大篇短章，致赞叹意，无虑数百篇。'"[2]其中以大文学家苏东坡的赞词最为有名，他写道：定光古佛，不显其光，古锥透穿，大千为囊。卧像出家，西峰参道，亦俗亦真，一体三宝。南安石窟，开甘露门，异类中住，无天中尊。彼逆我顺，彼顺我逆，过即追求，虚空鸟集。驱使草木，教诲蛇虎，愁霖出日，枯旱下雨。无男得男，无女得女。法法如是，谁夺谁与？令若威怒，免我伽梨，既而释之，遂终白衣。寿帽素履，发鬓皤皤，寿八十二，与世同波。穷崖草木，枯腊风雨，七闽香火，家以为祖。萨埵御天，宋有万姓，乃锡象服，名曰定应。

有专家则考证此文不是苏轼所作，而是黄庭坚所作。因为在苏轼集中找不到此诗，而在黄庭坚的《山谷集》中却有收录。

闽西学者吴福文提出一个观点："龙岩新罗江山镇被人供奉千百年的石佛公就是定光古佛。"这是新论点，影响很大。他指出神龛两边的对联"定力无比感昭有情；光照社稷庇护百姓"中藏头两字"定光"就是最好的证明，而且"宫内所祀石佛公有求必应，特别是新婚夫妇到那拜上一拜就能早得贵子，而许多汽车司机更是把它奉为保护神，每年正月初六都要前往许愿，以求平安"。这些特征正是定光古佛佛法无边的佐证。[3]

笔者在调研中曾发现不少地方有石佛崇拜。比如连城北团的石丰村就有石佛，又称布袋和尚的传说。石丰村位丁鸡笼山下，此处属于丹霞地貌，村中有巨石，当地人称"杠槌石"，因其形状与杠槌相似故称。杠槌是客家人一种日常工具，用硬

---

① 开庆《临汀志》卷七《仙佛》，第 165～166 页。
② 开庆《临汀志》卷七《仙佛》，第 165～166 页。
③ 吴福文：《掀起你的盖头来——石佛公神灵及其信仰剖析》，《闽西日报》2001 年 11 月 9 日副刊。

木做成，长条，扁圆，手握处较小，是过去客家人在溪河、水渠边洗衣服时用来捶打衣物的工具。以前的衣服、被子都是棉布、麻布制成，厚重粗糙，不容易搓动，为使衣服能洗干净，就要用木棍反复捶打。"杧"这里暂且用谐音字，客家话中的"杧"是动词，意思是"用力打"。平时说到谁很坏，就说"杧死他"，即往死里打。现在年轻人已不太理解。

村民向笔者介绍说，这里的祖辈有个杧槌石传说。说的是石佛公（布袋和尚）要用雨伞背着巨石出福州，为了避人耳目，他是昼歇夜行。途经石丰，当地的土地公为了让石佛公将巨石留于此地，便学鸡叫，让石佛公错以为天将放亮。石佛公果然中计，将巨石放下歇脚。土地公于是现身，恳求石佛公将巨石留于此地，说要以此培育千军万马，让此地能出现称王称帝之人，荣耀一方。石佛公看到自己的行藏被人识破，巨石只能在此落地生根了，很是无奈。但他对土地公说，巨石给你留下，不过你这地方小，格局不大，怎么能够出千军万马、帝王将相呢？还是出千砖万瓦吧。于是石丰村就有了挺拔壮观的巨石，因其形状民众称为杧槌石。同时，也因石佛公之言，此地的黄泥土特别适合烧砖烧瓦。曾经有一个时期，这里到处都是砖瓦厂，出产大量的砖瓦。没有"千军万马"之名，倒有"千砖万瓦"之实。

北团镇与长汀的童坊接壤，童坊的龙藏寨是定光古佛的驻锡地。从石佛公走的线路看，来的方向正是童坊方向。那么，石丰的布袋和尚即是石佛公，也正如吴福文所言"石佛公就是定光古佛"。

二、闽西客家定光佛信仰的形成与发展

关于从平民到"圣人"、从凡人到万人膜拜的定光古佛，有许多传说。清代著名学者杨澜在《临汀汇考》书中记载："定光古佛，汀州土神最灵者，非淫祠也。"古时闽西地区属于蛮荒之地，野兽出没，自然灾害频发。客家先民希望有超自然的力量消除恐惧、渡过难关，无形中推动了定光佛的造神运动。定光古佛在世时，民间就流传着许多有关他的传说，这些传说基本上是表现他的神通广大、法力无边、为民除害、送民吉祥、修利除弊等方面。定光古佛在世时曾为百姓做了一些好事，受到群众的爱戴，被称为"和尚翁"。

1. 除蛟伏虎

宋修《临汀志》载："渡太和县怀仁江，时水暴涨，彼人曰：'江有蜃为民害。'师乃写偈投潭中，水退沙壅，今号龙洲。""乾德二年届丁，之武平，睹南岩石壁峭

峻，岩冗嵌崆……数夕后，大蟒前蟠，猛虎旁睨，良久，皆俯伏而去。""淳化间，去岩十里立草庵，牧牛，夜常有虎守卫，后迁牧于冷洋径。师还岩，一日倏云：'牛被虎所中。'日暮有报，果然。师往彼处，削木书偈，厥明，虎毙于路。"[1]民国《武平县志》载："南归道杭州，遇山出蛟，以帝赐金钟覆之。"[2]

2. 疏通航道

相传景德初定光古佛应邀到江西南康盘古山弘法，经过某一条江河时，江中布满槎桩，船只常常触桩而沉没，定光古佛用手抚摸着槎桩，说道："去，去，莫为害！"当天晚上，天未下雨而江水暴涨，槎桩均被江水冲走。

3. 施法出泉

定光古佛到了盘古山后，发现井水枯干，禅院缺水，遂用禅杖敲井沿三下，说道："快出，快出！"到了晚上，落泉溅崖之声不绝于耳，天明，井水涌而满溢。

又传大中祥符四年（1011年），郡守赵遂良结庵州后，请定光古佛住持，庵前有一枯池，定光古佛"投偈而水溢，今名'金乳'"。

4. 法力无边

传大中祥符初年，"有僧自南海郡来，告曰：'今欲造砖塔，将求巨舰载砖瓦，惠州河源县沙洲有船插沙岸，无能取者，愿师方便。……'师乃书偈与僧，僧持往船所，船应手拔"。[3]

在《临汀志》中还记载了一个故事：相传宋真宗有一次在京都宴请全国高僧，而在皇帝面前无人敢就座。定光古佛姗姗来迟，进殿后就大大方方地坐在皇帝的对面。宋真宗感到惊讶，问道："大师从何处来？几时起行？"定光古佛答道："今天早上从汀州来。"真宗不相信，又问："汀州太守是谁？"答道："是胡咸秩。"宴毕，真宗故意叫定光古佛带一些斋饭赐给胡咸秩。斋饭带到汀州时还没变质，胡咸秩惊诧万分，上表谢恩。真宗接到胡咸秩的表文后，才相信定光古佛非等闲之辈，称之为"现世佛"。

定光佛的法力还显示在祈雨请雪上：大中祥符四年（1011年），汀州久雨不晴，郡守赵遂良请定光古佛搭台祈晴，获应。不久，又发生旱灾，郡守胡咸秩遣使到南安岩请定光古佛祈雨，定光古佛写一偈语给来使带回汀州，刚进入汀州境内，大雨倾盆，是年喜获丰收。

---

① 开庆《临汀志》卷七《仙佛》，第164页。
② 民国《武平县志》卷二十《古迹志·金石》，第462页。
③ 开庆《临汀志》卷七《仙佛》，第165页。

清康熙《武平县志》卷三《建置志·祠庙》有载："均庆寺：岩前里。定光道场。大中祥符四年，敕赐均庆寺护国禅师。转运王赞行部过岩，以雪请，果大雪，乃奏福州开元寺所得太宗御书百二十幅，奉安岩中。诏可，仍命郡守胡咸秩躬护至寺。"①

定光佛的法力还显示在民间传说筑陂故事上：相传某地筑陂，因水流湍急，久而不能合拢。一天，一位老太婆给筑陂的女儿送饭，正好遇上变化成乞丐的定光古佛向她乞食。老太婆将筑陂事及家中困苦状一五一十告诉他，对他的乞食面有难色。定光古佛拖着沉重的步伐走开了。老太婆见他饿成这个样子，忽动恻隐之心，将所有的饭菜施舍给他。定光古佛吃完后，来到水陂，叫众人走开，即脱下草鞋，甩向垄口，弹指间水陂合拢，且十分牢固，经久不毁。

武平梁野山上的古母石以及白云寺的传说也显示定光古佛的法力。白云寺的庙址在风水上属于"兔子回龙"的龙脉，相传定光古佛在梁野上弘扬佛法时，住在梁野山顶的庵岩。有一天中午睡觉前，他特地交代徒弟要看住，说如果有什么东西路过要叫醒他。他睡后不久，徒弟见到有一只狮子张开血盆大口走来，他吓得半死，不敢去叫醒定光古佛。过了一会，他又见到一只老虎呼啸而过，更是吓得不敢言。最后，他看见一只兔子蹦蹦跳跳跑过来，便连忙叫醒定光古佛，说是有一只兔子路过。定光古佛大喝一声，这只兔子便回过头停在那儿。这就是被称为"兔子回龙"的白云寺庙址。这里的地形，一面是古母石，面前则是一浪高过一浪的山脉。关于梁野山顶的古母石，传说定光古佛到西北山脚的箩斗坑化缘，财主不善，不仅不肯施舍，还叫家丁追赶定光古佛。定光古佛见村头有块镇水口的大石，用腰带捆石，以伞把钩石，背在身上，健步如飞上山，并把石头用气吹大后悬空，摇摇欲坠，好像大风一吹就会滚下山碾压箩斗坑村之势，令财主一伙心惊不已。从此，巨石立于梁野山顶，威示不善之人。

佛道之间的斗法也能显示定光佛法力，定光曾与何仙姑斗法。据传武平南岩狮子口本是道教八仙之一何仙姑家族的地盘。乾德二年（964年）定光抵岩募化，曰此地宜建禅堂。"仙姑时年二十有八，曰：'我生于斯，长于斯，静修于斯，我岂舍岩而他往耶？'一日，仙姑出观洪水，佛辄入岩中趺坐，大蟒猛虎皆盘伏。仙姑语（其父亲）何大郎。……大郎钦其神异，遂施岩为佛殿，地为均庆寺，宅宇为僧房，所有田、塘永充供养。"有学者认为这则故事包含着道教在先，佛教后到，佛道争地斗法，佛教得胜，道教服输的隐秘含意，也就是说，定光佛是经过与道教的艰苦

①　康熙《武平县志》卷三《建置志·祠庙》，第63页。

斗争后才在闽西站稳脚跟，受到敬信的。

5. 警示官府

咸平六年（1003 年），官府向寺院征收布匹，布匹则由当地百姓代交，定光古佛于心不忍，写了一封要求免征布匹的信夹在上交的布匹中。官府发现后，十分恼怒，拘捕定光古佛询问，定光古佛拒不回答，郡守欧阳公程和兵卒张晔愈怒，令人焚烧他的衲帽，可是火烧尽了，衲帽却依然如故。郡守怀疑他是旁门左道，于是用狗血、蒜姜等辛辣物泼其衲帽后再烧，但衲帽越烧越白净，最后只好把他放了。从此以后，定光佛"自是白衣而不褐"。

6. 赐嗣送子

古人的赞词中有称祈求定光古佛可"无男得男，无女得女"。

《定光大师来岩事迹碑》记载："宁化余某，求嗣立应。后夫妇抱子齐来叩谢，距岩二十里，子忽毙。余夫妇敬心不改，把子暂寄荒岭，仍亲到岩。致斋毕，乃归，视子坐食馒头，遂尽舍财产入寺。今其岭犹传'寄子'云。"

古代，人们尤其是客家人对家族的繁衍很重视，求子成为民间故事传说的一个重要内容。据《临汀志》载，武平南安庵院是定光古佛于大中祥符年间（1008 ～ 1016 年）亲自创建的。长汀距武平南安岩三百里，往来不便。元祐年间（1086 ～ 1094 年），定光古佛在长汀县东南三里另创南安庵院为郡人祈禳之所。绍兴年间（1131 ～ 1162 年），长汀郡守詹尚方有营葺长汀南安庵院之意，忽有乡民叶姓者到县衙来，说是曾梦见一个和尚携节叩门，告诉他："郡守有意修葺南安庵院，如果你能施舍木料，将使你有子嗣。"醒来告诉妻子，梦也应验了，所以前来施舍木料以为营葺之用。《闽杂记》还记录了"无子者"抢"佛子"的生动情节："长汀县向有抢佛子之俗。每年正月初七日，定光寺僧以长竹二竿悬数十小牌于杪，书伏虎佛虎，无子者群奉之而行，自辰至酉，咸以长钩钩之，一坠地纷然夺取，得者用鼓乐迎归供之，以为举子之兆。"[1]

7. 息战惠民

《临汀志》"敕赐定光圆应普慈通圣大师"（定光古佛）条下记："绍定庚寅礦寇挺起，干犯州城，势甚炎炎，师屡现灵。贼驻金泉寺，值大雨，水不得渡。晨炊，粒米迄不熟，贼众饥困。及战，师于云表见名旗，皆有草木风鹤之疑，遂惊愕奔溃，祈求乞命。汀民便生，皆师力也。"又于"敕赐威济灵应普惠妙显大师"（伏虎

---

[1] 黄马金：《闽西客家定光古佛的普遍信仰及传播台湾的探究》，载闽西客家联谊会、龙岩市政协文史和学习委编《定光古佛与客家民间信仰》，第 233 页。

禅师）条下记："绍定群盗犯城，多方保护，显大威力，师与定光实相叶赞。"李世熊《宁化县志》亦记："绍定间，礁寇犯郡城，守者每夜见二僧巡城戒勿懈，疑即师与定光也。"《定光大师来岩事迹》则记："国朝顺治三年，大图章京率兵至百里铺，见二僧云：'城即开，幸勿伤民！'明日，复从卧龙岭洒水。章京询悉，诣寺揭帐视之，知即定光与伏虎二佛也，命鼎新其宇。"

其他赞颂定光古佛法力无边、神通广大的故事还有许多，不一一列举。

三、闽西客家定光佛信仰的传播

地方信仰的传播往往是跟随着移民的脚步，跟着商旅者的脚步扩散到民众需求又合适其落脚的地方。定光古佛在世时就带有一定的神秘色彩，其影响不限于闽西，在江西和广东等地也有一定的影响，"自江以西，由广而南，或刻石为相，或画像以祠，家有其祀，村有其庵"①。郑自严圆寂后，很快被群众奉为神灵，尊称为"圣翁"。

1. 本省传播

从史料看，定光大师一直活动于闽西和赣南，并逐渐向外扩展。自北宋初至南宋末，以汀州为中心，定光佛信仰在闽西境内传播定型形成具有广泛群众基础的民间信仰后，辐射到赣南、粤东、闽西北等地。仅据《临汀志》所载，截至南宋，专门或主要崇奉定光佛的寺庙，武平县有南安均庆禅院、东山禅果院、南安廨院、定光堂，上杭县有东安岩，连城县有太平庵、东田石、白仙岩、广灵岩、定光庵，清流县有濑涌岩。汀州之外，同属福建西部而与汀州相邻的南剑州、建宁府等地宋代也已建有崇奉定光佛的寺庙。南剑州方面，沙县的洞天岩、西竺寺、瑞云岩旧时均供奉定光佛。沙县唐时曾属汀州，宋以后虽然自汀州划出，但与汀州关系仍然密切。名相李纲贬官福建，就同时兼任武平和沙县两地的职务。定光佛信仰因李纲之故自汀州传至沙县是很自然的事。所以这里所举旧时供奉定光佛的寺庙虽未必都建于宋代，但宋代沙县有定光寺庙则可断言。建宁府方面，崇安县的定光寺，旧名"园彻"，唐末建，宋时"赐今额。建安县则有南岩寺，宋建炎二年（1128 年）建。南岩寺是武平南安岩定光寺的别称，其知名度几与定光寺相等。建安县的寺院以

---

① ［宋］刘将孙：《养吾斋集》卷二十八《定光圆应普慈通圣大师事状》，上海古籍出版社，1987年影印文渊阁《四库全书》本，集部第 138 册，第 267 页。

"南岩"为名，疑因祀奉定光佛而得名。①

在汀州客家地区，专门祭祀定光古佛或与定光古佛有关的庙宇、古迹很多。如上杭县的回龙庵、东安岩、崇福寺、石陂庵等，连城县的滴水岩、定光庵等，永定县的镇龙塔、永丰堂、上老庵等，长汀县的定光院、定光堂、广福院、定光寺、定光庙、定光陂、狮子岩等，武平县的南安岩上记山寺、定光岩、定光陂、定堂庵、古佛道场、高云寺、延寿庵、龙虎庵、鸡笼顶寺、田荫寺、天门寺、云华寺等。其中，武平的岩前狮岩是定光古佛信仰的摇篮，又是定光古佛涅槃的圣土。学者刘大可则称："从寺庙古迹看，闽西客家地区专门祭祀定光古佛或与定光古佛有关的庙宇、古迹十分众多，以方志为载体，辅以田野调查和其他文献材料，祭祀定光古佛有出处的庙宇就有五十多处，而且这些庙宇主要集中在长汀、上杭、武平、永定四个客家县。"②

武平的岩前狮岩是定光古佛卓锡处及涅槃的圣土。明代曾任"钦差整饬汀漳等处兵备、分巡赣南道、福建布政使司右参政兼按察使金事"的顾元镜在其所撰《鼎建岩城碑记》中如此赞道："岩前洞为定光禅师卓锡处，翠嶂丹崖，四围如抱；中忽另辟一境，延袤可数千顷，而青涧萦纡，随方合局，不假疏凿。天若预设此以待人缔构者，盖福地亦旺地也。"③

定光佛信仰古已有之。其转世为肉身后，各地所提定光佛就有所不同，需要认真考证。

研究者黎晓玲就曾著文探讨闽北建瓯南雅定光院的问题。"其实，在闽北也有定光佛信仰。且那里的定光佛不同于闽西，其原型并不是被汀州民众神化的郑自严，而是长耳定光佛。沙县洞天岩建有老佛庵，庵旁岩石上雕刻着定光古佛的睡像，俗称'灵岩睡像'。洞天岩还'有长耳佛像，水旱祷，著灵迹'。可以看到，与闽西不同，闽北的定光古佛的特征是长耳，而这并不是闽西定光佛所具有的特征。更特别的是，在今天建瓯一带所祀奉的定光佛是一位身着红肚兜盘着腿的长耳孩童，据庙祝解释，这是因为定光佛七岁成佛，因此其形象也是七岁孩童。闽西的定光佛十一岁出家，在其七岁时，并没有特别的事迹。这更可以证明，闽北的定光佛与闽西定光佛所指并不是同一个人。"作者认为，这个长耳定光佛另有其人，是《宋高僧传》中记载的一位长耳和尚"释行修。俗姓陈。泉州人也。少投北岩院出

① 参见谢重光：《闽台客家社会与文化》，第 75 ～ 86 页。
② 刘大可：《关于闽台定光古佛信仰的几个问题》，《客家》1994 年第 4 期。
③ 康熙《武平县志》卷十《艺文志》，第 237 页。

家。小心授课，诵念克勤。十三削发"。

那么，为什么建瓯南雅定光院的庙祝却称定光佛来自汀州，而介绍过程中又夹杂七岁成佛的故事，让人丈二和尚摸不着头脑呢？因为，长耳和尚行修并不是本地的地方神，闽北人民对他也不是特别了解。随着时间的推移，已经很少有人知道闽北深山中定光院里祀奉的究竟是何方神圣。不过，在定光寺里还保留着两块碑记，从中可以获悉此定光院大致的历史。碑记称定光院始于何年未得确考。父老相传最早为南雅张厝坟墓，后因定光佛显灵，始建小庙一座，供奉定光古佛。清咸丰元年（1851 年）进行第二次重建，而后香火旺盛，成为南雅主庙之一，定光佛亦为南雅权威之佛。重建之后，迎佛仪式庄严隆重，南雅本籍人士通为集资值事；居住南雅的福州籍民众负责戏文唢呐、彩装銮驾；汀州籍民众负责三眼神铳，鸣锣开道；江西籍民众负责自街到殿布帛遮蓬。一路香灯叩拜，十分壮观。

在咸丰之前，此定光院早已存在。但当时只是一座小庙，在当地并没有受到特别重视。咸丰元年（1851 年）第二次重建之后，定光佛成为当地的权威之佛。从碑记中我们可以知道，重建之后隆重的迎佛仪式是由移民到南雅的各地民众共同参与的，其中就包括汀州籍的移民。因此，建瓯南雅的定光院极有可能是在他们的要求之下重建的。而明清时期闽西的定光古佛郑自严已经成为福建最著名的定光佛。由于汀州民众所信仰的定光佛是闽西的郑自严，他们理所当然地认为建瓯南雅原有的定光佛就是闽西的定光佛。流传日久，当地民众也就认为此定光院的定光佛来自闽西。①

不过，清人刘登《重建三宝殿碑记》云："按《湖壖杂记》：'佛名行修，耳长数寸。吴越王于梁开平时，据两浙之地，佛携瓢适至。永明禅师告之曰："'此长耳和尚，定光古佛应身也。'"是定光之号，五代时有之，不自宋昉也。而宋因灵异加尊焉。"②

这是定光佛信仰在传播中最有特色的故事，其中蕴含了很多信息，值得研究者深思。

2. 传播内地

闽粤赣三省交界处是客家人的聚居区，山多田少，生计艰难。由于相对闭塞，较为安定，故人口逐渐增加，而耕植所获，不足供应，客家人乃思向外发展。适

---

① 黎晓玲：《闽北定光佛信仰的传入及演变——以建瓯定光佛信仰的个案为主要考察对象》，《客家》2008 年第 1 期。

② 民国《武平县志》卷二十一《艺文志下》，第 514 页。

逢清政府于康熙年间（1662～1722年）发起"移湖广，填四川"的移民运动，于是，客家人大量入川。客家人将客家文化带到了巴蜀大地。他们聚居丘陵地带，形成了一个个客家聚落。民国以前，每年农历三月三，成都、崇州、邛崃一带，都还保留着一个抢童子的习俗。木刻的童子共十二个，人们相信抢得童子者可生育。值此日，参加抢童子者成百上千，观众数万。程序则为先唱川剧《仙姬送子》，戏毕抛出童子，台下激烈争夺。抢得童子者便将之送给事先约定的求嗣者。主家迎童供奉，设宴酬谢宾客。

四川冲相寺摩崖石刻造像，更是四川人信奉定光古佛的一个明证。肖溪古镇冲相寺后的石崖上，隋开皇八年（558年）流江郡守袁君等人刻造定光佛像，唐初赐额"定光古佛道场"。摩崖石刻分四层，正中为定光古佛，俗称"太阳菩萨"，高四米，背饰日月佛光，呈坐式，双眼平视，庄严凝重。[①] 这个材料说明定光古佛崇拜早已有之，不过，若与闽西传入的客家定光佛信仰并提，则容易让人产生误解，毕竟两者不是一回事。

3. 传播台湾

定光佛信仰向台湾的传播是比较典型的。明末清初开发台湾的移民中，来自闽南、潮汕、梅州、汀州的人为数不少，因台湾土地肥沃、气候适宜农耕，对地少人多的闽南、潮汕、梅州、汀州有很大的吸引力，前往台湾耕植形成气候。大多数客家人留恋故土，故候鸟式的迁移比较多。清朝统一台湾后，施琅实施的政策不利候鸟式民众，故客家人逐渐减少而闽南人渐为主体。尽管台湾土地肥沃，但开发之初，垦殖台湾的移民，不仅面临遍地荆棘丛生、蛇虫出没、水利设施几乎空白的局面，还要面对与当地原住民之间的流血冲突，以及各种天灾人祸的威胁。在这种情况下，感到软弱无助的闽南及客家的先民们，往往祈求神明的庇佑。于是人们把自己家乡本土之神请到了台湾祭拜，立起了座座寺庙庵堂。

当时从汀州府渡台的移民，便把流行闽西的定光佛信仰带到了台湾。因此，台湾定光佛的信徒以古汀州所辖八邑，即永定、上杭、长汀、武平、连城、宁化、清流、归化的客家人为主，很少有其他地方之人。

据台湾学者江彦震考证，在台湾现今仍保存的定光佛庙仅有两座，一是彰化定光佛庙，另一则是淡水鄞山寺。彰化定光佛庙创于清乾隆廿六年（1761年），是由永定县籍的士民及北路总兵张世英等鸠金公建，初名定光庵，又称为汀州会馆，供

---

① 钟茂富：《纪念郑定光的由来》，载闽西客家联谊会、龙岩市政协文史和学习委编《定光古佛与客家民间信仰》，第268页。

奉汀州守护神定光，为一人群庙。其建筑规模与格局已不清楚，以后历经嘉庆、道光、咸丰三朝诸次修建，庙貌壮丽，拥有大笔地产，建筑规模成为两进两廊左右厢房的格局，并正名为定光佛庙。日本占据台湾之后，闽台居民不能自由往来，且该庙两边厢房已拆，丧失了会馆功能，成为纯粹的寺庙。庙的主神位为定光古佛，从祀佛童，陪祀李老君、城隍爷、福德爷及妈祖，右侧另设报功祠，祭祀历来捐建该庙有功信士，设有"汀州八邑倡议捐绅士缘首董事禄位"之长生牌位。其大殿之上，悬挂"济汀渡海"四字大匾，道出了台湾定光佛与汀州客家的情缘。庙内保留着四幅古联，其中一幅的上联为"古迹溯鄞江，换骨脱身，空色相乎圆光之外"。"鄞江"即发源于汀州的汀江别称，这更印证了台湾民众定光佛信仰的发源地就是汀州。[1]彰化定光佛庙也蕴含汀州移民来台开垦的特殊意义，是珍贵的历史文化古迹。

位于台北县淡水镇的鄞山寺，兴建于清道光三年（1823年），由张鸣冈等捐建，并由罗可斌施田以充经费。鄞山寺本来是要作为会馆之用，但其入门大殿却供奉一尊定光古佛。鄞山寺曾于咸丰八年（1858年）重修，同治十二年（1873年）再度重修。

鄞山寺是台湾清代中期寺庙的典型代表，是传统客家古建筑的代表作。鄞山寺目前仍然保持一百七十多年前的原貌，燕尾式屋脊曲线向上飞扬，构成一组丰富的天际线景观，脊上泥塑及剪粘精美可见。泥塑多为人物，剪粘则多为花草主题，丰富了屋脊之装饰。

泥塑的定光佛软身神像，神态安详庄严，栩栩如生。软身神像是以木料做成有关节的骨架，再敷上灰泥做成。这尊神像据说是从福建武平县岩前祖师庙中迎回的，十分珍贵。

鄞山寺外观虽然像庙，但事实上不是庙，它主要功能是地方会馆。因为汀州人来台的时间较晚，怕漳州、泉州人欺负，所以汀州人先集合在这里，演变成一个聚落。由于客家人生性团结，就一起出资盖了这个地方会馆，也就是临时的旅馆。若后来有汀州人来，可以临时居住在地方会馆，有了基业，他们就陆续迁出。会馆是循环过渡的地方。[2]

---

① 黄马金：《闽西客家定光古佛的普遍信仰及传播台湾的探究》，载闽西客家联谊会、龙岩市政协文史和学习委编《定光古佛与客家民间信仰》，第234页。

② 江彦震：《定光古佛在台湾》，载闽西客家联谊会、龙岩市政协文史和学习委编《定光古佛与客家民间信仰》，第59～63页。

四、福建三大民间信仰之比较

定光佛信仰、妈祖信仰和临水娘娘信仰，是福建三大民间信仰，它们之间既有共性，又存在差异。

（一）三种信仰的共性

1. 由人而神，民间产生，朝廷敕封

闽西客家的定光古佛信仰、莆仙的妈祖娘娘信仰、闽东的临水娘娘信仰，都是由人而神，在民间流传产生影响后，由朝廷敕封而后定型。

闽西客家的定光古佛，即自严法师最终被朝廷敕封为"定光圆应普慈通圣大师"，前后历经百余年。而且正如学者林国平先生所称："郑自严的八字封号有六字来自闽西官员的请封，有两字来自江西南部官员的请封，这种情形极为少见，说明在两宋时期，定光佛信仰主要在福建的西部、江西的南部地区流传。"[1]

妈祖本名林默娘，福建莆田湄洲人。宋太祖建隆元年（960 年）三月二十三日生。自幼聪颖，八岁读书，性好佛。十三岁遇老道士元通，授以要典秘法。十六岁观井得符，能布席海上救人。雍熙四年（987 年）九月初九日升化，时年二十八岁。从此，常穿朱衣，乘云气，巡游岛屿，受到乡里的爱戴，号为"海神"。

妈祖的敕封经历的时间较长。始封"灵惠夫人"，崇宁间，赐庙，额名"灵神"。元代天历年间（1328～1330 年），更额名"灵应"。元统二年（1334 年），加封"辅国"。至正年间（1341～1368 年），又加封为"感应神妃"。清康熙二十二年（1683 年），加封"天后"，并敕建祠原籍。雍正十一年（1733 年），御书"赐福安澜"，悬挂于福州南台庙宇，并命沿海各省，修祠致祭。自是崇奉日盛。据统计，自北宋徽宗宣和四年（1122 年）至清同治十一年（1872 年），妈祖共被褒封五十九次，封号达六十六字之多，成为"护国庇民妙灵昭应弘仁普济福佑群生诚感咸孚显神赞顺垂慈笃佑安澜利运泽覃海宇恬波宣惠导流衍庆靖洋锡祉恩周德普卫漕保泰振武绥疆天后之神"。

临水娘娘原名陈靖姑，生于唐中和二年（882 年），福建莆田人，生于福州。年十三，即从师许逊真君学习道法，三年学成归里，奉亲命适古田县刘杞公为妻。夫人本好生济世，救人厄难。开闽建国二年夏，闽垣大旱，禾枯树萎，民不聊生。

---

[1]　林国平：《定光古佛探索》，《圆光佛学学报》1999 年第 3 期。

夫人顺应民情，以怀孕之身奋然脱胎，临坛施法祈雨，事后归天，年方二十四岁。时人以其肉身于古田，立庙祀之。夫人芳年早逝而成神仙，又称为三山女神、临水陈夫人（太后）、娘奶。台湾民间尊称她为娘奶、注生娘娘、太后及三奶夫人等。传说陈靖姑能"扶胎救产，保赤佑童，治病驱邪，济世度人"，为妇女与儿童的保护神。

南宋淳祐年间（1241～1252年），朝廷封陈靖姑为"崇福昭惠慈济夫人"，赐匾额"顺懿"。由于得到朝廷褒封，陈靖姑由普通民间女神一跃而为钦定神明，大大推动了陈靖姑信仰的传播。雍正七年（1729年），陈靖姑被封为"天仙圣母"。相传道光帝后难产，皇帝祈求临水夫人相助，后果然灵验。道光帝遂连呼"临水夫人真乃朕的再生父母"，陈靖姑因此被称为"太后"。咸丰年间（1851～1861年），又被加封为"顺天圣母"，封号几近妈祖。在闽台女神信仰中，一向有"海上妈祖，陆上陈靖姑"的说法。

从上述史料还可以看出，闽西客家的定光古佛的敕封仅限于宋代，之后则无再加封，而莆仙的妈祖娘娘、闽东的临水娘娘的封号一直延续到清代，且层层加码，成为至高无上的"天后娘娘""天仙圣母"。

2. 宗教归类的模糊性及法力扩展全能化

中国文化背景下的信仰有自己的特点。它没有单一的神，带有泛自然的倾向。而且，对神明的认识也具有模糊性。民间信仰中只有神灵的概念而无宗教概念。信徒们一方面没有专业的知识去区分哪一尊神是属于哪一种宗教的，而且对他们而言，这种区分也没有意义。他们面对这些自己创造的信仰对象，在宗教认识上、在举行的祭祀仪式上，没有太多计较属于佛还是道。对这些香客信徒来说，一言以蔽之，"敬神"而已。其实这种心态的广泛存在有着深刻的历史根源和现实依据，与我国传统文化，尤其是长期以来君主专制对民众提出的"无条件的敬畏"的要求，和当时社会现实都有着紧密的联系。

往往，这些由人而神的信仰，其法力都会在后来的传播中扩大，形成万能神。其后的功能大多是人们追加的，一是追加本地的事迹，让人们有亲近感，增加可信度；二是追加与皇族相关的事迹，让人们有崇高感，增加神秘性。比如，定光古佛信仰传至江西、闽北、台湾，人们以当地的故事来宣扬他的法力；妈祖信仰传至闽西永定、长汀，人们也以当地的故事来宣扬妈祖的法力。陈靖姑信仰则增加了与清代皇室的故事。

（二）三种信仰的差异性

1. 地域性产生的差异

首先是人物来源的差异。

妈祖、靖姑都是当地人氏。陈靖姑虽为莆田人，但生于福州，嫁入古田，其神迹就在她诞生、生活的区域。妈祖娘娘则是莆田湄洲屿人。两位女性都出自莆田，这与被称"东方犹太人"的莆仙人习惯外出经商的习俗是否关系密切？定光则来自泉州，非本地人氏。

其次是传说事迹的区域特色。

陈靖姑斩蛇，与闽东北多蛇有关，而蛇在民间称小龙，斩蛇而天降雨，解除旱情，造福民生。妈祖诞生地湄洲岛与大陆之间的海峡有不少礁石，常使渔舟、商船遇难。能"乘席渡海""预知休咎事"的林默娘，洞晓天文气象，熟习水性，为人们化解灾难，被称为"神女""龙女"。而诞生定光佛信仰的闽西，地处山区，古代多猛虎，加之群山峻峭、河水湍急、水利不便，涝时洪水泛滥，庄稼被毁；旱时土地龟裂，颗粒无收。这对于客家人的生存是巨大的威胁。故而，定光古佛的传说与这种生存环境有关。

定光古佛最出名的事迹就是"定光陂"。长汀县十里铺，田高水底，民众靠天吃饭，雨水多时则五谷丰登，年成不好则有种无收。定光经过此地，心生善念，动了恻隐之心，在一天夜里，将海螺墩上的巨石一块块像赶一群野猪似的往十里铺上赶，一夜功夫，一条石陂从斜刺里横卧在江上。人们歌颂定光为民筑陂造福的功绩，于是将这座陂命名为"定光陂"。

"和尚圳"是其第二个有名事迹。长汀县陈坊里游行渡一带，无水浇灌，禾苗枯萎。民众开圳引水，却遇名叫"仙人挂鼓"的大石壁，无法打通。定光化缘路过，用手中铁柄布伞在石壁上来回捅了几下，捅出一个碗口般大小的石洞，羊耳坑的水通过石洞流了出来，民众极为高兴。忽然，石洞没水流出，定光将脚上穿的稻草鞋脱下，放到圳里给水一冲，冲入石洞，一会鞋出来了，还带出很多垃圾。定光嘱咐人家，如果以后石洞被泥沙堵塞，就将草鞋放到圳里去推，可将垃圾推尽，水就会照样流出。

2. 性别因素产生的功能、法力差异

定光古佛、妈祖娘娘、临水娘娘都有法力，后两者是女性柔和的法力，前者是男性刚劲的法力。从其主要的事迹可以看出，龙和虎、石反映的是男性的力度，水

和蛇则是女性的象征。妈祖娘娘信仰、临水娘娘信仰的母系文化特征比较鲜明，定光古佛信仰的父系文化特征比较明显。

陈靖姑二十四岁那年，福建大旱，民不聊生，为拯救百姓，陈靖姑不顾自己已怀胎三月，毅然脱胎祈雨。而正当陈靖姑祈雨时，当地邪恶的白蛇精和长坑鬼前往陈府盗胎并将胎儿吃掉。陈靖姑回府后，愤怒追杀。长坑鬼趁机逃走了，白蛇精被追进古田临水洞，陈靖姑拼尽最后的气力腰斩蛇精。天空终于降下了甘霖，而这时的陈靖姑却终因劳瘁饥渴而死去。陈靖姑归天成为神仙以后，法力无边，她为世人"医病、除妖、扶危、解厄、救产、保胎、送子、决疑"，成为"救产护胎佑民"的女神。

同样，妈祖从救难海神，发展到水神，逢水即为保佑神，并扩展出救困保平安、祈福送子等功能，与其性别有明显的联系。

自唐宋以来，在中国民间信仰活动中，闽台女神之多以及影响之大都冠于全国，形成一种独特的文化现象。中华民族自古供奉女娲，她被奉为万物之母。客家先民从中原移民南方，面对瘴疠横行、瘟疫肆虐的蛮荒之地，在医疗条件极端匮乏的情况下，人们祈望风调雨顺、大地丰产、子嗣繁衍。尤其是生育，因为人们认为"收获与生育密不可分"，以生育信仰为核心产生了各种仪式、礼制、风俗。很多女神被赋予祈福送子之功能。

定光古佛作为男性，显示更多的是与自然界的石、虎、蛟等斗争的法力，与男性力量有关。当然，由于客家人对生育的重视，定光古佛也有"送子"的法力。如武平南安岩前有十二峰，相传因定光佛的偈语"一峰狮子吼，十二子相随"而得名。武平黄公岭上有泉水名圣公泉，"旧传定光佛过此，偶渴，卓锡而出。视其所有，仅杯勺，一日，千兵过之，饮亦不竭"。

3. 传播的途径及在台湾的影响

移民因素，是这三种信仰主要的传播因素。尤其是传播到台湾。

妈祖娘娘信仰、临水娘娘信仰的传播，主要是以本地为主，向外主要传播到与水有关的地方。尤其是江河水口的地方，或因航行平安需要，或因除却水灾害，都有妈祖娘娘信仰的传播，比如，闽西长汀的妈祖庙，就是因汀江的航运而从潮汕传入妈祖信仰，并在当地建庙。而且，妈祖娘娘信仰的传播有一个特别的因素，这就是姓氏——有林姓的地方，大多会供奉妈祖娘娘。比如，福建永定县高陂镇西陂天后宫，就是典型的一例。恰恰在闽台两地，林姓是大姓，因此，妈祖娘娘信仰传播范围更为广阔。

定光古佛信仰产生于山区，其法力与山、石、虎有较大关联，主要法力体现在降蛟伏虎、开山移石、祈雨引水等方面，这对于耕山之民来说是非常重要的。故而，定光古佛信仰在山区的传播较多。传播台湾，主要是汀州客家人移民台湾所致，范围不广，主要在台湾的几个地区。台湾彰化定光庙大殿上悬挂着"济汀渡海"大匾，说明了台湾定光古佛信仰与汀州客家的关系。台湾淡水的鄞山寺，最早由永定移民所建，后有分祀，在客家民众中影响巨大。

4. 塑像的差异

从三者塑像看主要有三大差异：一是男女性别差异，二是年龄上的差异，三是站卧姿的差异。妈祖娘娘、临水娘娘都为坐像或站像，而定光古佛则是坐像或卧像。

作为典型的女神信仰，妈祖、陈靖姑的塑像都是年轻貌美、姿容温婉、慈眉善目，象征着美好、贤淑、奉献、自我牺牲。这两位女性都是年轻夭折，产生超自然之力，民众祈望她们成仙成佛。女神形象崇高伟大，一经民俗化、艺术化，就深入民心。这种造神有其偶然性与必然性。定光古佛是长寿的，其塑像为苍老慈祥，极富女相。

定光古佛信仰、妈祖娘娘信仰、临水娘娘信仰，经过千余年的发展，从最初的产生地区向外传播，随着福建移民走到了世界各地。它们是闽台影响巨大的三大民间信仰。

第八章　义薄云天外，信入民众间

——客家关帝崇拜

　　在民间，孔子被尊为"文圣"，而关羽则被尊为"武圣"。古人有言："山东文圣人，山西武圣人"，两者并称，均以德行著称于世，由此可见关公在民间信仰中的地位。他作为三国时的一位名将，不仅在当时有显赫的威名，身后更越来越受到人们的尊敬与推崇。历朝历代的君王也争相为其加爵封王，直至清末，关羽的封号陆续追加成"仁勇威显护国保民精诚绥靖翊赞宣德忠义神武关圣大帝"。可以说，在千年历史的发展过程中，关羽，由一个武将，一路飙升：侯而公，公而王，王而帝，帝而圣，圣而天。民间处处设立武圣庙，形成了中华民族"文拜孔子、武拜关公"的格局，演绎出具有厚重内涵的关公文化。

　　关公文化博大精深，是中华传统文化的重要组成部分。关公一生所体现出来的"忠、义、仁、勇、礼、智、信"，是关公文化的精髓，也是关公精神的核心，为一千多年来海内外炎黄子孙所推崇敬仰。客家作为迁徙族群，家族文化保持完好，重视族群团结，特别讲究"忠、义、仁、勇、礼、智、信"，故在客家地区，关帝崇拜比较普遍。

　　在民间信仰中，关公被视为村落保护神和家庭保护神，极其灵验。同时，他还是一些行业所崇拜的神圣，尤其在中国南方和东南亚地区，关公被尊为商业的保护神，被视为"武财神"，居于文武财神之首。关公的神格比较广泛，凡人所愿关公皆能满足，凡是有华人的地方，多有关帝庙，这足以说明关公信仰的普遍性和广泛性。

一、关帝文化

（一）关帝崇拜起源

关公在民间有许多称谓，关老爷、关帝、关王、关爷、关圣、关夫子等。关帝崇拜是一种历史悠久的独特的民族文化现象。

关羽，初字长生，后改字云长，河东解（今运城市解州）人也，三国时名将，出生于公元 160 年，卒于公元 219 年。关公生前最高的职位是将军。汉献帝建安四年（199 年），关公在许都被封为中郎将；建安五年（200 年），关公随曹操二进许都，被拜为偏将军，后解白马之围有功，表封为汉寿亭侯；建安十四年（209）刘备拜关公为荡寇将军、襄阳太守；建安二十四年（219 年）被刘备拜为前将军，位列五虎上将之首。

1. 三教同敬

"儒称圣、释称佛、道称天尊，三教尽皈依"。关公崇拜有着独特的文化渊源，关公是融合儒、释、道三教的神圣。

（1）佛教伽蓝神

佛教自东汉明帝时传入以后，在民间得以广泛传播，但是因为它与本土民间信仰有差异，所以曾经遭到众多士人尤其是政治家的镇压。为此，佛教在传播的过程中，不断吸收民间信仰，以增强佛教的适应能力。隋开皇十二年 (592 年)，智顗大师来到荆州传播佛法，建造玉泉寺，为赢得民众的信任，智顗充分利用了荆州地区的关羽崇拜，将其修造佛舍的想法转化为关羽的意愿，以此获得民众的信赖。

《全唐文》卷六八四载唐董侹《荆南节度使江陵尹裴公重修玉泉关庙碑记》："玉泉寺覆船山，东去当阳三十里。……寺西北三百步，有蜀将军、都督荆州事关公遗庙存焉，将军姓关名羽，河东解梁人。公族功绩，详于国史。先是，陈光大中，智顗禅师者，至自天台，宴坐乔木之下。夜分，忽与神遇，云愿舍此地为僧房，请师出山，以观其用。……贞元十八年记。"由此碑文可以得到以下几个信息：一是早在南朝陈废帝光大年间（567～568 年），纪念关公的楼堂已经存在。二是智顗充分利用当地的民间信仰，借关羽崇拜来传教。三是唐代贞元十八年（802 年），江陵尹裴均派人修缮"玉泉关庙"，说明唐代的地方官也在利用关公崇拜教化百姓。[1]

---

① 郑先兴：《略论关公与关公文化》，《中原文化研究》2016 年第 2 期。

另据《佛祖统记·智者传》载，隋开皇十二年（592 年），高僧智颢到湖北当阳玉泉山建庙传教，夜见一长髯神人，自称蜀将关羽，现为当阳山主，愿做佛门弟子。智颢大师奏于晋王杨广，遂封关公为伽蓝护法神。可见，关公成为佛教中的护法伽蓝神，应该是在隋唐时期。

由此可见，佛教，在与传统的儒家思想及道教文化的激烈碰撞中趋向融合，逐步演变成了中国化的佛教。

（2）道教崇宁真君

道教属于本土宗教，其产生时间在东汉年间，距离关羽所处时代不远。当关羽的信仰逐渐普及增强，尤其是被佛教吸收后，道教不甘落后，于是就有了宋真宗派张天师请关公为山西运城百里盐池灭妖（斩蚩尤）的传说。道教自此尊关公为"荡魔真君""伏魔大帝"，将关公纳入道教的信仰体系之中。

关羽的故乡解州自古盛产食盐，故有盐池之称。北宋真宗大中祥符年间（1008 ～ 1016 年），此地发生干旱，导致盐税减少。大中祥符七年（1014 年）宋真宗派官员考察实情。"帝遣使持诏至解州城隍庙祈祷焉。使夜梦一神告曰：'吾城隍也。盐之患，乃蚩尤也。往昔蚩尤与轩辕帝征战，帝杀之于此地。盐池之侧，至今尚有遗迹。近闻朝廷建立圣祖殿，蚩尤大怒，攻竭盐池之水。'飒然而觉，得此报应，回奏于帝。"在大臣王钦若的建议下，宋真宗派遣吕夷简到盐池祭祀蚩尤，蚩尤显灵责斥宋朝廷，要求"除毁轩辕之殿"。王钦若又建议到信州龙虎山来请张天师，张天师则诏令关将军征讨蚩尤。关将军说："臣乞会五岳四渎名山大川所有阴兵，尽往解州，讨此妖鬼。若臣与蚩尤对战，必待七日，方剿除得伏。愿陛下先令解州管内户民，三百里内，尽闭户不出；三百里外尽示告行人，勿得往来。待七日之期，必成其功。然后开门如往。"宋真宗"遂下诏，解州居民悉知。忽一日，大风阴暗，白昼如夜，阴云四起，雷奔电走，似有铁马金戈之声，闻空中叫桑。如此五日，方且云收雾散，天晴日朗。盐池水如故。皆关将军力也。其护国祚民如此"。宋真宗据此恢复了关羽配享武成王的待遇，宋徽宗则封其为"崇宁真君"，关帝庙的主殿从此被称为崇宁殿。这样，道教不仅利用了关公在民众中的巨大信仰基础，而且谋得了统治者的全力支持，从而为道教的传播提供了便利。[1]

---

① 郑先兴：《略论关公与关公文化》，《中原文化研究》2016 年第 2 期。

（3）儒家武圣人

儒家，也有学者称儒教，是中国的本土文化，影响中国几千年。对于关公，儒家并不与佛道争锋，而是顺乎自然地将"夫子""圣人"的桂冠奉献给关公。关公自身所体现的忠义，以及一生活动所展示的仁、勇、智、礼、信、义，都是儒家所要求的基本道德伦理义项，加之史书所记载的关公读《春秋》，显然，关公属于儒家或者践行儒家思想之人。尤其是儒生罗贯中根据《三国志》及民间传说，妙笔生花，著就了一部千年不朽的《三国演义》，非常形象地将关公刻画成集"忠义仁勇礼智信"于一身的儒家圣人，因此，关公崇拜就成为儒家信仰的一个重要内容。《三国演义》可以说是关帝文化发展史上的辉煌里程碑，中华民族形成了文拜孔子、武拜关公的格局。

在中国历史上，儒佛道诸教，有融合互补，有矛盾斗争，但在尊奉关公上，却形成了三教争奉关公的局面，正如关帝庙一副楹联所云：

儒称圣，释称佛，道称天尊，三教尽皈依，式詹庙貌长新，无人不肃然起敬；

汉封侯，宋封王，明封大帝，历朝加尊号，剡是神功卓著，真可谓荡乎难名。

2. 历朝加封

由于统治的需要，历代帝王把关公作为忠义的化身，作为诚信的代表，视为皇家保护神，屡屡加封，使关公从民间神灵跃升为国家祭祀的最高神祇。所以说，从某种意义上讲，关公的成神不像一般的民间造神程序那样，由民间发动，而是由上层发动的。

在关公诞辰100周年之际，蜀主刘禅追封关公为"壮缪侯"，当时，关公已逝40年。与关公同时被封祀的，还有张飞、马超、黄忠、庞统和赵子龙。之后，关公历三国后期、西晋、东晋、南朝宋齐梁陈和北朝魏周诸王朝，约三个半世纪都无声无息，既无文人赞咏，也无民间传说。明人王世贞说："关壮缪侯，初不闻为神。"直到隋文帝开皇十二年（592年）才开始有一则关羽为神的传说，说关羽受了五戒，成了寺庙的护法神。这则传说到唐董侹的《贞元重建庙记》才有记述，中间又经历了两个世纪。可见关羽在其死后的五六百年里并未产生什么大的影响。对关羽的美化神化，是从宋朝开始的。①

---

① 王基：《关公文化论要》，《晋阳学刊》1996年第4期。

北宋大中祥符年间（1008～1016年），宋真宗以解盐恢复生产为契机恢复了关羽配享武成王的待遇，笃信道教的宋徽宗则先加封其为"忠惠公"，后封其为"崇宁真君"，从此一发不可遏止，封号节节攀升。宋徽宗的书画艺术成就，比他当皇帝的政绩显赫得多。就在这位皇帝悉心作画之时，北方女真族建立的金国逐渐强盛，且经常南侵。面对外侵之敌，宋徽宗想不出更好的富国强兵之策，只有大兴道术，自称上帝元子太霄帝君降世，让朝臣们称他为教主道君皇帝。徽宗期望能得到关公神灵的护佑，他执政24年，关公得到4次褒封，从"忠惠公"到"崇宁真君"，大观二年（1108年）加封"武安王"，宣和五年（1123年）敕封"义勇武安王"。

南宋王朝僻居临安，宋高宗赵构北望昔日山河，百感交集，期待着如三国关公一样的神勇义士出现，于建炎三年（1127年）加封关公为"壮缪义勇武安王"。宋孝宗于淳熙十四年（1187年）加封关公为"壮缪义勇武安英济王"，更赞关公，敕云："生立大节与天地以并传，殁为神明亘古今而不朽"。

铁木真于公元1206年建立起疆域辽阔的蒙古帝国，成为"一代天骄成吉思汗"。这位元太祖深深懂得，要保天下，仅有马背上的功夫不行，还要用汉民族关公的忠义勇武来约束群臣，教化各族民众。他的后人元文宗图帖睦尔即位之初，天历元年（1328年），谥封关公为"显灵义勇武安英济王"，接过赵宋王朝的保护神，既能平衡汉人对元人入主中原的抵触心态，又能粉饰太平。

到明代，明太祖洪武元年（1368年），恢复关公原封"汉前将军汉寿亭侯"称号。明宪宗成化十七年（1481年）祭祀关公，称其"灵威显赫"。武宗正德四年（1509年），赐庙号曰"忠武"。

朱翊钧是明朝的第十三位皇帝，年号万历。他10岁登基，在位48年，是明朝享国最久，在大明历史上有着重要影响的皇帝，他亲手缔造了堪称整个明代最为富庶强盛的万历王朝，却又使其在自己手中衰落。早期，万历皇帝有张居正辅佐，曾推行一条鞭法经济大策，并治理黄河，使经济有了复兴。当朱翊钧逐渐长大，并逐步亲政后，却重用太监，又酷喜道术，加之天灾人祸，人心浮动，致使社会矛盾激化。

公元1581年冬，万历皇帝19岁，情窦初开的万历皇帝偶然看中了慈圣太后跟前的一个宫女，这个年轻美貌的宫女就是后来的孝靖王娘娘，恭妃王氏。万历和她亲近不久，王氏有了身孕。次年七月，王氏被封为恭妃，八月，就在万历皇帝20岁这一年，皇子降生，宫廷内外一派喜气洋洋。心境格外舒畅的万历皇帝，诏告全国减税免刑，并下旨祀封关公为"协天大帝"。万历十八年，即公元1590年，朱翊钧再度颁旨，追封关公为"协天护国忠义帝"。

封关公为"圣"，也是万历皇帝的杰作。万历四十二年（1614 年）加封关公为"三界伏魔大帝神威远震天尊关圣帝君"，封关娘娘为"九灵懿德武肃英皇后"，封关公长子关平为"竭忠王"，封其次子关兴为"显忠王"，封关公的部将周仓为"威灵惠勇公"，并封左丞相陆秀夫（南宋人）、右丞相张世杰（南宋人）、岳飞为兵马大元帅，尉迟恭为伽蓝（护法神）。

就这样，明王朝把对关公的尊崇推上了最高层面。

而到了清王朝，则是系统而详尽地完善了关公的人、帝、神体系。清王室的缔造者是努尔哈赤，实现清王室一统中国目标的则是清第三代君主顺治。顺治极其领悟汉文化的要略，十分崇拜关公，并仿效关羽桃园结义之仪，与蒙古族的各部落首为异姓兄弟，并声言："亦如关羽之于刘备，服事唯谨也！"当李自成农民军攻陷北京，吴三桂请求清军入关，以"复明"为号，剿除李自成以报家仇时，顺治入关，利用各种势力，一统中国，大行文治之事，颁诏供奉关公为"忠义神武关圣大帝"，时为公元 1653 年。

康熙皇帝以刘备转世自诩，亲政后不久，封关公为"协天伏魔大帝"，还亲自驾临关公故乡解州，参拜关公。他言与关公灵像："二弟，大哥看你来了。"并书题"义炳乾坤"匾，悬挂于解州关帝庙内。

乾隆皇帝两次下诏，先后对关公加谥"神勇""忠义"，乾隆三十三年（1768 年）对关公的封号为"忠义神武灵佑关圣大帝"。对关羽的封谥还及于其三代祖宗，雍正三年（1725 年）五月，追封关帝曾祖光昭公，祖裕昌公，父成忠公。关帝的后人也得到关照，仿先圣成例，解州、荆州、洛阳各设博士，世袭奉祠庙主祀事。至清光绪年间（1875～1908 年），皇室对关公的封号已长达二十六字：忠义神武灵佑仁勇威显护国保民精诚绥靖翊赞宣德关圣帝君。今天，此封号碑刻仍矗立在湖北当阳关陵的中轴线之首。[①]

3.《三国演义》的作用

关公崇拜的形成固然有其十分复杂的因素，但同元末明初伟大小说《三国演义》的诞生与流传密不可分。清末无名氏在《老圃丛谈》中说："古来名将如关羽者甚多，而关羽独为妇孺所称，则小说标榜之力。自《三国演义》风行，世俗几不知有陈寿《三国志》。"黄人《小说小话》也说："小说感兴社会之效果，殆莫过于《三国

---

① 朱正明：《从"汉寿亭侯"到"关圣帝君"》，《东方收藏》2012 年第 11 期。

演义》一书矣。……自此书一行，而壮缪之人格，互相推崇于无上，祀典方诸郊
谛，荣名媲于尼山，虽由吾国崇拜英雄宗教之积习，而演义亦一大主动力也。"的
确，由于《三国演义》这部小说的推波助澜，三国英雄人物多被神话，受到后世民
众的标榜和崇拜。尤其是"刘关张桃园结义"的故事带有一定的江湖性质，突出的
是手足兄弟的义气，强化了民间的道德与审美观念，故《三国演义》在关公文化形
成与发展的过程中有着无与伦比的贡献。那么，《三国演义》究竟做了哪些方面的
工作而使一位名望并不太高的三国武将变成文化英雄并成为世人心目中的神灵呢？

有学者提出主要有两大方面：一是作者将关公这个粗豪武将文雅化，二是将关
公这个英雄神异化。

《三国演义》的作者罗贯中在民间文学的基础上按照雅文化的标准来创造、包
装关羽形象，极大地丰富了关羽形象的文化内涵，提高了关羽形象的文化品位。关
羽成了儒雅的文士。本来，历史上真实的关羽文化水平并不高，但在罗贯中的《三
国演义》里，关羽则表现出相当浓厚的书卷气，如卷三写"一匹马早先飞出，蒲州
解良人也，文读《春秋左氏传》，武使青龙偃月刀"；卷六写"胡班往观，见云长
左手绰髯，凭几于灯下看书"。《三国演义》强化关羽义士品格，罗贯中不仅不遗余
力地描写他的种种义举，而且还盛赞他"义重如山"。毛宗岗更是激情满怀地说：
"如关公者，忠可干霄，义亦贯日，真千古一人。"小说不遗余力写关公，怒杀倚势
欺人的豪霸而亡命江湖，表现了他扶弱锄强、敢作敢为的侠义心肠；华容道上私
放曹操，表现了他知恩图报、急人之难的国士风范。这种侠肝义胆在弱小的平民
阶层中颇有市场，是一种重信誉、重感情的俗文化的"义"。关羽在桃园结义时立
下"上报国家，下安黎庶"的宏伟目标，遵循的是儒家仁人志士的大义。小说还突
出关羽坚贞不屈的气节，即使关公曾降曹，《三国演义》还是却在关羽的气节上大
做文章。为掩饰关羽被俘投降的不太光彩的历史而虚构了"约三事"的故事，写关
羽困守土山，曹操派张辽劝降，关羽提出投降的三个前提：一是"只降汉帝不降曹
公"，二是绝对保证刘备家小的安全与俸禄，三是知道刘备下落后不管千里万里便
当辞去。这三个前提的第一条就足以使关羽挽回许多面子，形式上消除了关羽的变
节问题。后来，尽管曹操待关羽如上宾，但关羽却丝毫不动心，时时思念旧情，最
后"挂印封金别曹公，千里寻兄不辞远"，成就了历史上"身在曹营心在汉"的典
故。小说最后还突出关羽视死如归的精神。镇守荆州的关羽在孙、曹大军的夹攻下
身临绝境，孙权派诸葛瑾劝降，给关羽提供了生死抉择的余地。但关羽毅然选择了
死亡："为子死孝，为臣死忠。死归冥路，吾何惧哉！玉可碎而不可改其白，竹可

焚而不可改其节。大丈夫身可殒，名可垂于竹帛也。"《三国演义》所热情讴歌的关羽气节，其实就是罗贯中想要讴歌的中华民族"宁为玉碎，不为瓦全"的气节。它与历史上那些贪图荣华富贵而屈膝投降的民族败类形成了鲜明的对照。罗贯中的着力，让关公这一形象焕发"义"的光辉。

《三国演义》把英雄神异化，让世人深感英雄来自上天。首先，小说突出了关公的神勇。关羽武功绝伦，勇猛无敌，斩华雄，刺颜良，诛文丑，降于禁，杀庞德，过五关斩六将，天下英雄无不为之心惊胆寒。如"温酒斩华雄"一节，当董卓大将华雄连斩盟军数员上将以致十八路诸侯大惊失色时，关羽"飞身上马，众诸侯听得寨外鼓声大震，喊声大举，岳撼山崩。众皆失惊，却欲探听，鸾铃响处，马到中军，云长提华雄之头，掷于地上。其酒尚温"。关羽力挽狂澜，顷刻间就大功告成。《三国演义》中描写关羽神勇的文字中随处可见，一个令敌闻风丧胆的大英雄活现在世人面前，罗贯中为世人刻画了这样一个天神般的英雄。其次是小说塑造了关公的异貌——红脸，俗称"红脸关公"，许多关帝塑像都以小说的描写为模板。中国古人十分相信杰出的人物必有奇异的相貌，无论是民间传说，还是文人著作，都热衷描绘异貌异相。罗贯中满怀激情地描写了关羽的奇异之貌："身长九尺三寸，髯长一尺八寸，面如重枣，唇若抹朱，丹凤眼，卧蚕眉，相貌堂堂，威风凛凛。"这种形象给民众带来祥瑞福气，带来心理安慰。最后是小说突出关公显灵。《三国演义》不仅记录了不少民间和宗教界有关关公显灵的传说，还直接在关羽遇难前后制造了许多神异色彩和显圣故事。如关羽最后的结局，《三国演义》处理起来就大不相同："公与潘璋部将马忠相遇，忽闻空中有人叫曰：'云长久住下方也，兹玉帝有诏，勿与凡夫较胜负矣。'关公闻言顿悟，遂不恋战，弃却刀马，父子归神。"明确告诉读者，关羽是天神，他受玉帝诏令辞别人世，这不叫"死"，叫"归神"。当关羽的首级送到曹操面前时，作者写道："关公神眉急动，须发皆张，操忽然惊倒。众将急救，良久方醒，呼气一口，乃顾文武曰：'关将军真天神也！'"这里作者明显是把关羽当作天神来刻画的。①

另外，由崇拜而形成的各种诗文、戏剧、绘画及现当代影视作品等，尤其是京剧，都在强化关公的形象，使其形象不断地丰满，神性、地位不断提高。

---

① 王前程：《一身兼雅俗，国人共尊神——论〈三国演义〉对"关公文化"的贡献》，《郧阳师范高等专科学校学报》2003 年第 4 期。

（二）关帝崇拜的内涵

关公成王成帝成圣，是因为千百万民众对关公道德精神的崇尚，是因为儒佛道诸教对关公的追奉，更因为历朝皇帝想借助关公忠义思想教化臣民而一次又一次地追封关公，诸多因素共同创造出一位中华民族"忠、义、仁、勇、礼、智、信"的道德偶像。

民众信奉关公是因关公的仁义，商人信奉关公是因关公的诚信，军人信奉关公是信奉关公的忠勇，政府信奉关公是因为关公的"大一统"忠义思想，有利于国家统一安定。关公成了无所不包、无所不能的神灵，既是忠义与力量的化身，又是武神、财神、战神、门神等，具有多种神职，是各行各业的保护神。关公的影响不断被放大，超越岳飞和姜子牙，终成一代武圣人，从民间走进皇权，和文圣并列，配享国祭，又从皇权中央辐射地方，远播海内外。

1. 保护神

关羽被历代帝王不断加封上忠、义、礼、仁、智、信的神圣光环，由一个悲情英雄变成了万民膜拜的神。《关帝文献汇编》开篇之《前言》云："明清以来，在中国人的神明崇拜中，关帝可以说是独一无二的既不分阶级与民族，又不分时间与空间，受到举国上下各色人等普遍信仰的大神。"

作为战争的保护神，关羽是一名将军，常常以战神的形象保护民众，历史上许多军队都供奉关帝，以鼓舞士气。作为村落保护神，民众在各地建有关公庙祈求关公的庇护。民间信仰中，关公是一位全能保护神：驱妖、辟邪、降雨、救灾、功名等。

2. 祖师爷

不少行业把关帝奉为祖师爷。

在民间，关羽的影响比孔子更普遍，古时孔子主要影响统治阶层和读书人，而关羽影响到所有阶层的人。众多行业还把关帝供奉为祖师爷，如打铁、炼铜、炼钢（相传关羽年轻时以打铁为业）、屠宰、理发、刀剪铺（关羽的武器是青龙偃月刀），甚至制豆腐业（相传关羽年轻时曾以贩豆腐为生）、香烛灯笼业（关羽曾秉烛达旦读史书）等也把关羽当作祖师爷。其中有些是名正言顺，有些则是牵强附会，无论如何关羽在民间的影响可见一斑。

3. 武财神

崇拜关公为文武财神之首，很是典型。关公如何变成财神的呢？

有一说法是，关羽"降汉不降曹"，尽管曹操对其恩礼有加，封侯赐爵，"三日一小宴，五日一大宴"，"上马一提金，下马一提银"，但关羽却心系刘备，在知道刘备下落后决然离开曹操，不接受曹操的恩典，"挂印封金"，"过五关斩六将"回到刘备身边，并且将曹操之前所赏赐的财物条缕析，"收转出存"，记得清楚明白。民间传说关羽发明"日清簿"，涵盖原、收、出、存四项，为后世广泛沿用，有"记账祖师爷"之称，而后升为财神。

又一说法是，张天师在关公的帮助下打败蚩尤，宋朝皇帝赏赐关公"崇宁钱"。皇帝以钱封关公，明明是让关公掌财权，后人认为关公被帝王以钱敕封，自当成为财神。这就是关公成为武财神之源。

还有一个因素是，明清晋商对关公的崇拜，确立了关公财神地位。这与晋商的需求有关：关羽为山西人，属历史上的山西名将，祖籍解州的关公可联结晋商家乡情谊，增进外出商人之间的团结；关公为武圣，"过五关斩六将"的气概，可成为商帮凶险贸易路途的保护神；关公的忠诚信义，是商业行为上的道德模范与规范制约，有利于经贸的发展。

历史上，关公助人财运的职能越传越远，越传越广，且大有长盛不衰之势。尤其是迁播到海外的华人，以及现代商界，对其特别推崇。

（三）四大关帝文化地

关帝文化流播甚远，在不同区域形成既有共性又有特色的关帝文化。有学者归纳出四大关帝文化地，且四大关帝文化地之间有着密切的联系：关公出生在运城，去世后身体葬在湖北当阳，头部埋在了河南洛阳，福建东山又利用其独特的地理优势，把关公精神传到了台湾。其中，运城的解州关帝庙和福建的东山关帝庙先后被列为国家级非物质文化遗产。

1. 湖北当阳关帝庙

关公文化资源极为丰富，当阳是三国时期的主战场，许多战争遗迹保存至今，并且此处还是关公的葬身之地。人们在当阳关帝庙举办纪念关帝的各种文化活动，影响力甚大。

2. 河南洛阳关林庙

河南洛阳关林庙是全国唯一一个"林、庙、冢"一体的关公庙。虽并没列入国家级非物质文化遗产名录，但其最富特色的关林朝圣大典活动，影响很大。

3. 福建东山关帝庙

福建与台湾紧密相联，福建许多民众迁徙台湾，把关公信仰与关公精神传到了台湾。台湾关帝信仰信徒对福建东山关帝庙情有独钟，一般都认为东山县铜陵关帝庙为祖庙，很多台湾人每年都会来到福建东山关帝庙祭祀，如宜兰礁溪为天宫曾一次组团四百七十八人前往东山祖庙谒祖。在东山关帝庙里有《重修武庙碑记》，上面清楚地记载着台湾各个行业对福建东山庙的捐款。1995 年，福建东山的关帝神被台湾民众请到台湾，成为沟通大陆和台湾人民关公崇拜的主要桥梁。关公、妈祖、观音成为台湾的三大主流信仰。福建东山关帝庙虽然建筑面积不大，但其建筑艺术富有闽南特色，被列入国家级非物质文化遗产名录。

4. 运城解州关帝庙

运城解州关帝庙，创建于隋开皇九年 (589 年)。目前建筑面积达二百多亩，是全国现存规模最大、也是保存最为完整的宫殿式道教建筑群和武庙，被誉为"关庙之祖""武庙之冠"。运城解州关帝庙分为正庙和结义园两部分，庙内悬挂有康熙御笔"义炳乾坤"、乾隆钦定"神勇"、咸丰御书"万世人极"、慈禧太后亲书"威灵震叠"等匾额，代表建筑是春秋楼，形成了极具规模的关公文化景区群。2013 年3 月 29 日至 4 月 18 日山西省赴台举办了"两岸关公文化巡礼关公祖庙圣像巡游"活动。[1]

二、客家地区的关帝崇拜

客家人从中原迁移而来，他们保存着中原汉民族的信仰特征，对孔子、对关帝的崇拜就很普遍。客家人崇拜关帝，敬仰关帝的忠、勇、信、义、仁、智。各州、府、县城所在地甚至乡村都为关帝建祠立庙，不少人还在厅堂、店铺设置关帝神位，对关帝焚香点烛，顶礼膜拜。同时，客家人在闽粤赣形成独特民系后，民间信仰也加入了新的元素，并在继续迁徙过程中传播到海内外。

（一）关帝形象

关帝形象，全国的塑像大同小异，有共性又有细微的变化。关帝早期的形象是《关羽传》中诸葛亮赞关羽"犹未及髯之绝伦逸群也"，但真正奠定关公形象的是《三国演义》中对关公的艺术性描写。

---

① 赵慧芳、何爽：《关公文化传承发展研究》，《艺海》2015 年第 6 期。

　　绘画艺术的描摹，以及京剧艺术的扮相设计，则塑造了更具体的关羽形象。其经典形象是：身大而长，手握《春秋》，枣红脸，卧蚕眉，丹凤眼，长胡子，绿锦袍，赤兔马，青龙偃月刀。关公留给世人的经典性格特征则是：凝重、威武、儒雅、高傲。

　　文学艺术是关公文化的诞生源头与演进载体。《三国演义》第一回对关羽出场的描述是在刘备首次见到他时："玄德看其人，身长九尺，髯长二尺，面如重枣，唇若涂脂，丹凤眼，卧蚕眉：相貌堂堂，威风凛凛。玄德邀他同坐，叩其姓名。其人曰：'吾姓关名羽，字长生，后改云长，河东解良人也。因本处势豪倚势凌人，被吾杀了，逃难江湖，五六年矣。今闻此处招兵破贼，特来应募。'"这就将其长相、性格凸显出来，成为关公形象的底版。桃园结义后，三人一同打造兵器，"云长造青龙偃月刀，又名'冷艳锯'，重八十二斤"。①

　　接着，作者在关羽的勇武、仁义、忠信上不断发力塑造，如第五回关羽"温酒斩华雄"情节："关公曰：'酒且斟下，某去便来。'出帐提刀，飞身上马。众诸侯听得关外鼓声大振，喊声大举，如天摧地塌，岳撼山崩，众皆失惊。正欲探听，鸾铃响处，马到中军，云长提华雄之头，掷于地上。其酒尚温。后人有诗赞之曰：威震乾坤第一功，辕门画鼓响冬冬。云长停盏施英勇，酒尚温时斩华雄。"第二十五回，写关羽斩颜良："关公奋然上马，倒提青龙刀，跑下山来，凤目圆睁，蚕眉直竖，直破彼阵。河北军如波开浪裂，关公径奔颜良。……忽地下马，割了颜良首级，栓于马项之下。飞身上马，提刀出阵，如入无人之境。"百万军中，关羽取敌上将首级，如入无人之境，被曹操称赞："将军真神人也！"第二十七回写其过五关斩六将，勇武形象跃然纸上，成为千古的神话。②第二十五回，关帝被围，刘备不知下落，而刘备妻儿在关羽军中。被张辽的"三罪"说服之下，关羽提出了投降条件的"三约定"："只降汉帝，不降曹操"；"二嫂处请给皇叔俸禄养赡"；"但知刘皇叔去向，不管千里万里，便当辞去"；"三者缺一，断不肯降"。第二十六回，在得知刘备下落后，关羽"挂印封金"，诀别曹操而回归刘备，小说突出体现关羽的忠义仁爱以及视金钱、权力如粪土的精神。③此后，第五十回的华容道义释曹操是有关关公忠义之描写，其忠义之形象完全塑造出来了。④

---

① ［明］罗贯中著，裴效维校注：《三国演义》，作家出版社，2006，第 4 页。
② ［明］罗贯中著，裴效维校注：《三国演义》，第 173 页。
③ ［明］罗贯中著，裴效维校注：《三国演义》，第 177 页。
④ ［明］罗贯中著，裴效维校注：《三国演义》，第 336 页。

"美髯公"是关羽典型形象。"美髯公"之称，出自第二十五回，曹操关注关羽之髯，并引其朝见文帝："次日，早朝见帝。帝见关公一纱锦囊垂于胸次，帝问之。关公奏曰：'臣髯颇长，丞相赐囊贮之。'帝令当殿披拂，过于其腹。帝曰：'真美髯公也。'因此人皆呼为'美髯公。'"[①]

"红面关公"的形象非常独特，来源于小说"面如重枣"的描述。也有人指出，关羽的这个形象，是有特殊意义的。据记载，关羽生于戊午年戊午月戊午日戊午时，年月日时的天干同气，地支也同气，火土相生，格局清纯。五行中火和土是信用和忠义的象征，火的代表色是红色，所以，"红面关公"的形象突出表现了关羽的忠肝义胆，这个形象非常符合关羽的气质和性格。

（二）关公塑像

关公的塑像形态可谓多种多样，各有千秋：在儒家书斋，关夫子被安置得文质彬彬，《春秋》在手；在道家宫观，道长们把关公塑造得仙风道骨，清净自然；在佛家寺院，关公又被点化得四大皆空，善哉善哉；在财神殿堂，关老爷出落得金光灿烂，满身放射着招财进宝的光芒。

客家地区祭拜的关公塑像，基本按照上面的关帝形象塑造，但又有不同的造型。我们留意供奉关羽的祠祀庙宇就可以发现，关帝塑像有立像和坐像之分。立像一般是右手执刀，左手抚髯。坐像的造型就很多了：有一手刀、一手书的；有一手握刀、一手抚髯的；有一手端书、一手抚髯的，如连城林坊、培田村的关公塑像；有双手握于胸前的，如长汀举河村关公塑像；有一手抚髯、一手做兰花指的，这个造型较少见，如永定北山关帝庙；等等。

这里还要说明的是，大多数时候，寺庙中关公塑像左有关平，右有周仓；关平侍立，周仓握刀。供奉的关羽塑像多是头戴夫子帽，面色赤红，身着绿袍，一手持长须，一手执《春秋》的造型。

关羽作为一名武将，戎马一生，却常手不释卷，可见其对《春秋》喜爱之深。《三国演义》第二十七回胡班领王植令欲干柴引火烧死关羽，就曾窥见"关公左手绰髯，凭几于灯下看书"。其实我们从儒家经学的发展史可以知道，作为儒家五经之一的《春秋》，在关羽生活的汉末三国时期，已在社会上广为流传。关羽所当之世，阅读《春秋》已经蔚然成风。魏、蜀、吴三国，喜欢读《春秋》的政治家、军事家数见不鲜。[②] 另外，"秉烛达旦"故事见毛本《三国志演义》第二十五回，关

① ［明］罗贯中著，裴效维校注：《三国演义》，第 171 页。
② 梁满仓：《关羽读〈春秋〉背景刍议》，《许昌学院学报》2006 年第 3 期。

羽"约三事"而暂时栖身曹操处。小说云："操欲乱其君臣之礼，使关公与二嫂共处一室。关公乃秉烛立于户外，自夜达旦，毫无倦色。操见公如此，愈加敬佩。"司马迁言："《春秋》，礼仪之大宗也。""秉烛达旦"凸现关羽不仅读《春秋》，更是奉守《春秋》大义，执守叔嫂之礼。他处变不乱、贞洁凛然的风姿更为后人敬仰。关羽秉烛读《春秋》的形象也由此而明确。[①]

关羽秉烛读《春秋》的形象逐渐成为关公文化的文化符号，其突出表现就是供奉关羽处的塑像、画像通常以此为原型。读《春秋》有很深的文化含义，体现了关羽的忠、义等内涵，及其一生对《春秋》大义的践行。武圣读书又与客家人的耕读文化精神相契合。永定大溪客家人在巡游关帝时，称之为"轿上读书郎"。

（三）关帝庙宇

因民众以及官府的广泛推崇，关帝崇拜极盛，关庙遍及穷乡僻壤，"九州无处不焚香"，且所建寺庙形式多样。《关帝志·庙》记载："玉泉山关帝庙在当阳县西三十里。汉建安二十四年十二月帝殁此山下，葬于章乡。庙兴于陈光大中。"这是最早的见于史籍的关庙记述。

据台湾专门研究宗教的张柽先生介绍：1945 年，抗日战争胜利后，全国有一次专门调查统计，中国道教庙观总数超过 4.4 万座，而且不计小山村庙宇数，每庙都有专供或合供、配供关公的。他还介绍，1956 年，台湾有过专门登记，总庙宇数量达 1.6 万座，至少有 1.4 万座庙中供祀关公。还有文字资料表明，有一个以崇拜关公为主的组织，在世界 140 多个国家与地区中有分支机构，香火祭祀遍于全球。[②]

供奉关帝的场所多种多样，有个人在家中、公司里供奉的；有和其他神灵一同供奉的，如永定高陂镇西陂村天后宫，一层大殿供奉妈祖，二至五层，分别奉祀关帝、文昌帝君、魁星和仓颉，一楼朝东后殿祭祀孔子；有建成文武庙，供奉孔子、关帝两人的，如连城培田的文武庙；有专门的关帝庙，如永定高陂镇的北山关帝庙、永定大溪的关帝庙等。

各地的关帝庙独特的帝宫布局，规模宏大，建筑艺术精湛，其和谐的建筑风格，传神的铸造工艺，精妙的雕塑艺术，都独具魅力。尤其在台湾，风格特点更明显。有专家把台湾关帝庙的建筑模式归纳成三种：第一种有牌楼、宽阔的庙埕，庙

---

① 郑长青：《关羽秉烛读〈春秋〉的文化解读》，《运城学院学报》2010 年第 6 期。
② 孟海生：《关羽 关公 关公文化》，《中国地方志》2003 年第 S1 期。

宇结构或以华南式为主，或以华北式为主，或将两者结合。如云林县四湖乡的参天宫。第二种是院落式，有二进或三进，基本以闽式风格为主。如台北市民权东路的行天宫。第三种为宫殿式，以多层为主，主要向空间发展，以层代殿。如高雄市苓雅区的关帝庙，为典型的华北宫殿式建筑。"台湾关公庙的建造中可看到闽地匠师、台湾匠师、客家匠师的不同风格。如桃园县大溪镇的普济堂，其主祀的关庙帝君、孚佑仙祖、九天司令，左右偏殿各祀的延平郡主、文昌帝君，皆出自福建雕刻名家林其凤之手，距今已90多年历史，系采用陶土脱坯方式雕塑而成。再如宜兰县礁溪镇的协天宫，其设计师为台湾人阮元荣，庙内的木雕、结网、藻井皆由台湾阿水师傅包办完成，水泥师及关圣帝君后的那条龙则为台湾再兴师傅的手艺。又如云林县口湖乡的关帝庙建筑，可明显看出广东客家建筑和流派风格；关帝庙是三殿两廊式的木构建筑，三殿就是前门，栋束不直接承桁，前步口采二，后步口缩为一架，明显分出宽狭；庙门不彩绘门神，接近官庙孔子庙的风格；三川殿后檐向上弯起，牌楼也不作弯枋用雕花取代；正殿前有轩的设计，也是弯拱，展现了客属此派精神；正殿进深有七间，栋架简单明了，栋架的斗拱，只有拱而省去了斗；后殿的屋顶则是穿斗式的构造；庙中随处可见的最大特点就是客家人常用的穿水式栋梁，其束木不与桁木接触，两者之间垫一个斗，也有束木穿过柱头斗下，斗口呈弧，以承桁木。"①

1. 培田文武庙

培田文武庙建于明初，原为平房，称"关爷亭"。培田吴氏族谱云：明明祀关帝也，何不曰庙而曰亭，闻原四方一层如亭然，故名欣然。在乾隆己亥年（1779年）由吴鸿飞公倡建二层，改建成上层祀文圣孔子、下层祀武帝关公的两层建筑，称"文昌阁"，后人称为"文武庙"。中国人历来讲究辈分排次，人们决定"大诚至尊"孔夫子安在楼上，"千古一人"关圣帝君安在楼下，体现客家人崇文尚武的理念。

关于文武共祀一庙，培田村吴清熙介绍了培田人自己编著的《培田：辉煌的客家庄园》一书，特别提到这样一则故事：明朝嘉靖年间（1521～1566年），富阳地方的文武举人和秀才集资兴造一座"二圣祠"，供奉的是被历代文人奉为师表的孔夫子，被历代武人奉为忠义双全的关云长。殿宇、神像落成后，要拟写一副对联。这时，文武举人和秀才们发生了争执，在对联中，文的要突出孔子，武的则要突出关羽，双方意见相持不下。后经富阳知县裁定，延请书法、文章名重江南的才

① 何绵山：《台湾关公文化探论》，《荆州师范学院学报》2003年第6期。

子徐文长来撰联。为此文武双方各推出代表数人，去杭州请徐文长。徐文长对此雅事，也欣然答应，并洞察文武双方的心思，为了开导他们撒开门户之见，徐文长决定借物寓意劝导他们。乘船看见帆船超过摇橹的船时，徐文长吟道："逆水行舟，橹速（鲁肃，三国时东吴的文大夫）不如帆快（樊哙，汉初刘邦的武将）。"这时，武方的代表洋洋得意，认为徐文长偏向武。而徐文长接着又吟道："迎风奏乐，笛清（狄青，北宋时一名武将）怎比萧何（萧何，汉代文丞相）。"这时原感到委屈的文方代表，立即转嗔为喜，认为徐文长还是向着文的。徐文长见此，对众人说："橹与帆都是行舟工具，但各有各的用处，相辅相成，取长补短，才能两得其利。笛声清而厉，箫声和而远，依声入谱方成悦耳之音。文武之道，一张一弛，同出一理，愿大家深知此理。"众人听了这一番寓意深刻的比喻，都暗自惭愧。到了富阳，徐文长沐浴更衣后，在隆重的仪式中运笔如飞写下这样一副对联：

> 孔夫子，关夫子，两位夫子，圣德咸灵同传万世；
> 著春秋，看春秋，一部春秋，庙堂香火永续千年。

对联既赞扬文，又崇尚武，一视同仁，文武都重要，因而大家都感到满意。

培田人民对文武之道孰重孰轻，向来没有偏颇，一直把他们视为一体，崇文尚武成为该村风尚。正因为如此，该村才会出现文武进士、文武举人、秀才达近二百人的辉煌，文经武略之风才能一直延传至今。

培田文武庙庙门为牌楼式建筑，飞檐走瓦，金碧辉煌。两边墙上镶嵌壁画，门楣刻"渤水恩波"，联为"忠心昭日月；义气壮山河"。进门后为天井，天井后为大厅，供奉关帝神像。关帝左手执《春秋》，右手抚美髯；左有侍立之关平，右有持刀之周仓。最典型的是神台上还供有许多牌位，左有"武哲孙武神位""武哲诸葛亮位""武哲徐勋神位""武哲白起神位""武哲田穰苴位"，右有"武哲吴起神位""武哲张良神位""武哲韩信神位""武哲李靖神位""武哲乐毅神位"，把历史上著名的军事家都列入其中合祀。三国时汉丞相、与关公同朝者，著名军事谋略家诸葛亮也居于下首的牌位。神位两旁的对联是："一生不负桃园义；千古长存蜀汉忠。"

庙中专门有"武圣关帝简介"：

步入培田古文武庙，映入眼帘的是武圣关帝以及其义子关平（左尊神像）爱将周仓的神像。

现代的神古代的人，武圣关帝何许人也？他就是三国蜀汉五虎上将关羽是也。

关羽，东汉末年山西解州人，他与刘备、张飞"桃园三结义"，情胜兄弟。关羽以一颗忠义赤心，诚信仁义的道德操守，精勇的武艺而闻名于三国。他温酒斩华雄、斩颜良文丑、封金挂印、千里走单骑、秉烛达旦、过五关斩六将，威震荆襄而家喻户晓，载入史册。同时也因关帝大意失荆州，兵败走麦城，为很多看《三国演义》者扼腕叹息，甚至唏嘘落泪。

关羽因其忠孝气魄和节义诚信精神，备受封建朝廷和平民百姓的爱戴与赞颂，蜀汉追谥他为壮缪侯；宋崇宁中封他为崇惠公，旋加封武安王；明万历中封他为协天护国忠义大帝；清乾隆中诏改之壮缪为忠义；民国三年与岳飞合祀于武庙。老百姓则称关羽为"关公"、"关帝"、"关老爷"、"武财神"、"关爷菩萨"、"武圣"等集儒释道称号于一身。

民间为什么会把关羽奉为"武财神"呢？主要是做生意的买卖人最重信用和义气，而关公信义俱全堪为生意人的楷模，加之"晋商"对关公这位老乡的推崇，所以关公顺理成章地成为生意人心目中的"财神爷"。二是因为做生意人的算盘，传说是关公发明的，关公当年为了正确计数歼敌数目和军用钱粮数目的，后算盘被民众用于商业。三是传说关公善于理财，长于会计业务，曾设笔记法，发明日清簿，记账设有原、收、入、存四项，详细清楚，此种记账法被生意人采用。四是传说关公遇害后，他的灵魂又回来复仇，争取最后胜利。生意人如有挫败，也要像关公那样不惧失败而应东山再起。

敬奉关公，熏沾诚信之气，忠义之精神，取财有道之财气，为圣为灵之灵气。一炷清香达天庭，神灵如在，神灵有应，佑君好运。

——吴来星撰稿

2. 连城林坊关帝庙

连城林坊林坵村，为林氏家族居地，自元朝至元甲子（1264年）即由清流林家城迁入此地。一条小溪贯村而过。村中溪边有建于明代的古建筑镇武庙，祭祀镇武祖师。在镇武庙边，林姓族人建立了妈祖庙。溪上近年架建了一座崇民桥，桥上立有"水将军之神"牌位。在镇武庙后建有关帝庙，规模比镇武庙小。不远处还有林氏宗祠，形成了一个祭祀文化圈。

林坊关帝庙为厅堂建筑，规模不大。大堂神位上的关帝为坐像，左手握《春秋》，右手抚美髯。关帝左手边立捧帅印的关平，右手边立握刀之周仓。神台前两根大立柱有联："关帝护国国太平；帝君爱民民康乐。"神位前设有大香炉、大神桌，供人们焚香、摆贡品祭祀。

最有特色的是庙中侧墙张贴的《关圣帝君觉世真经》：

帝君曰：人生在世，贵尽忠孝节义等事，方于人道无愧，可立于天地之间。若不尽忠孝节义等事，身虽在世，其心已死，是谓偷生。凡人心即神，神即心，无愧心，无愧神，若是欺心便是欺神。故君子三畏四知，以慎其独。勿谓暗室可欺，屋漏可窥，一动一静，神明鉴察，十目十手，理所必至。况报应昭昭，不爽毫发。淫为万恶首，孝为百行原。但有逆理于心有愧者，勿谓有利而行之。凡有合理于心无愧者，勿谓无利而不行。若负吾教，请试吾刀。敬天地，礼神明，奉祖先，孝双亲，守王法，重师尊，爱兄弟，信朋友，睦宗族，和乡邻，敬夫妇，教子孙。时行方便，广积阴功，救难济急，恤孤怜贫，创修庙宇，印造经文，舍药施茶，戒杀放生，造桥修路，矜寡拔困，重粟惜福，排难解纷，捐资成美，垂训教人，冤仇解释，斗秤公平，亲近有德，远避凶人，隐恶扬善，利物救民，回心向道，改过自新，满腔仁慈，恶念不存。一切善事，信心奉行，人虽不见，神已早闻。加福增寿，添子益孙。灾消病减，祸患不侵。人物咸宁，吉星照临。若存恶心，不行善事，淫人妻女，破人婚姻，坏人名节，妒人技能，谋人财产，唆人争讼，损人利己，肥家润身，恨天怨地，骂雨呵风，谤圣毁贤，灭像欺神，宰杀牛犬，秽溺字纸，恃势辱善，倚富压贫，离人骨肉，间人兄弟，不信正道，奸盗邪淫，好尚奢诈，不重勤俭，轻弃五谷，不报有恩，瞒心昧己，大斗小秤，假立邪教，引诱愚人，诡说升天，敛物行淫，明瞒暗骗，横言曲语，白日诅咒，背地谋害，不存天理，不顺人心，不信报应，引人作恶，不修片善，行诸恶事，官词口舌，水火盗贼，恶毒瘟疫，生败产蠢，杀身亡家，男盗女淫，近报在身，远报子孙。神明鉴察，毫发不紊。善恶两途，祸福攸分。行善福报，作恶祸临。我作斯语，愿人奉行。言虽浅近，大益身心。戏侮吾言，斩首分形。有能持诵，消凶聚庆。求子得子，求寿得寿。富贵功名，皆能有成。凡有所祈，如意而获。万祸雪消，千祥云集。诸如此福，惟善可致。吾本无私，惟佑善人。众善奉行，毋怠厥志。

戊子年五月吉日

人们借关帝圣君之口，说出做人的道理，为人处世的原则。这则《关圣帝君觉世真经》把千年来融入关帝信仰的精神，深刻表达了出来，其最核心的理念就是"惩恶扬善"。《关圣帝君觉世真经》寓意深刻，故录于此。

据村民介绍，自明万历以来，林氏的祖辈在春节期间有舞龙、舞狮活动，从正月十三至十五开展游大龙闹元宵活动，祈祷来年风调雨顺、国泰民安。活动环绕林坊大地巡游四门，曾博得"天下第一龙"的赞誉。

3. 高陂北山关帝庙

北山关帝庙位于福建省龙岩市永定区高陂镇北山村南部水口右岸的河坝上，始建于明朝万历八年（1580 年）。据记载，该庙始建时为亭阁式，泥塑关公，清乾隆年间（1736～1795 年）扩建成现在规模。清嘉庆元年 (1796 年) 在四川经商的族人运回木雕关公、关平和周仓神像，置庙内供奉。1967 年三尊神像被毁，2006 年重塑，并于当年农历十月二十七日举行开光仪式。

（1）建庙之因

北山关帝庙为高陂镇北山村人所建。北山村中张姓为大姓，人口达五六千人。之所以建关帝庙，其中一个说法是北山村民大多数姓张，民间由于《三国演义》等传统作品的影响，认为关羽与刘备、张飞是桃园结义兄弟，关羽排行第二，故又俗称其为关二爷，张飞是三弟。于是北山张姓人就说关公是其兄长，是二哥。张姓人认为关公最讲忠义二字，最值得信赖，最值得推崇，同时也向世人表示，张姓人也是最讲义气的。

民间信仰，有时往往与姓氏连在一起，如福建林姓称妈祖为"婆太"，所建供奉林默娘的庙宇为"婆太庙"。居北山村上游的西陂村林姓人就是称妈祖为"婆太"，建有供奉林默娘的庙宇为"婆太庙"，后改称天后宫。永定高陂北山人建关帝庙多一层意思，北山张姓人以张飞为骄傲，供奉其"关二哥"关帝也是情理之中。

另外，关公作为武财神，是保护商贾之神，商家对他很虔诚。他们笃信仰赖关帝庇佑，就会求到吉利，财源广进。北山有一从虎岗经西陂、上洋而下的河流，是永定河的上游。早期水量充沛，水运发达，是高陂人外出营商求学的重要通道之一。关帝是一种文化，关帝是一种精神。人们祭拜关帝，推举他为忠、信、义、勇集于一身的道德楷模，保佑民众的万能神，还奉其为许多行业如皮革业、烟业、成衣业、屠宰业等的行业神。所以，人口众多、从事多种行业的北山人特别重视关帝崇拜。

（2）庙宇特色

北山关帝庙坐东南朝西北，占地面积 1700 平方米，建筑面积 890 平方米。土木结构，两进三落合院式，由门厅、天井、拜亭、正殿、左右回廊和后院等组成，正殿立面呈"昌"字形，就像一座宫殿式土楼，分 3 层，高度达 19.8 米，相当于六层楼高，面阔五间，抬梁式梁架，歇山顶。

它的结构精巧奇特：由于天井大，故在主殿前建一个亭式构筑的拜庭，由四根八米长的大圆柱立起，顶层以一根大圆木柱为主体，像伞状向周围辐射，精巧玲珑，典雅壮观。这个设计比较少见。主殿边有两门，第一个门打开后，里面设计成直通二层的木楼梯，有二十六级，从二层再上三层的又有二十四级；第二个门是通往后殿的通道，边上各有三间房。二、三层还供奉有菩萨。站在三层上，北山矗立，房舍田洋一目了然，庙门前的溪水蜿蜒而过，故三楼又称"凌云步月楼"。后堂也有两层，有楼梯，两边上下各一间，与两边厢房的三间相通，可以住人放东西。再后为一天井，然后是平房，除了作厨房部分外，其他厅堂还供奉许多其他菩萨，其中小厅叫三宝殿，供奉三宝佛像。

寺庙主楼的一层大堂供奉关帝，左周平、右周仓。比较奇特的是关帝左手不是握书，而是比兰花指状，这也是比较少见的造型。

关帝庙边还有一吴公庵，是供奉保生大帝的。

2013 年 1 月 28 日，这座古建筑被福建省人民政府列为第八批省级重点文物保护单位。

（3）节庆祭祀

和其他关帝庙一样，人们逢初一十五或个人升学、生意开业等事项就去北山关帝庙祭拜，祈求福运。在农历五月十三关帝圣诞日，行祭者到庙堂三献礼，三跪九叩首，三奏乐，献五牲，读祝文，礼仪十分隆重。最热闹的祭祀则在元宵节。

元宵节，客家各地都有闹元宵游龙活动，北山村龙灯队闹关帝庙。北山村龙灯队以房族为单位，从家族祠堂或一固定地点出发，每条龙都配有锣鼓队，一路巡游，家家户户看到龙灯来了，都纷纷点燃早已准备好的鞭炮，浓烟四起，响声阵阵。最后，所有的龙都在关帝庙聚集。人们也都集聚在关帝庙，人山人海。庙会组织者请来采茶灯表演队及相关文艺团队表演，以壮声势。陆续到来的龙灯队都要进入关帝庙和旁边的吴公庵行礼参拜，然后在庙前广场上舞动。众多龙灯队轮番上阵，一条龙舞完走了，另一条龙又上来。还有舞狮队，也是先往庙里走，行礼鞠躬后缓缓退出来，到广场表演。舞龙、舞狮的过程中，人们配合着燃放烟花炮竹，真是锣鼓喧天、鞭炮齐鸣、烟花烂漫，一片节日热闹祥和景象。高陂闹龙灯，一般从正月十二开始闹到十九，长达七八天。

（4）楹联文化

关公文化中，楹联文化是一大特色。关帝庙的楹联除了一部分是通用的，或者说是从别处抄来的之外，大多数楹联由当地文人学士自撰。这样的楹联蕴含了各地民众对关帝精神的理解，对关帝功德的赞颂，同时楹联内容也彰显了各地的民情风俗、自然风光，更体现了一个地方的人文底蕴。

如客家梅州平远关帝庙的对联："精忠冲日月；义气贯乾坤。"堂前楹柱联："目中仅二人，大哥三弟；心头惟两事，灭魏吞吴。"此联为清翰林庄友恭撰，很有特色，突出关帝的忠义精神。又如梅县关帝庙对联："匹马斩颜良，河北英雄皆丧胆；单刀赴鲁肃，江南士卒尽寒心。"传说此联为宋湘所作，以关帝平生两件事入手，突出其智勇精神。

闽西永定高陂镇是人文之乡，文化底蕴深厚。古代，从永定县城通往北山关帝庙的要道上有座桥，名高陂桥，是高陂名士王见川翰林为实现母亲在他出生前的承诺而建。

高陂桥凌空飞架，气势豪迈，宏伟壮观，尤其是大跨拱，如长虹卧波，是驰誉闽粤的石拱桥。高陂桥落成之日，车水马龙，四乡同庆，王翰林欣然题写了一副楹联："一道飞虹，人在青云路上；半轮明月，家藏丹桂宫中。"前一句从上游即从家乡往下看，长虹卧波，连接外面精彩的世界，高陂人要从桥上向外拓展，要走上青云之路；后句则从下游回望家乡，从桥洞看，家乡被半轮明月含在口中，如在画框中，美轮美奂。视角独特，构思精巧，格律严谨，词句美妙，体现了王翰林深厚的文学功力。

北山关帝庙的楹联不少是本地才俊所撰，也很有特色。

大门联："一嶂青山悬义胆；双溪碧水映丹心。"对联将关帝庙所在的地理环境及景色融入其中：一嶂青山，指关帝庙所面对的北山；双溪碧水，就是关帝庙门前右虹桥下一条大溪，蜿蜒奔淌而东南向高陂桥，而庙左小溪之水从关帝庙后绕回又重新汇入大溪。联中"青山悬义胆""碧水映丹心"，情景交融，珠联璧合，可谓绝对。

前厅中柱外联："万古英名载青史；千秋义勇壮山河。"

前厅中柱内联："志在千秋功在汉；功同日月义同天。"

拜厅外柱："匹马上驱千里月；单刀独耀一江风。"

拜厅内柱："夜雨烟消思汉鼎；春风花发想桃园。"

正殿厅柱："生蒲州，事豫州，战徐州，千载名标第一；兄玄德，弟翼德，擒庞德，古今义勇无双。"

另外，寺庙中有求签处。北山关帝庙签语也有特色，以三国人物故事以及其他历史人物故事写成两句签语。如第一仟（上上）："尧舜有道君盛世乐耕耘；风调雨又顺国泰民安平"，第二仟（上中）："常山赵子龙当阳逞威风；单骑救真主三国显英雄"，第廿三仟（中）："大战虎牢关兄弟逞英雄；三英战吕布温酒斩华雄"等。

总的说来，关帝庙往往成为一个地方文化活动的中心，关公庙建筑所具有的艺术特色又会吸引无数的艺术爱好者、旅游爱好者前来参观。

（四）祭祀活动

对关帝的祭祀活动，有日常祭祀和巡游模式。时间上有几个说法：关羽的老家解州常平村，据崇祯二年（1629年）《建关圣常平村祖茔祀田碑记》记载："四月初八日关圣受封之期，六月二十二日为诞辰，九月十三日为忌日，五月十三日为赛会。"在这四个时间里，乡民们都要前往解州关帝庙和常平村关圣家庙举行盛大的祭祀活动。

客家地区供奉关帝的民众往往在农历的每月初一、十五到关帝庙祭拜。如果遇上出国念书、升学考试、拜结金兰、生意开张、企业节庆等活动，人们把关公作为他们的保护神，都要到关帝庙或者自家的关帝像前祈祷祝福。其他的时间根据当地村民的理解而定，每个宫庙还有自己独特的祭典方式。

大型的巡游关帝活动，一般以村落或区域为单位组织，隆重热烈。如永定的大溪乡、永定的北山村、长汀县举河村等。

客家长汀县的举河村，每年农历正月十二日要举行"闹春田"或称"抬烂泥菩萨"的民俗活动，这是由全村民众共同参与的民俗节日活动。起源于何时，没有史料记载，关于它的各种传说却代代相传，其民俗活动也沿袭至今。

长汀县举河村"闹春田"民俗活动与关公信仰紧密相连。在长汀，关公作为民间信仰与人们日常生活息息相关，对民众身心愉悦、村落和谐都有重要作用。正月十二日天色未明，福首家已经熙熙攘攘来了许多祭拜关公的人，正厅非常明亮，关公像摆放在正厅案前，身披红色长布，两旁香烛遍布，香炉两侧摆放着纸制的金元宝花篮以及各样祭品，包括猪肉、鸡、鱼。自清晨开始，人来人往，络绎不绝，屋内人声鼎沸，屋外爆竹连连。8点正式开始抬菩萨，青壮年将关公神像固定在提前备好的红轿之上，前后各两人抬着开始游神。村内共有六个祭祀点，青壮年轮流更替以保持体力。第一个祭祀点是大坝角，祭祀点门前摆好瓜果牲品，关公像到达祭祀人家门口，乐队开始吹拉弹唱，舞船灯者吆喝曼舞，民众烧香祭祀。村民会从家中带来活鸡当场封喉，传说中鸡用来祭祀山神，鸡血则用来供奉土地神。前来祭拜的人络绎不绝，最后由德高望重的老人祝辞，祭祀仪式完成之后，就是"闹春田"的第一个高潮。关公像还未抬到第一个祭祀田，泥田周围已经围满了群众，寒气逼人，田里泥泞不堪，依然阻挡不了村民的一片热心以及外来客人乐在其中的心理。四个青壮年抬着关公像来到田边，围观的群众自发让出了一条道路，方便抬像的青壮年下田。关公像被抬到田地中央，接着绕水田内侧快速奔跑，围观群众的欢呼声也随着他们的奔跑速度起伏不定。倘若有人在奔跑过程中体力不支跌在泥田，群众也会随着奔跑者的跌倒而惋惜不已，当跌倒者重新站起来继续奔跑之时，欢呼声也更加铿锵有力。跌倒，爬起来，再次跌倒，又一次爬起来，就这样循环往复，直到四个青壮年气喘吁吁，筋疲力尽。立在旁边的青年会上去顶替他们继续奔跑，群众的欢呼声、赞叹声连绵不绝。最后，十几个青壮年一同上去抬着泥像奔跑、欢闹，活动的气氛此时也达到了高潮。进行到最后，青壮年们已经气力用尽喘息不已，但是他们依然在泥田里尽情挥洒。在第一个祭祀点闹完之后，关公像被抬到贯穿整个举河村东西边的河水中清洗，清洗之后在第二个祭祀点胡屋进行同样的仪式。等到六个祭祀点都闹完之后，村民又浩浩荡荡地将关公像送往回龙庵，"闹春田"圆满结束。

举河村有胡、马、曾、黄等几大姓氏。常有多个姓氏宗族力量相互抗衡，相互影响，宗族之间的纷争难以避免。举河村日常的活动举办、要事商榷是按照抓阄的分配方式将整个村分为四蓬人，其中蓬作为祭祀菩萨的分组单位。过去蓬是按照地域来划分，各个宗族人口混杂在一起。现在蓬的分布则是以抓阄的方式，一个蓬内的民众被打散开来，并且一旦蓬的分配确定下来便不再改变，以后子子孙孙都从属于此蓬。祭祀关公、举办"闹春田"活动每年都由蓬中某户人家来负责，直至蓬内人家轮流完毕，另一个蓬继续轮流负责。祭祀关公过程之中利用抓阄方式分蓬，活动过程所需的举旗者、厨师以及记账会计等，同样以此种方式确定，村民各司其职，活动顺利举行。此种方式避免了宗族之间互相抱团排斥外人的现象，使得宗族中的各个家庭分散在不同蓬之中。"闹春田"得以延续至今也正得益于蓬内各家各户之间的紧密联系、配合，它促进蓬内民众团结互助，也避免了宗族间因鸡毛蒜皮之事引起不必要的纷争。刘燕凌在对福建莆田黄村庄姓宗族的考察报告中认为游神赛会是展现宗族意识、体现宗族的现有地位的一种本能抗争行为。这种以蓬为单位的特殊方式巧妙地将这种本能抗争行为转化为增强举河村民众凝聚力的方式。举河村民众的凝聚力不仅仅体现在祭祀关公上，商贸交往、公共事项也都因此而顺利进行。[①]

客家地区最为大型的"关帝巡游"当属永定大溪乡的"迎关帝"活动，下文将专题探讨。

（五）关帝崇拜的现代意义

关帝文化作为一种民俗文化，已成为中华民族传统文化的重要组成部分，得到海内外华人华侨的普遍认可。

改革开放以来，从沿海经济发达地区到内地，从港澳台到国外都兴起了关公崇拜热潮，各类祭祀活动此起彼伏，愈演愈烈。尤其在海外，华人对关公的崇拜是一道独特的文化风景线。在亚洲的韩国、新加坡、日本、越南、马来西亚、菲律宾、泰国、缅甸、印度尼西亚等国，在北美的纽约、旧金山等地，都建有关帝庙。各地华人华侨热衷寻根问祖，每当本土的知名关帝庙举行祭祀大典时，世界各地的代表踊跃参加祭祀，形成巨大的盛会。

在相当一段时间里，祭祀和崇拜关公，成了一种极为广泛的社会文化现象，关帝信仰有引领民众精神的积极方面，关帝的忠义精神，凝聚成一种无坚不摧的力量，推动了历史的前进；关帝的信仁精神，成为做人处世中一种高尚的行为准则，也转化为市场经济活动中诚信不欺的商业伦理；关帝的勇武精神，激励人们奋进向前、开拓创新。关公作为道德楷模和道德偶像被不断提升，关公崇拜作为一种文化现象被广泛普及，他是忠义的化身和道德的楷模，汇集了广大民众的审美理想和人生价值观念，对于中国传统社会凝聚力的形成，以及道德意识、道德行为的规范与提升，产生过一定的积极作用。

时代在发展，社会在前进。目前，我国正处于经济转型时期，极易产生商业道德上的失信以及由此引发的道德秩序混乱，市场经济愈发展、愈完善，市场竞争愈激烈，愈要求人们恪守信义。同时，中华民族正走在复兴的道路上，超国籍、超民族、超时代、超汉文化圈的关公信仰，自有其独特的魅力。因此，维护和继承中华民族优秀传统，促进和增强海内外中华儿女对民族文化的认同，正是关公精神和关帝文化在当代社会的价值所在。

---

① 张金金：《福建长汀的关公信仰》，《寻根》2017 年第 6 期。

三、大溪"迎关帝"节俗活动

客家祖地闽西永定大溪乡，有13000人，8个行政村，21姓氏，历史悠久，文化资源丰富，人才辈出。据统计，大溪四百年以上的方、圆土楼近三十座，三百年古寺庙有六座，还有千年塔、百年榕。大溪最大的民间信仰活动就是祭拜关帝活动，后来设立专门的"关帝文化节"。

（一）大溪关帝庙

1. 节俗由来

永定大溪"关帝巡游"（或称"扛菩萨"），属于大型的祭拜关帝活动。为什么有这样的活动？当地的传说是：明朝万历年间（1573～1620年）的一天，关公腾空巡察江南，途经福建永定金丰，得闻百姓啼哭不休，叫苦连天，一问方知乃因旱魔作祟，病魔纠缠，金丰连年旱灾沉重，农作物干枯，禾稻歉收，疾病流行，民不聊生。关公铁心驱邪除魔，治病消灾，普利众生，便在古大溪司署之南侧上空降下一只靴，令司署派员筹建关帝圣殿。经一载多努力，于大明朝万历九年，即公元1581年，一座亮丽堂皇、规模宏大、雄伟壮观的庙宇耸立在依通着九天的大溪马齐嵩名山下。关帝庙位于古大溪司署之南侧，坐南朝北，挺秀灵气，实为风水宝地。自关帝庙建成后，香火鼎盛，毗邻的乡镇村落：高头、古竹、奥杳、南溪、丰盛、湖坑、笔竹、列市、陈东、岐岭、下洋、太月、湖山等金丰十三乡合境平安、风调雨顺、五谷丰登、六畜兴旺，百姓安居乐业，男增百福、女纳千祥。由此，金丰十三乡的妇孺长幼、各行各业民众对"万能神"关圣帝君顶礼膜拜。出门谋生的、读书的等等，都要去关帝庙烧香祷告，祈求如意。

大溪民众对关帝的介绍是：关公宋代封为"义勇武安王"，明朝加封为"三界伏魔大帝神威远镇天尊关圣大帝"，历代皇帝追封到"盖天大佛"，成为人与神之至极。这里"盖天大佛"的说法比较特殊。大溪民众认为关公具有司命禄、佑科举、治病消灾、驱邪避恶、巡察冥司、招财进宝、庇护商价等多种法力。

当年关帝庙落成适逢农历五月，为举行落成典礼决定五月十三吉日（传关帝生日，大溪人也称关公磨刀日）进行开光大典，特请佛侣道士开光，并把关帝神像请出庙门巡游，一方信众大庆，搭台演戏热闹三天。以后每年农历五月十三日定为"大溪迎关帝"节日，至今有四百多年的历史。1949年前，每年举办一次关帝庙会，由金丰十三乡之绅士达人汇商祭祀大事。几百年来，一直延续不断，隆重热烈，闻名永定。此俗除 20 世纪 60 年代初期至 70 年代末期没有活动外，其余时间均有大小活动。

当地关于关帝的灵验有许多说法，但缺少具体事例。有一则是说关帝祭祀前即五月十三前会下雨，这是关帝磨刀雨，而到了祭祀关帝的时间又都是云开日出，让人们开展各项活动。首届总理游远丰介绍："2006 年五月永定大雨，各地政府组织大力抗灾。五月十二日，大溪地界还是下雨，乡镇领导很着急，召集我们理事会征询，别的地方在抗灾，我们还要搞祭祀踩街游行活动，行不行？安全不安全？我就说行。关公有大刀，会把大雨砍掉的，会保佑的。半是玩笑话，半是依据以往的经验，五月十三大溪一般不会有大雨。果然，五月十三祭祀游行日，周边乡镇大雨，大溪只是细雨。我们从乡政府踩街游行结束了、巡游完了才下起大雨。百姓都说灵验，是关帝保佑的。"

再一则是 2018 年的 6 月 10 日，关帝庙的后山笼罩在一片金色中，人们认为自古以来，大溪从没出现过这种情景，是关帝显灵的好兆头。这一精彩时刻，恰巧给曾任大溪乡书记的江宇园遇上，专门拍摄留念以证。同时，江宇园担心人们怀疑其真实性，于是叫人将自己也拍摄进画面中，将之传到网络。人们都称是奇象，是关帝庙所在马齐崇的灵气。尽管有专家出来解释这一现象的科学道理，但民间百姓宁愿称是关帝显灵。恰逢这时距第五届"大溪迎关帝"举办还有十四五天，大溪人很高兴地传播说关帝显灵，为"首届海峡两岸（客家）关帝文化交流暨第五届永定大溪关帝民俗文化节"增色不少。

2. 庙宇建筑

大溪关帝庙建于马齐崇山下、古大溪司署之南侧。经多年整修，规模较大，庙宇壮观，边上为小学校。

庙宇为口型，进大门后为一天井，天井后为大殿。门楼高大，最前有两个柱子，书联曰："行国家大义方许叩头礼拜；无兄弟深情何须入庙焚香。"对联内容暗合关帝精神，有告诫祭拜之人意味。大门的对联则为："红脸卧蚕丹凤军营夜灯兵书手持长髯思谋略；青龙偃月赤兔虎牢屯土五关臂舞大刀战沙场。"天井后大堂中间是关帝神位，左设神龛"文昌帝君神位"，右设神龛"孔圣人神位"。

关帝庙平时有信徒管理服务，日常人们亦来焚香祭祀，捐赠款项，表达愿望。寺庙为信众准备的收据也很有特色，采用传统的竖写方式，有到寺庙祭祀捐赠者就填写地址名字。为方便起见，这里用横写展现：

一泗天下　南瞻部洲

今据

中国　省　县　乡（镇）村（楼、店）

善男、信女：

今日虔备清香宝烛神金花炮斋蔬果品猪羊等牲仪诚心

叩拜

南镇庙关帝圣君暨合庙尊神　　　　祈求降幅，家门昌盛，合家平安，男增百福，女纳千祥，四时无灾，八节有庆，五谷丰登，六畜兴旺，人、车出入平安，经商生意兴隆，读书金榜题名，工作步步高升，办厂财源广进，采掘一本万利，在家和气康乐，外出贵人照应，逢凶化吉，神降灵威，神灵显赫，万事如意，风调雨顺，国泰民安。

南镇庙谨表

上

闻

公元　年　岁　月　日具疏上申

寺庙中张贴着许多书写海内外信众捐赠钱物的红帐单、介绍关帝文化的宣传画，挂着祭祀活动及相关人物的照片，等等。一边的过道上有信众游彩茂题赠关帝圣诞的牌匾："人杰地灵大溪乡，三条圳水倒流上。巍峨文峰马齐崇，美丽新村土篱岗。五庵一寺关帝庙，忠义仁勇永流芳。关帝圣君圣诞日，五月十三大吉昌。千姿百态锣鼓手，万紫千红龙旗扬。百桌供品呈风采，千支香烛点点光。善男祈祷添百福，信女祝告纳千祥。合境虔诚歌义将，八方人民享安康。"把大溪祭拜关帝的方方面面都写到了，通俗易懂。另一边墙上还挂着2017年巡游台湾时的邀请旗：

中国福建龙岩市永定区大溪乡

关帝庙

建庙四百三十六年首次访台湾

两岸一家亲

共圆华夏梦

弘扬忠信义

龙岩市永定区大溪乡

戊戌年五月十三日吉庆

拜访诚邀

（二）祭祀仪式

自关帝庙建成后的四百多年里，大溪人在每年的五月十三都要举行庙会活动。人们准备猪、羊、牛等各类祭品，行大礼祭拜。一般由德高望重的乡绅主祭，三跪九叩，上香斟酒，仪式繁杂。

主祭念祭词："维帝浩气凌霄，丹心贯月。扶正统而彰信义，威震九州；完大节笃心忠贞，名高三国。神明如在，遍祠宇于寰区；灵应丕昭，焉馨香于历代。屡征异迹，显佑群生。恭值佳辰，遵行礼典，筵陈笾豆，几奠牲醪。尚飨。"

在设立关公文化节后，念祭文就改在大福场祭拜之时了。根据游远丰先生的说法：祭品中最为典型的是以全牛祭祀。客家地区最隆重的牲仪一般是全猪与全羊等五牲，而大溪用全牛祭祀的确特殊。农耕时代，牛作为重要的生产力是受保护的，民众不能轻易宰杀水牛和黄牛，故农村敬神是禁用牛肉的。现在已是机耕时代，加之牛越来越多，全牛宴已成为金丰十三乡的大餐，宰杀牛已是平常事。不过，大溪全牛祭祀也不是真正的抬出来一头牛，而是在祭坛前宰杀黄牛，然后把牛肉、骨头掏空，只留牛头及完整的黄牛皮蒙在特制的椅凳上，看似全牛摆在祭坛前。故周边民众流行一句带着贬义的民谣："大溪人奇趣不奇趣，空壳黄牛祭关帝。"但这也体现了大溪乡民对关帝的膜拜和敬仰。在庙里调研时，有一位老人说这是把它当成关帝的爱骑赤兔马。这不失为一种有趣的说法。

（三）关帝文化节诞生

祭拜关帝的庙会延续了四百多年，但后来停办了。直到 2006 年，政策宽松了，经济也发达了，民间风俗信仰活动逐渐展开了，于是人们就有了新想法。

1. 节俗创起

乡贤游远丰倡议发起福建闽西永定大溪"关帝圣君圣诞民俗文化节"活动，以延续大溪祭祀关帝圣君的传统。其主张是：为推进社会主义新农村文化建设，保护历史文化古迹，承继与弘扬关帝传统民俗文化，共促科技文化事业繁荣，增进乡情，加强大溪江、李、巫、余、吴、邱、胡、周、徐、翁、黄、张、陈、游、郭、杨、詹、赖、钟、简、苏等21姓氏团结，构建和谐平安大溪，开拓经济发展，创建大溪土楼融入永定客家土楼旅游行业等各项事业之发展平台。活动的主旨是："弘扬关帝文化，传承中华美德。"同时决定每三年为一届。他们还拟制了将"大溪"地名融入其中的对联："大地钟灵文明运启；溪川集瑞福有基开。"后又拟一副："大地莺歌燕舞迎关帝；溪中鲤跃龙腾乐太平。"

2. 关帝巡游

客家民间最盛大的民俗信仰活动一般是"扛菩萨"。"菩萨"泛指神灵，各地扛的"菩萨"所指神灵各有不同。民众抬着"菩萨"到各村各户、祠堂庙宇、田头地块中巡游，祈求保佑平安幸福、五谷丰登、国泰民安。大溪人是"迎关帝"，抬的是"关帝圣君"。当然，现在是用汽车载着神灵走村串巷了。

从2006年开始，大溪人"迎关帝"演变为全乡太联、大溪、三堂、联合、莒溪、湖背、坑头、黄龙等8个行政村35个自然村的民俗活动，涉及1.6万多人。

大溪人在活动的第一天就从关帝庙中隆重请出关帝神像到各村巡游，每个村落巡完后，于农历五月十三日，在大溪集镇所在地开展大型踩街游行活动，最后将神像安置在大福场集中祭拜。大福场原来设在乡政府门前大平地，后因规模越来越大，就将大福场移至侨光中学的大操场了。

2018年第五届关帝民俗文化节，民众载着下乡巡游的是五位神像：右手抚髯左手握书的关帝圣君、手捧官印的关平、手握大刀的周仓、端坐的文昌帝君及文宣王。巡游活动隆重热烈，前面鸣锣开道，有"廻避""肃静"大牌；中间是五位神灵；后面有各种表演古事的方阵、八仙队伍、戏剧团队以及虔诚的举香民众，浩浩荡荡，热闹非凡。每到一个点，都有一套活动：道士作法、舞狮表演、山歌唱和、乐队演奏、八仙表演，民众则摆好八仙桌、堆放祭品、焚香祭拜、烧化纸钱、鸣放鞭炮，最后收拾东西结束仪式，巡游队伍继续走向下一个祭拜点。

第五届关帝民俗文化节巡游活动的具体安排如下：

第一天6月23日（农历五月初十日）

上午5:30—6:30关帝圣君出庙及下乡活动队伍次序，匾幅："魅力客家，和谐大溪""恭迎关帝圣君巡乡保平安！""热烈庆祝首届海峡两岸（客家）关帝文化交流暨第五届永定大溪关帝民俗文化节隆重举行！"，"廻避""肃静"牌匾，"关"字龙旗、彩旗、狮队、神轿车、八仙、大鼓队、腰鼓队、永定区宣传系业余艺术团、民间艺人李福渊团队及筹委会成员。

下乡活动地点：坑头 6:00——双坑里 6:40——和顺堂 8:30——万石 9:10——黄屋科 9:40——黄仕坑 10:30——联和 11:30。（以上时间以队伍出发为准）

第二天 6 月 24 日（农历五月十一日）

下乡活动地点：三堂 6:30——圆树山 7:30——西科 8:30——寨下隆 9:20——湖背 10:20。（人员车辆及队伍秩序要求参照五月初十日之排序）

第三天 6 月 25 日（农历五月十二日）

下乡活动地点：溪头山 6:00——莒溪 6:40——科头 8:10——沾坑村 8:50——坑仔尾 9:30——周屋 10:00——圆寨、赖屋 10:40。（人员车辆及队伍秩序要求参照五月初十日之排序）

第四天 6 月 26 日（农历五月十三日）

农历五月十三日是祭祀的正日，神像集中在大福场，设有主祭台。6:00 在主福场祭祀上供。人员列队：第一堂主祭人，第二堂总理组成员，第三堂嘉宾代表。按照村落组织队伍，于 8:00—8：30 举行"首届海峡两岸（客家）关帝文化交流暨第五届永定大溪关帝民俗文化节庆典开幕式"，由于当地政府的重视，仪式带有半官方色彩。

接着是踩街游行活动，其线路为：主福场——溪尾——华侨新街——塘背——岭下——枫树下——岗下桥头——柚树下——乡政府——知青路——主福场。

活动吸引了海内外乡贤及各地乡亲朋友两万余人参加，所以需要周密组织安排。回到主福场，其他活动仪式开始，等于把过去在关帝庙前举行的庙会移到场地更大的侨光中学大操场。

3. 历届概况及变化

自从 2006 年创办"关帝民俗文化节"至今已举办五届，每一届都有一些新意，充分展现了劳动人民的智慧与创造力。

第一届：2006 年，首届关帝圣君圣诞民俗文化节，为期 5 天，由倡议者游远丰担任总理。首次大型踩街活动史无前例，尤其是他们以 21 姓氏制作成龙旗，按照笔画顺序排列，场面壮观。活动还组织了首届人溪书画展、篮球赛、拔河、乒乓球赛、文艺演出等。

第二届：2009 年，第二届关帝圣君圣诞民俗文化节，由游武平担任总理。文化节盛况空前，家乡本土、回乡人员、知青及外来人员 3 万多人参加，共收到各类赞助近百万元（包括海外华侨、港澳台同胞）。活动包括迎关公踩街、首届"土楼杯"男子篮球赛、书画展、拔河、乒乓球赛、投花篮、知青座谈、厦门知青林建元捐资桥（路、亭）剪彩仪式、农民文艺晚会、汉剧表演、黄梅戏、燃放烟花等。其中 10 名台湾宗亲和 132 位厦门知青返乡，特别令人注目。

第三届：2012 年，第三届关帝圣君圣诞民俗文化节，由陈镜华担任总理。此次文化节盛况空前，吸引了回乡人员、厦门知青及海内外华人两万多人前来参加。内容包括喜迎关公踩街、第二届"土楼杯"男子篮球赛、书画展、拔河、乒乓球赛、大溪乡"厦门知青路"剪彩仪式、农民文艺晚会等。

第四届：2015 年，第四届关帝圣君圣诞民俗文化节，由翁永勇担任总理。此次吸引了回乡人员、厦门知青及海内外华人两万多人前来参加。内容包括喜迎关公踩街、第三届"土楼杯"男子篮球赛、书画展、拔河、乒乓球赛、农民文艺晚会等。

第五届：2018 年，首届海峡两岸（客家）关帝文化交流暨第五届永定大溪关帝民俗文化节，由游育榕担任总理。除了常规活动，邀请了台湾人士来乡开展关帝文化交流活动，规模更加宏大。尤其是利用微信开展捐款，捐赠拱门、龙柱、空飘的接龙活动，形式新颖，效果良好。

（四）巡游台湾

中华民族历史悠久，大陆与一水相隔的台湾，亲缘、地缘、神缘、业缘和物缘"五缘"相连。

关羽是海峡两岸民间信仰中共同尊奉的神祇，关公文化是海峡两岸民间往来的重要媒介和桥梁。据统计，台湾现有关帝庙九百多座，信众八百万余人。自从两岸互通后，海峡两岸人民以关公文化为桥梁，开展了多样的民间文化交流活动。如福建东山关帝庙作为台湾关公文化的发源地，台湾近 500 座关帝庙是从东山关帝庙分灵或再分灵的，一直以来深受台湾同胞的敬仰。1995 年，台湾有关方面就邀请东山关帝的神像到台湾巡游，历时六个月，在台湾全岛引起巨大轰动。近年来，台湾已经有 20 多个市县的 200 多座关帝庙的 7 万名信众到东山关帝庙参加各种形式的关帝文化交流活动。以关公文化为媒介的交流，不但加深了台湾民众对祖国传统文化的认知，同时也让闽台民众深切感受到彼此间"人同根，神同源"，骨肉情深的亲缘关系和一脉相承的文缘关系。

2017 年 10 月 5 日 8 时，大溪关帝理事会 8 名成员在总理游育榕的带领下，恭请"关帝"赴台巡游。关帝金身出庙后先沿街巡游一圈，然后在大家的护送下，乘坐奔驰小车直奔厦门。10 月 6 日上午 9 时，交流团护送关帝金身从厦门坐船至金门，后转飞台中市，开展为期 7 天的巡游会香活动。

在台 7 天活动中，大溪"关帝"绕境巡台，经过彰化、嘉义、高雄、台东、云林、宜兰、花莲、台北等 8 个县（市），与 17 座宫庙进行文化交流。

10 月 6 日下午，交流团到达台中市大甲区镇澜宫开展入台第一站巡游会香交流活动。关帝雕像被迎进镇澜宫内，台中万名信众参拜、祈福。然后由一部专车载着关帝金身在大甲区进行巡游。当天恰好遇上全台妈祖盛会，在大甲区体育场上万尊妈祖、关帝神像汇集，为大溪关帝巡游增添了热闹的气氛。7 日下午，到台湾云林县斗六镇南圣宫交流，当地新闻媒体专门前来采访，并特地制作以"两岸一家亲、弘扬忠信义"为主题的专题报道。

接着交流团到高雄的东照山关帝庙会香，当日跨越台东、花莲两个县市，行程三百六十多公里，赴东凌宫、圣天宫开展巡游会香交流活动，还到了佛光山、台北慈惠宫等地。

巡游期间，理事会成员在台北市与有关人士见面交流，共叙两岸乡情。吴志刚是台北市"议员"、国民党名誉主席吴伯雄次子，他代表父亲向家乡来的大溪乡亲致问候。他说："首先感谢各位长辈，还有从我家乡来的宗长，上个礼拜我知道各位乡亲要来台湾，十分高兴。希望大家常来常往，两岸一家亲，一定要通过大家的交流，两岸的气氛就会越来越好。我希望像这样的往来越来越多，今天台湾行程是最后一天，明天你们就要回去了，把我们对大陆同胞的祝福带回去，希望大家以后常常见面，再次祝贺这次台湾之行圆满成功。"

海峡两岸合作联盟总会长张采明在见面会上说："今天晚上特别感谢大溪关帝庙交流团，436 年来首次访台，这是两岸人民长久以来的心愿，第一次莅临我们宝岛，这是一个非常值得纪念的日子。在我看来，两岸在民间信仰、文化认同方面是完全相同的，今天我们的相约相聚，真正体现两岸一家亲。"

原国民党陆军中将胡筑生先生在交流中也深有体会："两岸文化、两岸宗教是相通的，关帝在我们军人来讲是个武圣，我们崇拜武圣这一点也完全是相通的。山西的运城武庙我去过，作为两岸一家亲，血脉相连，不是'台独'所思念的，我希望我们能够促进两岸的和平、和谐。"胡将军欣然接受邀请函时表示："大溪关帝巡游台湾是加强两岸交流的一个好做法，我感谢邀请，更希望两岸进行各方面交流，早日促成两岸统一，这是我们中国人的希望。明年我将会率领吴守育等 4 位少将及总会联络人到大溪参加活动。"

10 月 14 日，赴台巡游 7 天的大溪关帝神像，在迎候乡亲热闹的锣鼓中平安回到大溪关帝庙。

永定大溪人四百多年来信奉的关帝忠义礼智信精神，在两岸关帝文化交流中得到了升华。[①]

（五）"迎关帝"民俗意义

1. 弘扬关帝精神，传承中华文化

永定大溪人四百多年来信奉关帝的忠义礼智信精神，"迎关帝"活动让关帝文化更深入到大溪民众心中。关帝作为最具影响力的"护国佑民神"，其报国以忠、待人以义、处世以仁、作战以勇的精神，随着中国社会历史的发展和人们的需要，越来越受到追捧。

客家人注重耕读传家，关公手握书卷的塑像很合客家人的思想。大溪人亲切称其为"轿上读书郎""读书不倦的关帝君"。尽管在调研中，不少民众不知他在读《春秋》以及《春秋》的含义，许多人以为关羽读的是兵书，但武将读书对人们更有激励效果。大溪人常以"轿上读书郎"激励子孙后代。

"迎关帝"活动让关帝文化弘扬发展，也让中华民族美德发扬光大。

2. 建设和谐乡村，促进民众交流

大溪乡人口少，但姓氏多而杂。平时各姓氏间矛盾斗争厉害，大姓欺负小姓，强族欺负弱族，不和谐。关帝民俗文化节以共同的民间信仰把大家凝聚了起来。作为首届总理的游远丰先生很自豪当初的两个好设计：一是每个姓氏制作一面姓氏龙旗，共21面，游行时与"关"字龙旗等一同列队，张扬家风。当时有人说："远丰叔，您的'游'是大姓，走在前面。"他说："不行。为体现平等和谐，按照姓氏笔画排序。"大家很佩服这个建议，都很服气，一直延续至今。第二个是负责"迎关帝"事务的总理轮流当，不能一直由大姓强族的人当。后来，陈、翁等小姓，有能力的都当了总理，大家觉得平等和谐。

同时，由于要开展活动，为调动大家共同参与，大溪组建了大溪锣鼓队、腰鼓队、山歌队、舞蹈队等，平时要操练，许多村民参与了训练。有事做了，时间有安排了，人们就不会只是打牌、打麻将赌博。整个社会风气变好了，打架斗殴、偷盗等少了，社会和谐了。民众都很开心。

关帝文化节的口号"忠义千秋关圣帝，孝贤万代大溪人"也有很好的教育意

---

① 游萍、游春丰编：《大溪关帝民俗文化节相册》，未刊稿。

义。通过祭拜关帝的狂欢，乡镇村落认同感、和谐建设区域村落的理念得到了强化，民众的信仰意识得到了升华。

大溪"迎关帝"活动，是以地缘为纽带将大溪21姓乡亲联系在一起，形成了民众对乡镇的认同，这对于民众之间交往互惠及各自村落的绵延兴盛是大有裨益的。

"迎关帝"活动让人们找到了交流的契机。游远丰先生说，以前没有开展活动时，大溪人觉得不好意思，每次都到外面去吃别人的。现在终于有由头请亲朋好友来家中做客了。原来，周边乡镇都有活动，湖坑、奥杳、抚市有大型的"做大福"民俗活动，陈东有"四月八"民俗活动，都很热闹，客人很多。现在有"迎关帝"活动了，大溪人的腰也就直起来了，也能大声说："迎关帝，请到我家做客！"这是典型的客家人、客家思维，热情好客，去吃别人不好意思，别人来吃很开心。客家地区的湖坑、奥杳、抚市"做大福"，陈东"四月八"，大溪"迎关帝"民俗活动期间，人们广邀亲朋好友，以来客多为荣耀，每家每户最少都有几桌客人，多的达八十几桌，热闹非凡，令外人咋舌。

3. 密切了与港台同胞海外侨胞的联系

一座关帝圣殿，就是一方水土的民俗民风的展示；一尊关公圣像，就是千万民众的道德楷模和精神寄托。海内外的关帝庙，让关公文化成为连接海内外中华儿女的纽带。

大溪是侨乡，在海外的乡亲很多。关公文化的交流开阔了大溪人的眼界，也联络了大溪人的感情。除了上面介绍关帝巡游台湾外，大溪民众以关公为纽带交流最多的是东南亚。

海外侨胞心系故土，热心捐资办学校医院、修桥筑路、建庙修寺，为大溪建设作出很大贡献。

永定区侨联副主席、大溪侨联主席游远景如数家珍地介绍了大溪海外侨胞热心家乡公益的情况，并满怀激情介绍了第五届关帝文化节前夕他带领"大溪乡侨联关帝庙总理组印尼感恩之行"的实况。

建国初期，侨胞游范吾先生怀抱"荣华富贵都不要，一心向往祖国春"的理念，变卖家产，告别妻儿，只身回到大溪，为家乡建设贡献毕生的精力。在他带领下，大溪华侨兴建了永定区第一个农村水电站，第一所华侨医院，第一所华侨中学，第一所华侨幼儿园，还有第一个华侨农场和第一条华侨新街，创建了第一个汉剧团。

祖国改革开放之初，华侨们的生活其实也并不富裕，但老一辈华侨游宏蕴、游任康、游万通、游绍宽、游尚群、游美初等积极为侨光中学慷慨捐资。发起人之一游宏蕴为建中学奔走在印尼各大城市乡村，病倒在筹款路上，临终时仍念念不忘中学的建设。发起人之一游任康先生八十多岁还关心中学的筹建，想回来看看，儿女看他年纪大，身体不好，行动不便（80年代初农村交通不便），不肯让他回家乡，他就以绝食相要挟，最后儿女只好陪他回来，回来时还带了装骨灰袋子，说万一路上去世就将骨灰装回就行。老一辈华侨为了家乡人民的幸福，作出了巨大的贡献，有太多可歌可泣的感人事迹。

据不完全统计，改革开放后大溪华侨为大溪公益事业捐款三千多万元（按现在币值估算至少也一二亿），建了一所中学、四所小学、一座医院、侨联大厦、四条公路、十五座桥梁、一个公园等等。侨光中学的兴办使大溪学子全部能就近入学，三十多年来，培养了六千多个初中毕业生，四千多高中毕业生。大溪侨光中学设施好，师资强，学风浓，最近几年，中考成绩名列全区农村中学前茅，二人考上清华大学，二人进入中国科学院，为家乡培养了许多全面发展的人才。大溪乡公路、桥梁建设的密度也是全区最好的。医院也是很好的，民众有病能就近就医，许多病危乡亲得到及时的医治。

现任印尼永定会馆会长的游日成先生之父亲游苏萍和伯父游尚群乡亲均是侨光中学发起人，他们家族为家乡侨光中学捐建了瑞光礼堂、尚群秀昭实验楼、苏萍金招科技馆，还有坑头输电线路、坑头公路、瑞光桥、大溪电视转播台等等，他们家族的善举受到了国务院侨办金匾表彰和省政府捐资公益事业铜牌表彰。

客家人特别崇宗敬祖，重视寻根。旅居海外的客家人更是满怀爱国热情，尽管身在他乡却有着割不断的中国情结，时刻牵挂中华民族的繁荣兴旺，并为祖国贡献自己的力量。享受到各种福利的家乡人们也感激海外侨胞的义举。在2018年举办第五届大溪"迎关帝"活动前夕的五月二十日，游远景主席和永定大溪第五届关帝民俗文化节总理游育榕、大溪村村主任游明辉怀着对海外侨胞的崇敬之心，带着大溪人民对海外乡亲的深情厚意，从大溪关帝庙出发，启程前往印尼雅加达，拜访大溪在印尼的乡亲，并表达感恩之情。

据游远景主席介绍，当晚十二点他们到达雅加达机场，先期到达的福建明辉新能源有限公司董事长游小民兄弟、原雅加达永定会馆副会长谢成干乡亲就在机场热情地迎接他们。

第二天上午，雅加达永定会馆游日成会长组织五十多个乡亲在永定会馆欢迎家乡来客：有专程从万隆永定会馆前来的张良才会长和老会长陈伟良、游贺昌等；有受国务院侨办、福建省政府表彰的年已八十多岁的游文福乡亲，他是在家人和医护人员陪伴下坐着轮椅前来参加的，很感人；有永定侨源中学创办人陈永源先生；有原永定侨光中学发起人游宏蕴先生的儿子其塘和其云兄弟，游其塘是星蝶药业公司董事长，公司生产的太平散已列入印尼国药畅销全世界；还有原理事长游兆民先生（已逝）的太太、原理事长游元伟先生（已逝）的太太和儿子游锦峰等等众多乡亲。这让感恩之行的成员更为激动。

这一晚，印尼著名侨领、印尼永定会馆第十、十一届会长永安药业集团董事长游继志、胡素丹伉俪专程设宴接待家乡客人，有五十多名乡亲参加。游继志、胡素丹夫妇自力更生白手起家，他们的公司从一个家庭作坊，发展到拥有两千多名员工的现代化的永安药业集团，药品销售世界各地。他们身在印尼，情系乡梓，2011年组团参加世界永定恳亲会，并为客家博物馆捐资一百万元。侨光中学创办之初，年纪尚轻的游继志就深知百年大计，教育为本，积极为侨光中学建设慷慨捐资。几年来，他们还出资兴建侨光中学引水工程和修建家乡公路等，为改变家乡面貌作出了巨大的贡献。担任第十、十一届永定会馆会长期间，他关心侨胞，访贫问苦，办诊疗所、中文补习班，积极开展交流组团回乡，热情接待家乡亲人。

第三天上午，他们到三友药业公司参观，三友药业公司经营名牌中成药。感恩组成员拜访了游文福先生，向他汇报了家乡的发展情况，感谢他对家乡公益事业的关心。游文福兄弟继承先父遗志，热爱家乡，为家乡侨光中学兴建了任康体育场、任康综合楼，大溪中心小学任康综合楼，大溪乡蜈蚣桥，太联村村道，维修南昌楼、五福楼，捐资奖教奖学等，受到国务院侨办的表彰，两次受省政府金牌表彰，是龙岩市第一批荣誉市民。新一代侨胞游宏成、宏豪、宏达热情接待感恩组成员一行，并陪同参观了正在兴建的规模宏大的现代化药厂。

第四天，感恩组成员在原永定会馆谢成干副会长的陪同下，拜访了侨光中学高中创办人之一游宏厚先生的儿子游远隆和女儿游素珍。游宏厚乡亲早年参加革命，因受国民党反动派的追捕，才避走南洋，他为人耿直慷慨，在当时经济并不富裕的情况下，倾资捐建侨光中学高中综合楼，1996年"8.8洪灾"，家乡五福楼被洪水冲了一个缺口，他迅速奔走募捐建起防洪坝，保住了古老而有文化内涵的五福楼。五福楼现在是龙岩市文物保护单位。

接着他们拜访了侨光中学第二任董事长游兆民乡亲的儿子游得彬兄弟（其祖游万通乡亲也是侨光中学发起人之一）。游兆民先生热爱家乡，为家乡侨光中学捐建了万通综合楼、万通科技馆、侨光中学校门，大溪小学万通综合楼，大溪村村道。

这些基础设施极大改变了大溪办学面貌，福建省政府授予其捐资公益事业金牌奖章以示表彰。

第五天，感恩组成员在柏辉乡亲的陪同下，拜访了游子平、游子云的后代。游子平是雅加达永定会馆第二任主席。下午拜访了游琴祥、胡秋莲的儿女，游梅霞五兄妹盛情接待感恩组成员。

第六天，感恩组成员在柏辉乡亲的陪同下，参观了印尼客家博物馆。博物馆是由旅印乡亲游继志、游洪壁等捐资按圆形土楼样式建造的。博物馆展现了当年老一辈华侨背井离乡、在印尼艰苦创业的事迹。华侨们传承客家人拼搏进取的精神，开创了一片新天地。博物馆资料表明大溪人杰地灵，人才辈出，后继有人，前有老一辈游范吾、游子平、游尚群、游任康、游绍宽等爱国爱乡侨胞，后有新一代游继志、游洪壁、游文福等新生俊杰，星光灿烂。

下午，他们专程前往神珠药行，拜访了游绍宽的儿子游乐群。乐群、礼群、丽霞的父亲游绍宽乡亲是侨光中学发起人之一，为侨光中学建初中楼，为家乡乡亲捐建祝元楼，他们兄妹继承父志，为侨光中学捐建了绍宽纪念亭、设立游绍宽奖教奖学金。

感恩组成员在印尼听到最多、最亲切的话就是："我们是亲人。"亲人！多么朴实的话语。

游远景主席还特别介绍，此次感恩之行能够圆满顺利，是和游小民乡亲精心安排、无私奉献分不开的。游小民乡亲热爱家乡，几年来，为家乡兴建关帝庙万清综合楼、大溪村万清桥、镇江楼门前御福公园征地和公园绿化美化，捐资大溪侨光中学奖学助学金等合计二百多万元。他是印尼和家乡联系的桥梁和纽带，这次通过小民乡亲，联系上十多户与家乡亲人失去联络的乡亲，家乡人民十分敬重他。[①]

大溪关帝庙、"迎关帝"文化活动成为连接海内外大溪儿女的纽带。

① 游远景：《大溪乡侨联关帝庙总理组印尼感恩之行纪实》，http://www.chineseyoujiapu.cn/article-34-1.html。

第九章　村落聚福地，处处公王神

——客家公王崇拜

在客家民间信仰中，有一个最为典型、最纷繁复杂的信仰，那就是公王崇拜。俗语有云："县有城隍，乡有公王。""公王"是客家地区民众最为普遍最为痴迷的神灵。只要有人群居住的地方，几乎都设有公王坛或公王庙，有些地方甚至有几个、十几个公王坛或宫、庙，这种情况在其他地方并不普及甚至少见。通过这种客家地区最普及、最有影响力的民俗形式，可以看出公王崇拜与客家人的生产和生活是息息相关的。公王信仰及相关活动成为客家民众日常生活的重要组成部分。公王崇拜还随着客家人的播迁，流传到港澳台等地及马来西亚、印度尼西亚、泰国等东南亚国家。

在客家地区，"公王"常被冠以当地地名、原型名号或者带有意义的名称，以区别于其他地方的公王。如梅县松口镇梅溪公王、梅州松源镇龙源公王、梅州泮坑公王、连城长汀交界处十三乡玲珑公王以及得胜公王、石固公王等。其中最具典型代表的是梅州的"泮坑公王"，其公王庙（又称"三山国王庙"），因传闻有求必应且在民间有"泮坑公王保外乡"的谶语而闻名于东南亚各国，深受本地外出邑人、华侨以及外乡人的顶礼膜拜而长年香火鼎盛。

客家地区的许多村落，都有自己供奉的公王，而且村民都只祭祀自己的公王，而不祭祀其他村落的公王。这正如刘大可先生所说：公王、社公是村落的象征与标志，就像灶君象征着家庭。分家一定要另立灶君，灭人之家要"倒灶头"；而分村也必然增立公王、社公，亡人村落，也必驱逐其公王、社公。如店厦村的大化、牛湖下、浪下、河口、吴潭、罗屋等自然村除共有的公王外，各有一座自己的公王神坛；梁山村的牛姆窝、山背、上洋、下洋、丘屋、钟屋、吴屋等也是除共有公王外，分别还有一座自己的公王神坛。^①他在田野调查中发现的一个故事很能说明客家地区公王崇拜的特性。"……连城县的其他村落也有信仰民主公王，如在芷溪乡就有当地洪福公王召集民主公王等各村公王开会的传说，据当地报告人说：'一次，洪福公王为了保卫芷溪人民生命、财产的安全，把店背的金精公王和大路背的祈福公王，隔门的民主公王，还有庵坪的太伯公王，召集起来开会，会议决定要求开会的内容绝对保密。事后，大路背的公王却泄密于邓法王，洪福公王知道后，罪打一记耳光，所以祈福公王的神位头上永远是歪斜的。每次经过修整、扶正又会歪斜回去。'"^②公王名称很多，各村不一，且和村民一样各有性情。

关于公王的职掌，人们希望的是：镇疆守土、捍患御灾、赐福求财、长驱厉疫，护佑民众四季安宁、五谷丰登、六畜兴旺、百福隆临、事事顺意。这从公王神位前常用的对联"赐福隆康求财福；御灾捍患感必通"可以看出，从祭祀公王常用的祭文也可以看出，祭文曰："窃维公王普施福泽，庇佑百姓黎氏，每逢雨顺风调，万民安居乐业，均得尊神之威灵显赫也。兹值新年伊始，岁序更新，迎春接福之际，物集士庶坛前，敬陈香楮牲醴不腆之仪，既报往昔之鸿恩，亦祈今后之常旋雨露。伏望尊神镇守斯土，素有仁民爱物之忱，捍患御灾之德，大发灵威，长驱疠疫，万民赖以四季安宁，五谷丰登，六畜兴旺，民安物阜，百福隆临，事事顺意，敬布微忱，尚祈昭鉴。"

公王不但是人们意识中的守护神，还是人们祈愿永保平安、消灾赐福的精神寄托。在客家地区，民间各村都有公王，几乎每个村的村民一提到公王，人人肃然起敬，个个神情庄重，都认为自己村的"公王爷爷"最灵。这一民间信仰给人们带来精神慰藉的同时，也极大地影响了客家人的世俗生活。这种影响既体现在客家人的醮会庙会和节庆祭祀活动中，也体现在人们的行为习惯和日常生活中。如由对公王的崇拜而形成的"扛公王"的民间习俗活动，隆重而热烈，凝聚家庭与族人；而跨区域的公王崇拜则具有协调族群关系，维持社会稳定的社会整合功能，解决各族群在发展的过程中因水源、土地等问题而引发的矛盾，推动客家社会的发展。

祭祀公王也是客家地区人们对善的追求，对美好生活的向往，对天地人的感恩。人们在日常生活中祭祀公王，同时也在传播公王法力的神奇，还把事业的成功、生意的兴隆、逢凶化吉的事项归功于公王的庇佑。如梅县松源镇王氏宗族是大姓，信奉"龙源公王"。王氏族人不但在本地从事工商业，还远涉佛山等地经商开

---

① 刘大可：《公王与社公：客家村落的保护神》，《世界宗教研究》2003 年第 4 期。
② 刘大可：《闽台客家地区的民主公王信仰》，《客家研究辑刊》2011 年第 1 期。

店。族人王超望在嘉庆二十四年（1819 年）写的一篇短文中就谈到自己曾祖父在佛山经商，将生意兴隆的原因归于龙源公王的庇护，还成立丛胜会等经济型众会来保证"祭祀无缺"：

> 恭维吾乡龙源公王殿下，聪明正直，足以代天施化，福被遐迩。凡居口乡而业士农工贾者，罔不享其德而报其功。盖亦准本天之义也。昔我曾祖蓉生公之商于佛镇也，字号信昌。数十年来生意鼎盛，用念人事之成，必藉神功之助。既历酿有丛胜等会，每岁诣宫崇祀无缺。①

一、客家公王称号

公王是什么？有许多说法。从字面上看，"公王"是组合词，"公"与"王"，来自古代的"王""公"封号，民众以此表示对神灵的尊称。民间对公王的称呼杂乱而笼统，有"公王""公皇""伯公""社公""社官"等。对公王的认识也很模糊，各地人们崇信的公王原型，出处不一。民间有说是帝王，有说是祖宗神，有说是土神、山神或风水神等神灵的化身，也有说是地方官宦、朝廷重臣，他们或德高望重，或功勋显赫，或清正廉明，或为民除害而遭受奸臣陷害，因此深受子民百姓的爱戴和缅怀而被尊为神，供奉为公王，不一而足。由于民间田野调查资料繁杂不一，学者的观点也不尽相同。

巫能昌专门撰写文章辨析，他考察了闽西客家地区，即旧属汀州府的长汀、上杭、武平、连城、永定五县，发现伯公、社公与公王是闽西客家人普遍祀奉的神明。而闽西民间对"伯公""社公""公王"这三个概念似乎也没有很清楚的界分，尤其是对后两者。那么，是否可以将"社公"与"公王"这两个概念等同起来呢？曾有不少学者对这些神明进行过专门讨论，或将其置于更大的神明崇拜体系之中进行整体考察。著名客家学者劳格文从土地神、大庙、跨区域神明崇拜和地方性神明崇拜这四个方面讨论了长汀、上杭、武平、永定四县的崇拜模式。关于其中的土地神，劳氏提到了伯公、社公和公王；大庙则主要讨论了公王庙。实际上，这四种崇拜之间的界限比较模糊。跨区域神明或地方性神明是很多大庙的主神，他们也常被

---

① 转引自宋德剑：《民间信仰、客家族群与地域社会——粤东梅州地区的重点研究》，第 48 页。

当成公王神来崇拜。除了公王庙，属于大庙的还有很多被民众作为香火院的佛教寺院。土地神中的社公和公王在民间俗称"福主"或"福主公王"。"福主"即主一方福祉之意。清初上杭士人丘嘉穗对其乡中的福主神坛进行了描绘："吾乡有福主之神，旧设坛宇，苍松郁然，四境之民出必祈，过必揖，耕种畜牧必祷，岁时伏腊奉菅萧、燎灯烛于神前者无虚日，可不谓虔矣哉！"

巫能昌指出，公王可分为两种，一种是被称为"福主公王"的社公，另一种是被称为"公王"或"福主公王"，但又不属于社公的地方保护神。下文所说的公王均指第二种。公王与伯公、社公之间有大概的界分。从职掌范围来看，伯公最小，一般是某个田段或某片山林。最常见的伯公神为田伯公和开山土地杨太伯公。明显地，伯公崇拜源于人们对山林、田地等的开发，且与人们的生计直接相关。社公的职掌范围比伯公大，但也很少超出村界。公王的职掌范围弹性较大，既可以是一个村落或村落的一角，也可以是一个村落群。相应地，民间在对伯公、社公、公王称呼方面的"混乱"是单向的。一般来说，有伯公被称为社公的情况，却没有社公被称为伯公的情况；有社公被称为公王的情况，却没有跨村落的公王被称为社公的情况。与伯公和社公相比，公王崇拜的起源较为复杂。公王最为人称道的能力和功劳是捍患御灾，这也是很多公王最初被崇祀的原因所在。不过也有很多公王最初并非因抗灾御患而被崇祀，但都拥有武力或法力等技能，其身份是后来才逐渐被功能性地转化为公王的。①

与社神崇拜相比，公王多为人格神，而且神坛与庙宇这两种供奉形式都很普遍。神坛大都设在村落的水口，面朝溪流，或设于村口处，一般都在大榕树或水杉树下。如研究客家的学者劳格文指出的，不少公王神最初供奉于神坛，当其影响力足够大时便很可能被建庙祀奉。客家村落的公王、社公有许多不同的名称。较为常见的公王有福主公王、五显、石固石猛公王、蛇阳公王、黄倅三仙、三将福主公王、麻公三圣、灵显灵祐福主公王、把界公王等。闽西较为著名的还有长汀、连城交界处河源十三坊的珲瑚公王、长汀河田的霸王、上杭白砂的太保公王、武平象洞的龙源公王、永定岐岭下山村的骑虎公王等。

尽管人们对客家公王身份界定不一，杂乱而笼统，但有一点是肯定的，民众认可自己村落的公王，把其作为当地的福神、保护神。公王所在之处，就是村落风水文化中心。如果一个村落或社区有多个公王的，人们还会选择吉地，设置成"福

---

① 巫能昌：《闽西客家地区的伯公、社公和公王崇拜》，《世界宗教研究》2014年第1期。

场"，让众多公王聚集，以便人们祭拜祈福。

二、客家公王来源类型

公王的原型是谁？众说纷纭，莫衷一是。根据已有资料，可以看出，公王的原型各地不同，原型来历也不同，形式多样。这显示出客家人多神崇拜的特性以及造神运动的丰富性。

（一）来自人的原型

1. 梅溪公王

在梅州客家人心目中有一个地位很高的梅溪公王，民众又称梅溪圣王，属于福禄神明，是乡间村民的裁定和守护之神。每逢节日，众多善男信女都会到寺庙祈求梅溪公王庇佑风调雨顺、平安消灾、福禄寿喜、五谷丰登、六畜兴旺。

根据乾隆《嘉应州志》记载，梅县（今梅州市梅县区）有两座供奉梅溪公王的梅溪宫，一座在丙村新墟角北，一座在松口下店村。光绪《嘉应州志》又述："今梅县区松口松源江合大河处，东岸有金盘宫祀梅溪神。"金盘宫又称梅溪宫，曾于清乾隆十七年（1752 年）修建，而始建于何时则无考。宫的正殿柱联曰："汉时功业清时福；当日威仪此日神。"宫内神牌上安放的神牌曰："敕封梅溪助国安济侯之神位。"在梅江北岸梅江桥头的梅溪宫亦是奉祀梅溪公王。在梅县松口，供奉梅溪公王的还有王明宫、王济宫等。

梅州不少的客家乡村都建有公王坛，其中大多奉祀梅溪公王。由此可知，供奉梅溪公王是梅州客家人普遍的民间信仰。

受到客家人如此崇拜的梅溪公王，他的原型到底又是谁呢？不少学者进行了考证。据清康熙《程乡县志》载："梅州命名考。李士淳曰：曾见《粤东名贤志》：梅銷，涤水人，汉初，从高祖，破秦有功，封于粤，即今程乡县（梅州）地。故号其水曰梅源，溪曰梅溪，名其州曰梅州，皆以梅銷得名也。至今各乡祀神有梅溪公王意即其人。云俗不详其从，未遂以程俗多树梅，故名梅溪。又以宋时状元王十朋号梅溪，梅溪即十朋，皆习而不察，相传之误也。今考证以俟后之君子。"梅州城始建于宋朝，命名比"梅口"和"梅溪"迟了几十年。从公元 945 年程乡在潮州府属割出，直至 1733 年设立嘉应州这近八百年中，梅州地方先后五次隶属潮州府管辖。故清顺治《潮州府志》卷七载："銷以功最大，最先封台侯二千户，今梅州以銷得名。"在史上，李士淳、刘广聪和各种县志都明确指出：梅州以梅锅得名，而奉祀的梅溪公王即是梅锅。

从这些资料可见，梅州、梅溪与梅锅是紧密联系在一起，梅溪公王的原型即是汉代的梅锅。

关于梅溪公王的来历，松口镇民间传说则认为，梅溪公王就是王梅溪，他旧时在嘉应州当州官，有一年适逢发大水，眼看水灾越来越严重，王梅溪为了感化水神，决心以自己的身家性命平息洪水，换取全州人们的幸福，便跳入梅江之中，洪水立即退却，庶民为了纪念他佑民之功，便在各地立坛祭祀，称曰梅溪公王。

尽管传说有异，所指不同，但有一点是肯定的，梅溪公王是梅县境内普遍崇信的神明，他在梅州客家人心中的地位非常高。

2. 三圣公王

客家区梅州市大埔县三河镇梓里村有个传统的民俗佳节，每年农历九月十三祭拜三圣公王"做大福"。

这里的"三圣公王"是指三国时代的刘备、关云长、张飞，即历史上桃园结义的刘、关、张三兄弟。关帝崇拜是客家民间信仰的重要组成部分。而梓里村以公王崇拜来表达，确实比较特殊。何以三圣被村人奉为公王并且在农历九月十三这个特殊的日子祭拜？其中有故事缘由。三河镇梓里村原名浒梓村。三圣公王原来是梓水上游大水源村供奉的水口公王，公王坛设在大水源村口溪岸边，香火极为旺盛，公王庇佑村中百姓老少安康，禾泰麦熟。距今四百多年前的九月十二午夜，大水源村上空乌云密布，狂风大作，雷电交加，继而大雨倾盆，坑水暴涨，一场水灾即将危及全村。村民忧心如焚，纷纷向天礼拜，祈求公王爷庇佑，化灾解厄。翌日早晨，洪水已退落谷底，天朗气清，村中人畜无恙，田园无损。人们庆幸之余准备酬谢公王。待至水口，方知公王坛、公王宫已被山洪夷为平地，公王金身也不知流落何处。当即便有数位村民顺流而下，往浒梓村方向巡寻。也在同一天，下游浒梓村民也关心洪灾情况，有早起者沿溪察看前夜山洪有无造成庄稼损失，发现溪湾回水处漂浮三尊金身神像，遂打捞上岸带回家中。村中由此传开三圣保佑庄稼、村民的故事。浒梓村民把上游飘来的三圣当成自己村落的保护神，以"三圣公王"称之，设公王坛，并把每年九月十三日作为浒梓村公王的诞辰，举行隆重的祭祀仪式，延续至今。

3. 石固公王

在闽粤赣客家地区有不少坛庙是祭祀石固公王（又称石固大王）的。石固大王是由厉鬼升格的神明。宋修《临汀志》云："助威盘瑞二王庙在长汀县南驻扎寨。长老相传，汉末人，以身御敌，死节城下，时有显应，众创庙宇号'石固'。一日，庙前小涧涨溢，忽有神像漂流而至，自立于石固之左，众异之，号'石猛大王'。后以息火功封左王为'石猛助威'，右王为'石猛盘瑞'。宋朝元丰年间创今庙。"清代康熙《武平县志》记载："石固庙，在县南二里小隆兴。"

兴宁县神光山下设有石固大王神坛。南宋王象之《舆地纪胜》中写道："神光西循蹬而入，石涧陡绝，隔溪一山作渴骥奔泉之势。县人以此筑祀石固神。……九月九日赛会者万计。"兴宁城每年举行一次石固大王的出游，每十年打醮一次。兴宁神光山石固大王有"保外乡"之说。许多旅居马来西亚、新加坡、泰国、印度尼西亚等地的客家人回到家乡时，往往先到石固大王坛前敬奉、还福、求保佑。

4. 三将公王

在闽西长汀县濯田同睦村有座三将公王庙，坐南朝北，历史悠久。据传，三将公王庙为唐代都统使、汀州刺史钟翱，于唐末为纪念其祖父钟全慕身边屡立战功的三位家将所建，历经风雨沧桑已有千年历史。

据同睦村《钟氏族谱》记载：钟全慕率军入汀后，成为钟氏接公支系入闽始祖。唐昭宗年间，全慕时为刺史。在汀期间，率领军民披荆斩棘，开垦农田，兴修水利，修建州城，功勋卓著。其后，闽王王审知喜全慕骁勇有谋略，分汀使世守之。钟全慕在位期间，有陈、云、傅三位部将英勇善战，忠心耿耿，一生助其保境安民，共创大业。后奉闽王之命，三位将军出征琉球，为国捐躯，全慕痛心疾首。为纪念亲如家人的三位将军，钟全慕在家特设三位将军神位，雕塑神像供家人世代奉祀。

钟翱继任汀州刺史之职后，为避战乱，毅然决定辞仕隐匿，并于公元926年，带领家小及三将公王神位沿江而下，隐居同睦深山。同时，在村中始建三将公王庙，并立下规定，每年农历四月初十至十二日为全村三将公王纪念日。时至今日，香火不断。

5. 龙源公王

在梅州松源镇郊圆岭村与满田村之间，有龙源公王宫。龙源公王的原型是三兄弟，分别为大相公王、二相公王、三相公王，生日分别是正月初八、二月初一、六月十四。关于松源祭拜龙源公王的缘起，在一些文献资料中有载。康熙《程乡县志》卷八《杂志·宫观》载："龙源宫，在县东北二百里松源。其神姓钟，武平人。相传宋朝兄弟三人同助国，经敕封，乡人立祠祀之。一日，洪水漂三神像至松源，乡人即其地立宫，敕封龙源助国之神。祷雨祈福，无不立应，称灵赫云。"

松源《丘氏族谱》中又载："龙源公王系福建武平县象洞钟姓人也。其祖名尚，配妻郑氏，生山、岱兄弟，俱好施乡里，无衣食婚葬者皆仰为之。山配妻李氏，生友文、友武、友勇，即今龙源公王是也。岱配妻刘氏，生友盛。山公早卒，惟岱公殷勤育子侄读书，四人皆饱学秀士也。宋英宗治平四年（丁未岁）友文与友勇同登进士。宋神宗熙宁三年（岁庚戌），友武登进士，友盛巳酉中武举人，后早卒。友文官御史，友武官大中丞，友勇官光禄寺监厨使司，赠山公为文林郎，赠岱公为崇义公，即今叔公太钟十二郎是也。山公、岱公之妻赠封大夫人。宋徽宗靖国三年著厥神威，共熄五凤楼之火，立功嘉丕。续因封助国公王。金人大举入寇，显圣协力助战，并败金虏兵，进封王（公王）。"松源的民间传说也印证了以上记载。

以上资料显示龙源公王经历了一个从儒学之士转化为水神，再上升为公王的演变轨迹。同时也可以看出，松源镇的龙源公王也是从水中捞起的，是外来神。

后来的龙源公王宫上堂正中神龛中供奉着龙源公王。一共有十个神像。龙源公王本来是三兄弟，因此应该是三位神明，但是因为龙源公王崇拜在松源镇十分流行，每年立秋前后松源各个姓氏都要将龙源公王抬到各自的村中游行，常常因为争夺公王神像而发生争斗，因而从原来的三尊公王像变成九尊，即每位公王有两个化身。又因旧时每年秋收过后，公王要出去化缘，因而又增加了一个公王来行使这个职责，原先有九个公王加上这个公王刚好是十位，所以这个公王又称十满公王。神龛的左边是千里眼，右边是顺风耳。[①]

梅州松源的龙源公王是从武平漂流而下的，在武平象洞还有龙源公王祭祀。龙源公王是全象洞的福主。这里的传说是，龙源公王原为宋时的象洞人钟氏三兄弟。他们自幼练就一身好武艺，后又前往黎山学法以消灭索要童男童女作为祭品的鸭子精，为民除害。后来入朝为官，多次随军平番征寇。死后还忠魂显身，抗击入寇的金兵。最终因生死效忠国家而被敕封为龙源助国尊王。象洞民众为纪念钟氏三兄弟学法除害及有功国家而为其建庙祀奉。同治《上杭县志》则说神为"宋治平丁未科进士钟友勇，原籍武平，历官显要，刚正不阿。高宗朝金兵入寇，友勇忠魂现身，战捷敕封龙源王爵，妻刘氏封夫人，宫内并塑以像，春秋祀之，灵应异常"。

6. 民主公王

在闽西客家地区，民主公王信仰分布的地域比较广，主要分布在连城、永定两

---

① 宋德剑：《梅县松源镇郊王氏宗族与龙源公王崇拜》，《客家研究辑刊》2003 年第 1 期。

县，后流传到漳州市南靖县西部的客家地区，传播到台湾等地。

在连城县姑田镇的上堡村口两溪汇合处，有一座规模较大、历史比较悠久的民主公王庙，号称"客家公王第一庙"。这里供奉的是东山福主民主公王。关于民主公王的原型，这里的传说是：民主公王原来是一位保民一方、为民除害的武举人，名字叫明福。明正德年间（1506～1521年），他为了反对地方官员鱼肉百姓和防御外敌的骚扰，组织建山寨、筑土楼、训壮士，保民安居乐业。他兢兢业业，廉洁奉公，为民造福，功德无量，死后当地民众为了歌颂和纪念他，特立庙塑像供奉，被明正德皇帝朱厚照敕封为"东山福主民主公王"。

南靖县南坑镇村雅村大望埔的客家人称民主公王为"民主大尊王"，其名由明朝皇帝朱元璋敕封，为"正一品尚宝朱政护国民主大尊王"。民主公王广施神恩，护佑平安。故大望埔的客家人世代均虔诚进贡烧香祭拜，每年的八月十五及十一月初都会举办社戏等答谢神明。而为民主公王进香，十二年才举办一次，所以每次举办时都非常隆重热闹。

民主公王的传说各地的差异比较大，不再一一细述。

人物成为公王的还有永定陈东乡民众祭祀的玉封公王谢安，我们另述。

（二）来自传说的神或某种概念

1. 射猎公王

广东梅州市蕉岭县新铺徐溪上径村有祭祀射猎公王的民俗。根据蕉岭人院班的介绍，射猎公王来自福建客家连城县。

其由来的具体情况：上径村在徐溪东支流的上游，居民姓刘。刘姓一世祖千四郎于明代从程乡（今梅县）水南坝迁长潭高陂村开基，六世祖玉钟迁兴福浒竹开基，八世祖立台、建台带九世祖维裕、维琏、维奉到东坑尾上径开基，时约在明末。他们开荒垦植范围较阔，直至铁山嶂下三山，三山即三个山头（南坊肚、南峰嶂、井子坑），重山叠嶂，野兽出没，野猪、黄猄、鸟、鼠损害农作物严重，常常有种无收，有做无食，村民十分痛苦。清道光年间（1821～1850年），上径村刘姓的金狮队，前往福建连城县打狮。活动期间，他们得知连城县某个村有射猎公王神坛，十分灵验。该村自从设立神坛后，兽害大减，五谷丰登。蕉岭刘姓金狮队闻讯大喜，在征得当地村民同意后，从神坛请下香火，回到上径村水口设立神坛，供奉射猎公王。此后，村中凡狩猎者进山前必先到神坛点香叩头许愿，即能打到野兽。而狩猎者出山时，需将猎物放在神坛前祭拜，下次进山，才能射杀到猎物，否则，就难再猎得野兽了。这样，狩猎者有收获，而村庄的兽害也缓解了。于是上径村人多了一个神灵——射猎公王，也多了一个祭祀的节日，并影响了周边的村落。

民众确立射猎公王的生日也很奇特，定在农历八月二十一日，因为上径村民从福建连城请回射猎公王到上径村安坛就是这个日子。

射猎公王的原型是谁？在原产地福建连城县目前没有发现这个村落，可能已经消失了。人们只能牵强附会。如上径村传说，曾有邻村人晚上路过射猎公王神坛，见一老者长髯红袍如关云长，或是公王显灵。

2. 小桑公王

小桑公王中的"小桑"是个村庄名称，指的是梅县水车镇的小桑村。小桑公王则是小桑村民间信奉的神明。小桑村"等公王"民俗诞生于明末清初，也是有故事的。传说明末清初小桑村开村之时，村中人口稀少，野兽遍布，山岚瘴气，瘟疫严重，明山国王（又称明主公王）托梦小桑村湖洋背罗屋罗仙公，说请明山国王到村中各家巡护，便可消灾灭厄，逢凶化吉。果然，经明山巡护后，小桑村平安无灾了。明山国王巡护小桑村时见山水优美，环境幽雅，遂在此落居。小桑村村民于是设坛于大榕树下，宫址即为湖下村与赤土村交界处的公王宫。公王宫有对联："公驾视四方方方吉利；王车巡九甲甲甲平安。"

随后明山国王邀其兄弟进村，村民分别尊为猎神公王、出巡公王。他们逢村中遇危难灾害之时皆显灵庇佑，故村中各姓氏宗族感其恩，敬奉明主公王、猎神公王、出巡公王为"公王爷爷"。古时潮州、梅州同属一州。潮州有三个山神，宋太宗时封其为"三山国王"，即巾山、明山、独山。在小桑村则演绎成小桑公王，长年香火旺盛，形成独特的"等公王"民俗，世代相传至今，民国时期尤为盛行，且定于每年农历四月三十日（月小为二十九日）为公王出巡日，至五月初四回公王宫。故村中有"四月日子长，小桑等公王"之民谣。抗日战争爆发后，因受战乱、贫困等因素影响，祭祀活动改为每年正月初二出巡，至正月初六回宫，一直延续至今。①

三山国王属于山岳神自然崇拜，是广东潮州揭阳县阿婆墟的巾山、明山、独山等三座山神的总称：大王巾山国王，姓连名杰字清化，神诞于南朝刘宋元嘉十八年（441年）二月二十五日，宋太宗时追封"清化对德报国王"；二王明山国王，

---

① 宋德剑：《民间信仰、客家族群与地域社会——粤东梅州地区的重点研究》，第20页。

姓赵名轩字助政，神诞于元嘉二十年（443 年）六月二十五日，后追封"助政明肃宁国王"；三王独山国王，姓乔名俊字惠威，神诞于元嘉二十一年（444 年）九月二十五日，后追封"惠威宏应丰国王"。元刘希孟《明贶庙记》载三山神"肇于隋，显灵于唐，封于宋"，民间俗称"三山国王"。潮州民间信仰三山国王极为虔诚，奉为守护神。闽南地区也很流行。[①]

三山国王流传到梅县水车镇演变成小桑公王，并被赋予新名称：明主公王、猎神公王、出巡公王。

3. 泮坑公王

三山国王传到梅州泮坑后被称为"泮坑公王"，而故事的起源与泮坑人有关。话说泮坑外乡人熊氏，久居潮州（实为今揭西霖田），一日在睡梦中见一位左握帅印、右执宝剑的金甲神人，自称是助政明肃宁国王，受皇命，镇守梅州，庇护百姓。熊氏一觉醒来，想到白天在潮州"明贶庙"进香时，见到庙中的巾山国王像与梦中见到的神人相似，心里十分惊奇。于是一面派人回梅州家乡泮坑，建造庙宇；一面请来雕刻匠人，按照"明贶庙"中三山国王的相貌，精制三尊神像，贴上真金。半个月后神像雕成，又请人用八抬大轿，将"三山神像"运上彩船，沿江而上，在梅州头塘上岸，再抬进泮坑，供奉在新建的庙宇中，称为"泮坑公王"。从此以后，熊氏在外，财丁兴旺，大展宏图。因为熊氏是泮坑外乡人，于是就有了"泮坑公王保外乡"的传说。

小桑公王、泮坑公王的传说中首先显灵的都是三山国王中的明山，但人们对其中的名称往往说法不一，而且故事的朝代、涉及的人物也不同，可见民间传说往往因时间久远而描述不同，版本各异。比如，泮坑公王中关于三山国王的说法就与小桑公王的不同：相传隋文帝杨坚开皇年间（581 ～ 600 年），在明山的半山上有一座天竺岩，岩内有石穴，常有三位仙人在此显圣。在唐太宗征伐太原时，得"金甲仙人，操戈驰马突阵，师遂大捷，刘继元以降，凯旋之日，见于城上云中曰：'潮州三山神。'乃诏封明山为清化盛德报国王，巾山为助政明肃宁国王，独山为惠威宏应丰国王，赐庙额曰'明贶'"。宋代敕封为"三山国王"。

4. 得胜公王

有些客家村落的公王，原型本已不明确，而后来所起名称更让人无法考证其原型。如刘大可曾提到武平县有一个村落的公王称"得胜公王"。械斗与争讼是武

---

① 连心豪、郑志明：《闽南民间信仰》，福建人民出版社，2008，第 25 页。

北村落居民村邻关系中最常遇到的大事，在这方面公王、社公的作用是十分明显的。械斗前，村中首脑必亲率村民到公王、社公神坛焚香祷告。前往邻村、邻乡求助同宗伯叔时，也必到其公王、社公神坛总祠烧香、发烛。遇到争端，也往往寻求公王、社公庇佑。他在田野调查时听到的一则故事，颇能说明问题：店厦村大化自然村的公王为得胜公王，是该地刘、罗、曹三姓共有的公王。之所以取名"得胜"，据说这里曾是钟姓人的坟墓，后来曹、罗、刘三姓相继来大化开基，便联合在此地设立公王神位。有一次，他们与钟姓人发生了纠纷，三姓人联合起来和钟姓人打官司，打官司前在此祷告，祈求公王老大帮助他们打赢官司，三姓人官司打赢后，就叫这座公王为"得胜公王"。①

这则故事及得胜公王的来历，说明了农耕时期移民定居抢夺土地的残酷性，也说明客家地区公王原型的多变与复杂性。

5. 五显公王

五显公王是中国南方广东、福建、台湾、澳门、江西等地重要的民间信仰之一，在客家民俗中他是由神到人、又由人到神的神灵。

五显公王又称五显大帝、五圣大帝、五通大帝、五显华光大帝、灵官大帝、华光菩萨等。五显公王俗姓马，名灵耀，民间俗称马王爷、马天君、马灵官。

关于五显的来历，有许多不同的传说。有传说华光大帝是火神，有三只眼，故又称三眼华光。他喜欢玩火，一次因玩火烧了玉帝的九龙墩，玉帝大怒，斥令他每年八月初一由天上下凡设斋打醮。传说玉皇大帝封其为"玉封佛中上善五显头官大帝"，并永镇中界，由此万民景仰。

五显信仰始自唐代，发源于古婺源（今属江西上饶），以其灵验而流布江南，陆续发展至广西、福建、广东等地。《新安志》卷五《婺源祠庙》载，唐光启二年（886年）某日，五位神人降于婺源县城北王喻（王瑜）的园林中，导从威仪如王侯状，黄衣皂绦，声称："吾当食此方，福佑斯人。"言毕升天而去。"王喻闻之有司。捐园林地输币肖像建庙，复拨水田为修造洒扫之备。自是神降格有功于国，福事占斯民，祈祷立应，四方辐辏。闻于朝，累有褒封。"庙号初名"五通"，宋徽宗大观三年（1109年）赐庙额为"灵顺"。宣和五年（1123）分别封五位神人为通贶侯、通佑侯、通泽侯、通惠侯、通济侯，人们称之为"五通神"。其后，宋高宗绍兴年间（1131～1162年）、宋孝宗乾道年间（1165～1173年），围绕着"通"字

_____

① 刘大可：《公王与社公：客家村落的保护神》，《世界宗教研究》2003年第4期。

不断加封，五通神名号不断张大，影响也越来越大。但是，宋孝宗淳熙元年（1174年），把五神分别加封为显应公、显济公、显佑公、显灵公、显宁公。因封号中之显字，这五神遂有"五显"之名。

五通神信仰本为民间信仰，在有了较大影响后引起了政府的注意，在政府授封的干预之下才变为五显神。政府的封号名称本身明白无误地昭示了政府对这五位神的正神而非邪神的定位和希望它们福佑人民的愿望。政府授封的影响非常大，以至于影响到了民间对其来源的追溯。民间关于其来源的说法作了与官方封号相适应的调整，如猎人说和举人说。《方舆胜览》说："兄弟凡五人，本姓萧。每岁四月八日来朝礼者云集。"五子分别名显聪、显明、显正、显直、显德，即"聪、明、正、直、德"，故名五显。《铸鼎余闻》中称他们为南齐时的柴姓五兄弟，老大名叫柴显聪，老二名叫柴显明，老三名叫柴显正，老四名叫柴显直，老五名叫柴显德，弟兄五人为猎人，经常打猛禽走兽，采草药为民疗伤治病，吃不完的野兽送给贫穷百姓，深受人民爱戴，人缘非常好，在他们逝世后，民间尊他们为神，称为五显神、五显王。《江西通志》载："庙即五王庙，在德兴县东南儒学左。隋附马张蒙逐猎，遇五神指山穴，双银笋银宝始发，立庙祀之。唐总章二年，赐额五通侯，南唐升元改封公，宋元祐加额灵顺，嘉泰间封为王。"在官方授封的影响下，文人们杜撰了关于其来源的五行说。

道教对五显信仰的接纳与扶持还表现在对其神格做出与政府比较一致的定位，并赋予其正神的信仰内涵。《福德五圣经》是成书于宋元时期的道教经书，内容为大惠静慈妙乐天尊为定息真人说五显灵官大帝名号、神威及信奉此经之功德、诵咒祈福之法。认为五显灵观大帝为天下正神，五神分别为"第一都天威猛大元帅显聪昭圣孚仁广济福善王、第二横天都部大元帅显明昭圣孚义广佑福顺王、第三通天金目大元帅显正昭圣孚智广惠福应王、第四飞天风火大元帅显直昭圣孚信广泽福佑王、第五丹天降魔大元帅显德昭圣孚爱广成福惠王"。

佛教也对五显信仰进行接纳与改造，以佛教故事中的五通仙人与五通神字面上的接近来接纳五通神及其信仰，接着对它进行与佛教信仰相适应的改造，又与佛教的华光菩萨嫁接起来。五显神与华光菩萨，一出于民间信仰，一出于佛教，风马牛不相及，但从南宋开始却多混为一谈，原因在于佛教的华光菩萨有五显灵官大帝的称呼。佛教对五显信仰的接纳与改造，反过来又影响了此后道教对五显神及其信仰的改造。①

五显大帝于元、明之时，被纳入道教神仙信仰之列，同时还得到官方承认和册封的正祠。据说，向该神求男生男、求女得女，经商者获利，读书者金榜题名，农耕者五谷丰登，有求必应。客家民间流传着许多有求必应的灵验故事，因此五显公王的祠庙与祭祀在客家地区比较常见。

宋王逵《蠡海集》云："九月二十八日为五显生辰，盖金为气母，五显者，五行五气之化也。"又云："五行大帝，按俗以东方青帝、南方赤帝、西方白帝、北方黑帝、中央黄帝。"《明会典》卷八十五《礼记·祭祀》载："五显灵顺，四月八日、九月二十八日遣南京太常寺官祭。"每年农历九月二十八日为五显大帝神诞日，许多五显庙在此期间都要举行庙会，为他祝寿，祈求风调雨顺，田禾大熟。各地参拜与庆祝五显大帝诞期的习俗基本相同。在闽西永定县，五显大帝又被当作财神，特别得到烟商们的虔诚礼拜。每月初一、十五，烟商们都要到设在南门的五显庙去焚香上供，每年正月十五至十八迎五显大帝，东西南北四大城门各迎一天。五显大帝回庙后，烟商们会连忙挑五牲（鸡、鸭、鱼、猪肉、牛肉）、香烛纸炮，赶到庙里去祭礼。每年农历的四月十六至五月初四为五显公王的出巡日，俗称"接公王"。

（三）来自动物的原型

1. 珨瑚公王

闽西长汀、连城的珨瑚公王信仰，在本书其他章节中已提及。在这里作为动物成为公王的来源论述，是由于当地的传说很奇特。珨瑚公王原来称蛤蝴公王，后来才改名的。《长汀县志》载："钟全慕唐昭宗时为刺，王审知喜其骁勇、有谋略、分汀州使守之，祀郡名宦。"王审知承父兄遗业，仁政建国。常骑白马，故称之为白马公王，当地人神化其为蛤蚧投胎，故名蛤蝴候王。据连城县马埔的民间传说，蛤蝴候王是个青蛙精。有一次李世民被人追赶，跑到乌泥河边，河水很大，不能渡过，蛤蝴帮助他渡过河去。所以后来李世民当上皇帝，就封他为候王。长汀县涂坊的传说也基本相同，不过他们说的不是青蛙精，而是乌龟精。有学者认为，民间传说把蛤蝴候王说成是青蛙精、乌龟精等等，带有动物崇拜的意味，更具有草根性。在连城客家，祭祀王审知的庙宇主要有：县南城外的镇川庙，宋绍兴年间（1131～1162年）建，明洪武年间（1368～1398年）重建，是连城祭祀珨瑚公王

---

① 孔令宏：《五显神的源流与信仰》，《地方文化研究》2016年第3期。

最早建的庙宇；莒溪璧州的永兴庙；新泉和朋口马铺的珨瑚庙，马铺的珨瑚庙建于明英宗正统年间（1436～1449年），是目前连城保护最完整的古庙。

2. 十二公王

闽西连城县北团镇十二公王俗信是最为典型的蜜蜂崇拜。

（1）信仰缘起

根据北团镇王家墩陈运均先生介绍，坐落在庵仔脚的十二公王庵，始建于明永乐年间（1403～1424年），已有数百年历史。相传，有个卖油翁，从江西挑油前往连城、清流等地贩卖。经过江西龙虎山圣地时，发现有十二只蜜蜂萦绕在他头上。之后的几天里，每当卖油翁夜晚住店时，十二只蜜蜂就停留在他所戴的斗笠上休息。第二天早上出发，蜜蜂就跟着卖油翁飞行。让卖油翁惊诧的是，一路上，他的油出奇地好卖。就这样一路走来，到了北团镇江园与罗王两村交界处，卖油翁停下歇脚。奇怪的是，十二只蜜蜂突然"嗡"的一声，一齐飞入路边茂密的荆棘丛中不见了。想起前些天十二蜜蜂伴飞产生的奇迹，卖油翁感到这群蜂不比寻常。因此，在起身赶路时，他遥对着荆棘丛许下重愿："神蜂啊，你们要是继续保佑我的油好卖，能赚钱，我回来后，一定会在此地建一座小庙，让神蜂好安身！"后来，卖油翁的油一直都很好卖，赚了很多钱后，他回来还愿，在蜜蜂消失的地方建起了一座简易的草棚，在其中立了十二蜂王的神位。因为卖油翁、蜜蜂在此歇脚，加上位置在古峰山脚下，人们称小庙所在地为"庵仔脚"。根据客家民间信仰的习惯，当地人以公王称蜜蜂，"十二蜂王"顺理成章叫成了"十二公王"，庵堂也被称为"十二公王庵"。

故事传开后，不断有人来庙烧香，祈求保佑。因不断有显灵的故事产生，就有越来越多的人来此进香，热闹时，香客排成长队。

民间信仰中的庙庵，都是由无到有、由小到大、从简易到繁荣的，建设期间也总是产生一些传奇故事，十二公王庵也是如此。

十二公王庵坐落在古峰山脚下，背靠张天海螺山主峰。庙庵实际上是处于一个缓坡之上，前面是一个开阔的大盆地。站立庵前，北团镇江园、罗王两个行政村的"九垅十三墩"自然村尽收眼底。对面山脚自西而东蜿蜒着一条溪流，名叫沙溪河，是闽江三大发源溪之一。自古以来，沙溪河滋润盆地中的几万亩良田，使这里成为连城有名的北里粮仓，也让生活在这块大盆地里的"九垅十三墩"名声在外。"九垅十三墩"中的"九垅"是：岩前垅、大坑垅、秋湖垅、底垅、莲蓬垅、栏垅、江屋垅、八垅、牛角垅，"十三墩"是：雄王墩、土楼墩、黄泥墩、莲蓬墩、紫莲墩、长沙墩、长尾墩、李树墩、园沙墩、何树墩、大沙墩、王家墩、墩子上。

当初卖油翁还愿时，只是建了简易的草棚，立了块木头牌位，让十二神蜂有个安身之所。名声大了，祭拜人多了，当地人接手这一信仰，就想为十二神蜂建立一座永久牢固的庵堂。这时出现一个问题，选址上要涉及连城城关一江姓族人的祖坟。因庵堂正好建在其祖坟的龙脉之上，影响风水，这在十分重视风水的客家人来说是大事情，所以江姓族人坚决反对，不管负责建庵堂的人怎么做，都无法说服他们。建设的事就僵在那里了。恰巧，时任都察院右都御史、湖广巡抚的马驯回家乡四堡，要去许坊看望他的启蒙恩师许志浩，路过庵仔脚。那时，许坊、罗王、江园三村只有一个私塾学堂，就是罗王村的文兴岩学堂，许志浩曾在文兴岩学堂任教。建庵堂负责人与马驯一同就读，有同窗之谊，闻知马驯回来，且听说马驯身上带有圣旨，故请马驯以圣旨之名从中调和。江姓族人这才不敢阻拦，但提出了一个方案，即在庵堂天井中心留一条泥埂让他们的祖坟龙脉延续。这是一个折中的方案，至今那条泥埂一直保留，只是现改为水泥埂了。这是民间的传说，请出圣旨，往往是民众想象中解决问题的最好办法。至此，正规完整的十二公王庵成形了。

（2）祭拜仪礼

十二公王逐渐成为这一带村民公认的保护神。人们每逢初一、十五都到十二公王庵烧香礼拜，祈求十二公王保佑大家平安吉祥、心想事成。平时村民有什么事也要到十二公王庵祈求保佑，或来此求签问能否做事，决定行动。

最隆重的礼拜仪式有两个时段：

第一是春节之时。

每年的除夕日，人们把过年的大公鸡在十二公王面前割血祭拜，并摆上米酒供品，点上香烛，鸣放炮仗，更有虔诚者在此守岁，祈求来年风调雨顺、平安吉祥。大年初一，又有许多信众早早来到十二公王庵上香，祈求新的一年能实现新的愿望。鼎盛的香火一直延续到农历正月二十，这也是客家人认定春节结束的日子，所谓的"有吃有吃，玩到正月二十"。到了正月二十，人们就要开始劳作或外出谋生了。而在外出时，不少民众又会到十二公王庵烧上一炷香，祈求保佑。

罗王村人闹元宵、游灯龙时，起灯仪式就在十二公王庵前。长长的灯龙要在十二公王庵前绕三圈后，龙头朝向庵门礼敬。人们燃放烟花爆竹，开始热闹的游龙活动。

第二是庙会之时。

每到农历十月，王珠山上粉干飘香，张风垄底稻谷闪光之时，罗王、江园两村民众就要举办庙会，为十二公王谋福事，建醮三天三夜。比较奇特的是，人们要将周边大丰山的欧阳真仙、古峰山的赖公真仙、雨蓬岩的神农真仙请到十二公王庵一起登殿，共同接受信众的朝拜，享受香火祭品。

谋福事活动中，主事的福首们提前五天吃斋，一般民众提前三天吃斋，然后举办迎接三位真仙入殿仪式。迎接仪式隆重而繁琐，有走古事、打十番、司酒祭祀，还会请戏班演出三天三夜。

（3）神迹故事

一种信仰能持续发展，总有许多与其神力相匹配的传说。从江长水先生整理的故事传说看，不少还是现当代真人真事，这是为了提高其可信度。

故事之一"对台戏由来"：每年十月建醮请戏班唱戏，都是请林坊班、岩头班或新泉班，每次只请一班唱三晚。1948 年十月建醮，福首们请的是林坊班，但岩头班也来了，大家很诧异。岩头班师傅说："你们不是让一位鹤发童颜、器宇轩昂的老人来请我们吗？他告诉我时间、地点、演什么戏、做多少天，一清二楚，我能不来吗？"有权力做决定的福首中没有这样的人，会是谁？村里主事者只好让两个戏班同时演，唱对台戏，结果表演特别精彩。后来，人们意识到，一定是十二公王现出人身去请的。人们更觉神奇了。

故事之二"公王显灵"：20 世纪 90 年代，罗王村有个虔诚的信徒，小名达达，几十年来每逢初一、十五都要上庵进香，风雨无阻，从不间断。有一年农历十一月初一夜，天下细雨，庵里只有他一人。他突然发现十二公王神位前有光圈，以为有人照电筒，但没有发现人。朦胧中，他看见光圈内闪过一个个公王的影子，仔细数，正好十二人，六文六武。六文是泰华公王、九天公王、陶侃公王、吕财公王、白鹤公王、青鸟公王，六武是邱亚公王、张良公王、福善公王、陈福公王、杨仙公王、青年公王。达达老人恍然大悟，这是十二公王显灵了，当即跪下祈祷，保佑风调雨顺、平安兴旺。他把看到的情形跟乡亲们讲述，众人称奇，公王庵香火更旺了。

故事之三"禾果头传奇"：解放初期，罗王一带地广田多水缺，几千亩地只有一条山泉水灌溉。每到夏收夏种时，人们都争抢泉水灌溉。有一年，两个年轻人为水争得面红耳赤，眼看要拳脚相加。关键时刻有位白发老人劝架，但其中一人火爆地把手中的禾果头丢向老人。老人不生气，还是和蔼地劝说："不要争了，天要下雨了。"话刚说完，一阵风吹过，两位年轻人发现，眨眼间老人不见了。过了一会，狂风大作，豆大雨点落下来了。年轻人赶紧到十二公王庵躲雨。他们惊奇地发现，十二公王神位墙上粘着一丛带泥的禾果头。两人恍然大悟，原来是十二公王现身当和事佬，避免了争斗的恶果。他们赶紧跪下磕头，求十二公王宽恕。

故事之四"有求必应"：江园村民黄一本，书香世家。1985 年本人考上长汀师范，成为吃公粮之人。后来，他两个女儿、两个儿子都考上大学，成为公家人，令村民羡慕。除了教子有方外，更重要的是，他是十二公王的虔诚信徒，每当孩子要大考时，都要到十二公王庵进香，三拜九叩，虔诚祈祷。每次他都如愿以偿，有求必应。

另一个江园村王家墩人陈际修也是虔诚的信徒。2007 年猪疫蓝耳病盛发，其他养猪户损失惨重，只有他的猪场躲过劫难。人家问他靠什么法宝，他说："我的猪有赖于十二公王护佑，因我办场前，就祈求十二公王保佑，并许下心愿，如我养猪成功，让我如愿以偿，一定把十二公王庵门口的雨坪重修，结果十二公王赐福于我，让我如愿以偿，我一定要去公王面前报恩的。"

故事之五"失牛回归"：罗王村民江运新，以贩牛为业。有年冬天夜晚，伸手不见五指，而且下着雨。江运新从江西调一车牛回村，经过长汀南山时，一头牛受到惊吓，从车上跳下，消失在黑夜中。江运新听到声音，下车查看，少了一头牛。如果少了这头牛，这次的买卖就亏本了。情急之下，他赶紧朝家乡十二公王庵的方向跪拜，并许下良愿："十二公王保佑，让我赶紧找到耕牛，如果耕牛找到，我一定会组织人们重修庵堂。"然后他漫无目标到处寻找。走出几十米后，奇迹出现了，那头黑牛迎面朝他走来。后来，这头牛卖的价钱最高。赚了钱后的江运新决定兑现自己许下的诺言，重盖十二公王庵屋顶。

十二公王庵原为土木结构，20 世纪 60 年代破四旧时被拆了屋顶，破烂不堪，没人进香。罗王村民江运新在 80 年代组织人捐钱捐物重盖了屋顶。

在民间，人们热心于修寺庙、道路以求福气，尤其是为本地的神祇建寺庙。改革开放后，富裕了的村民就谋划修缮十二公王庵。2006 年村民江正东、江文辉等捐资捐工维修，2008 年春村民江春华、江正东、江水德、江九养、江春水、江道老、黄一本、沈其兴、陈太保、陈运仁等人捐资捐工立碑。同年，他们筹备恢复庙会，为十二公王建醮、走古事、演木偶戏，再现北团地方民俗风采。2008 年农历金秋十月的十三、十四、十五，停办了六十年的建醮福事再次展现在世人面前。

（4）信仰传播

民众是民间信仰传播的推动者。从传说故事的诞生，到活动仪式的设立，再到向外传播，民众都是推手，尤其是北团镇这一祭拜蜜蜂公王的民间信仰。从采访到的材料看，许多故事传说都是当代村民不避忌讳、真名实姓的现身说法，为的是增加其可信度。

十二公王庵在庵仔脚修建后，朝拜的香客越来越多，灵验故事越传越远，良性循环，人多时烧香排队。于是，比较边远的村落许坊村中的虔诚信众就筹划在许坊设立分庵，迎庵仔脚十二公王到许坊安立牌位。许坊村民请风水名师选址，定许坊山林底并开基修建。

修建中又有灵异故事诞生。修庵需要好木料，许坊村民到石螺角（石丰）采购。大的木料有两人合抱之粗，其他各种木料也都很漂亮，根据设计好的尺寸裁锯好。一切准备就绪，村民打算以编木排形式水运到许坊。正要下水时，乌云盖地，狂风大作，河水暴涨，堆放木材的河滩被洪水淹没，采购人员在岸上无计可施，夜黑后只好打道回家，心中盘算如何向众人交代。第二天早上，采购人员回河边查看，希望能找回部分木料，但堆放木料的地方已空空如也。他沿河边往下寻找，走到许坊的消塘凹河边时，眼前一亮，昨晚被河水冲走的木料齐刷刷地停留在河边。他飞一样地跑过去，细数一下，木料不多不少，正是采购的数量。消塘凹离修庵的山林底很近，怎么如此巧合？细一联想，这不是十二公王显灵吗？人们都认为这是十二公王显示法力，借助河水的力量运送木料以省工省力。人们因此更相信十二公王的法力无比，神通广大。于是，村民更加虔诚，加快修建速度，十二公王的第一个分庵就在许坊村的山林底建成了。

三、客家公王的祭祀与传播

（一）供奉场所——公王坛、宫庙

1. 公王坛

公王崇拜是客家地区最为典型的民间信仰。其祭祀场所比较典型独特，一般情况是建坛，最为简便、普遍，符合客家人节俭的特性。每个村落都有公王崇拜，但限于经济条件，人们往往以最简单的模式祭祀公王，或在村头、或在水口、或在村庄中风水宝地设置公王坛。

公王坛一般为一间宽1米、高1.5米、深0.5米的小房子，和土地公的神坛相似。房子一般为石条垒成，用三合土粘连，屋里面竖着一块石碑，石碑正中刻着"某某公王神位""敕封某某福主公王神位"，两旁则分别书有"文班""武列"，碑前安放着香炉，小房子的两侧及上方则分别刻有对联和横批，前面放了一块用来安放祭品的石板祭台，有些神坛刻有竖碑间及立碑地"合乡弟子仝立"。神坛前，人们会整出一块平地，用三合土（现在用水泥）铺实以作祭拜用。少数公王神坛没有建小房子，仅如同一般的坟墓。公王坛的前后均有高大的红榕树、水杉，也有松树、枫树、樟树、檀香树、细叶莲树、鸡目珠树等。树是必须的，以红榕树、水杉为多。"如我们在湘湖村调查时见到的三将福主公王神坛，重建后的'三将福主神位'采用原先的条石砌成新的小屋子，神位正中写着'玉封灵显、灵佑三将福主公王神位'，两旁对刻着'文班、武列'，而小屋子门两旁则刻有对联'声灵赫濯光千古；福泽绵延庇一乡'，神坛背后仍然保留了古老的大树。"[1]

又如射猎公王神坛位置，徐溪河东支流是从马头耳向东南流，流至上径村，河道弯偏东流，然后又南流，形成S状，在偏东流的南岸，有座虎头山，延伸出一小丘，称虎爪，神坛便建在虎爪上，这里是往铁山嶂必经之路。原址上新修的神坛，坐南向北，坛前有颇宽的旱作地，溪水在北面流过。神坛状如神龛，约12平方米，龛内有一大石香炉，左右有烛台，后上方有大窟窿排香烟，无神牌，龛顶今用水泥砌成平顶，前有屋檐装饰，盖上琉璃瓦，左右角微翘，龛门上呈圆拱，正面横额为"射猎公王"，龛门对联为"追禽逐兽昭神武；赶患迎祥颂德威"。这副对联是清秀才徐言呈所撰。神坛前竖起两根水泥柱，高3米，上淋水泥棚，有20平方米，后面支点便在石山上，可避雨淋日晒。紧连神坛前，用红砖砌起一案台，供放祭品。

2. 公王宫庙

坛设立久了，如果影响大了，或者这一方人发达了，就修建宫殿寺庙，供奉公王，以扩大影响。有些则直接设立宫殿祭祀。"公王宫""公王庙"的称呼，可以看出公王信仰中道教与佛教的影响。

如上面提到的梅州泮坑公王，引入这一信仰时直接就建造庙宇，没有先设坛再建庙。而小桑公王则是先设神坛后建公王宫。

3. 客家公王第一庙

在闽西连城县姑田镇的上堡村口两溪汇合处，有一座规模较大、历史比较悠久的民主公王庙，初建于清康熙年间（1662～1722年），乾隆五十六年（1791年）由上堡人士赖成卯倡首扩建，并带头捐资150个银圆，此议得到上、中堡等地广大

---

[1] 刘大可：《公王与社公：客家村落的保护神》，《世界宗教研究》2003年第4期。

信众的支持。在众人的努力下，当年的十月二十三日新庙落成。新庙规模宏大，占地近 4 亩，成为姑田镇第一大庙，现今号称"客家公王第一庙"。

全庙结构完整，宏伟壮观，建筑精美，古色古香。内分上下两殿，殿高 2.4 米，长 1.5 米的两条金色蛟龙，分别缠绕在正殿的两根大柱上。正殿左右壁上分别书写"威灵""显应"二字，相传是明正德皇帝朱厚照所题。

该庙正殿是东山福主民主公王及左兵右将神像。到了民国时期，后殿安上了韦驮、罗仙、赖仙、五谷仙和马氏真仙等塑像。正殿镇庙公王坐像有两米多高，为方便起见，人们又另外用木头雕刻了"出案公王"塑像，约两尺多高，专供人们打醮游神时用。同时上堡的陈、赖、桑三姓，中堡江、华二姓，以及上堡的蒋姓还各自集资雕了一尊小公王塑像。这个小公王塑像可用手抱，是专门给村民游大龙、杀猪时接去祀奉用的。

客家公王第一庙建筑壮观，庙的正殿、大门牌楼，精雕着各种精致的花纹，富有客家建筑特色。最为典型的是，二层牌楼上镌刻有四只遥遥相对、栩栩如生的硕鼠。为什么精雕细刻上两对硕鼠呢？按照当地民众说法，主要针对当时的贪官污吏、土豪劣绅等一伙吸血虫、硕鼠。"老鼠过街人人喊打"，这是自古以来百姓的共同心声和愿望，也借此教育后人应认真惩治腐败，反对以权谋私、专横跋扈、贪污堕落和追求个人享乐，真正做到"为官一任，造福一方"。

客家公王第一庙的大门联是："灵昭万古；光耀千秋"。东山福主民主公王神座下刻着这样的诗句："民主推崇我为神，主持赏罚必分明。公平正直无偏袒，王法昭彰不徇情。"这是藏头诗，把"民主公王"镶嵌其中。

庙中还有 64 首仟诗，为清乾隆年间（1736～1795 年）秀才蒋景文撰拟。当地传说，蒋景文睡卧在公王神台下，每晚创作仟诗一首，经历 64 个不眠之夜创作了 64 首仟诗。仟诗劝善抑恶，富有哲理。如首仟诗："巍巍庙宇立溪边，一乡祸福我司权。善恶到头终有报，莫疑迟早是私偏。"终仟诗："我本一乡监察神，吉凶祸福早知音。志诚祷告皆灵验，求得终仟万事新。"

（二）日常祭祀与巡游活动

1. 日常祭祀

在客家地区，公王是人们意识中的守护神，是人们祈愿永保平安、消灾赐福的精神寄托。对公王的祭拜，昭示和寄托了人们对美好生活的追求。民间各村都有公王，客家民间逐步形成了逢年过节都要到公王庙、公王宫、公王坛膜拜和迎送公王的传统习俗。

在笔者家乡永定高陂镇睦邻福梓村，民众一般是在大年三十，挑上为过年准备的鸡、鸭、鱼、猪肉以及其他果品祭品，到村头的水杉树下的公王坛祭拜，祈求一年四季风调雨顺、五谷丰登、平安吉祥。许多地方以家庭为单位进公王宫、公王庙祭祀的也是如此，只是时间各有不同。

2. 节俗祭祀

公王作为地方的保护神，民众在有相关的重要节俗活动时也就不会忘记公王了。比如，连城姑田民众在举行"游大龙"活动或者家庭杀大猪时，就要请公王回家或者到自己的祠堂祭拜。闻名于世的连城姑田"游大龙"活动，其中有两个环节与东山福主民主公王有关。一是"接公爹"，当地民众称公王为"公爹"（客家话是"爷爷"）。年三十子夜（年初一子时），本地有"开天门"的习俗，此时由龙头、龙尾处各放三科（响）神铳，发出准备接"公爹"的信号。随后由龙头组成的锣鼓队，沿途敲打并带上香纸烛炮前往上堡溪边庵（又称公王庙）迎接东山福主民主公王。溪边庵离中堡约两里路，里面供奉着各姓都十分崇拜的大小公王，大的要用轿子抬，小的可用手抱（庙里大小公王共五尊，都属同一民主公王，最大一尊是镇庙公王；次大的一尊是出案公王，供正月十五出游；小的三尊，其中上堡陈、赖、桑三姓合一尊，中堡华、江两姓合一尊，上堡蒋姓一尊。此时接的是华、江两姓合塑的小公王，又称小公爹）。小公王接回家后又是一阵热烈的铳炮声，将小公王安放在扎龙头的祠堂里。周围人家都前来烧香献茶、酹酒朝拜，整夜都是人声喧嚷，灯火通明，直闹到天亮。公爹要等到游龙完毕后，方送回庵去。另一环节是"烧龙"。到了正月十六日上午九时许，龙又在江姓祖祠门口驳桥起游，在岭兜一个小巷兜游三圈后经中堡街直上溪边庵，到庵门口将龙头向公爹点三下头。游龙途中，擎疲劳时可任意换人，但是过溪边庵门口时则要主人自己来擎，以讨公爹的好感而获神之庇佑。此时的大龙在庵门前逆时针由外向内绕圈子，圈子由大到小，叫"龙头入囊"。然后龙头顺时针由内向外绕圈子，叫"龙头出囊"。此时龙腰边游边拆"桥"，直到拆完，但龙头还是带上几节坚持游。游到实在疲惫不堪，龙头再次到庵门口向公爹点三下头才"落脚"（把龙头卸下），龙尾和拆掉的龙腰早已放在烧龙的地方（龙尾要等龙头一起拆）。烧完大家争先恐后往家里跑。整个正月的"游大龙"结束了。①

① 参见华钦进：《姑田大龙甲天下：连城客家节庆民俗文化》，中国文史出版社，2009，第10～17页。

3. 巡游公王

客家崇拜公王不单单局限建庙供奉以及节俗活动的祭祀，更为隆重的就是专门组织巡游公王的习俗了。民间俗称为"等公王""扛公王""迎公王""送公王"等，永定湖坑一带称"做大福"。迎送公王就是到村中各家各户出巡，到田野及村庄重要的地方巡游，是客家极具特色的大型民俗活动。巡游公王形式多，范围广，内涵丰富，气氛热烈、庄重虔诚，是客家乡村参与人数最多、场景最为壮观的民间祭祀活动，也是客家人亲朋好友交往联络最好的时机。

迎送公王的祭祀活动，客家地区各个地方的内容大致相同，具体的形式大同小异，只是时间、程序不尽相同，略有差异，多选择在中国传统节日、重大节气，或公王诞辰，或故事传说中具有特殊意义的时间举行。梅县松口镇的梅溪村，每年春节期间举行梅溪公王祭祀活动，而同是松口镇的山口村公王则在端午节前后出巡。小桑公王因抗日战争爆发，受战乱、贫困等因素影响，祭祀活动改为每年农历正月初二出巡，至正月初六回宫。梅县梓里村祭拜三圣公王是在每年农历九月十三，因四百年前的九月十二午夜洪灾过后的第二天，三尊金身神像漂到此处，九月十三便作为梓里村公王的诞辰，举行隆重的祭祀仪式。永定湖坑镇每隔两年都要在农历九月十一至十六举行一届"做大福"的民间迎神盛会，抬出公王巡游。梅县松源镇龙源宫周边 42 个自然村的村民扛龙源公王出巡的习俗活动，则是每年举行春、秋两祭大型活动。

巡游公王的活动隆重而热烈，时间长，仪式多。故客家民间都要成立理事会负责组织筹划资金、项目、安全、仪式、路线、规模等，事情繁杂，都须有人专项负责。

小桑公王的巡游。根据广东梅县博物馆的麦娟娟馆长介绍，正月初二，迎送公王的一路上，锣鼓喧天，鞭炮轰鸣，以往使用传统的客家打击乐器闹八音等，现在增添了铜管乐队演奏和文艺演出队的歌舞表演，使古老的传统习俗增添了现代气息。小桑村每年农历正月初二公王出巡前，都要置办三牲、佳果、香烛等，由祭祀出巡司仪挂抱上有公王、白马的图腾，作巡祭文。祭祀时一边唱念吉语，一边撒麻、麦、米、豆、粟等五谷，祈求一年四季风调雨顺、五谷丰登、平安吉祥。公王正式出巡，由族中的人高举"明主公王""猎神公王""出巡公王"和龙、虎等数十面旌旗和关刀、大斧、画戟等象征十八般武艺的兵器，后有龙船和象征三山国王座驾的三匹金色、黄色、白色马，浩浩荡荡，往村中四十三处祖祠出巡，巡遍全村。出巡的规矩是，只进祖祠，不进私宅。按固定的时间、路线顺序进行，连在哪村吃饭、歇夜都是固定好的。公王所到之处，家家户户皆燃放爆竹，恭迎膜拜。每到一处祖祠门前，男女老少手拿一支香集中在门前禾坪恭迎，在祖祠上挂图腾举行祭祀膜拜仪式，司仪口念"麻麦米豆撒花花，公王爷爷过别家"，然后，由该祠族人替换上一祖祠的族人抬护公王桥。如此按时间、路线和祭祀方式再到下一个祖祠。……直至正月初六巡遍全村四十三个祖祠后再护送回到公王宫。最后将龙船送往河中漂放，喻为将晦气、灾厄等送走。至此公王出巡仪式结束。整个山村沉浸在喜庆、祥和的气氛中。

龙源公王的巡游也很独特。梅县松源镇龙源宫是广东省与福建省武平县、上杭县客家区香火最旺、膜拜祭祀人数最多的宫庙。旧时，民间曾有42个自然村的村民扛龙源公王出巡的习俗活动，每年举行春、秋两祭。原来供奉三尊公王神像，后来由于"扛公王"出巡的乡村多，增加至九尊，再后又增加一尊，名曰"十满叔公"（取"满足""满意""十足"之意，同时，又取梅州客家方言中"满"是指排行最小之意）。这样才基本满足各村落迎送公王的祭祀活动的要求。即使如此，各村"扛公王"主要出巡的日期仍要尽量错开才行。据了解，松源镇民间最后一次如此规模的"扛公王"活动是在1949年。目前，只有年长者方能回忆讲述当年盛况：当年"扛公王"活动，由龙源宫邻近各村派代表或长者到宫内商议，决定"迎公王"的具体事项和神像的具体分配。到了"迎公王"当天，村民穿戴一新，仅次于春节过大年，自发组成迎公王队伍，喜气洋洋来到宫前，德高望重的长者率众焚香参拜，请公王上轿出巡。"扛公王"的队伍，有老人、青年、小孩，前呼后拥，举着"廻避""肃静"的出巡牌，高举龙旗、彩旗等各色旌旗等，鼓乐齐鸣，组成一条长长的队伍，浩浩荡荡，到每村各祖祠巡视，场面蔚为壮观。目前，松源各村仅保留旧时的公王出巡日到龙源宫殿宇中进行祭祀膜拜的习俗，而"扛公王"出巡的习俗活动则不复当年了。①

"扛公王"不一定只限村里的公王，客家人具有泛神崇拜意识，他们会把区域内所有的神灵都抬上巡游全境。梅州大埔的"游公王"，就是把一堆神明一起抬出巡游。永定湖坑一带的"做大福"也是如此。我们在调研湖坑奥杳的"做大福"时发现，因和闽南漳州接壤，奥杳客家人也信奉开漳圣王，而且很虔诚，专门在村口建了一座西霖宫供奉，并有匾题"西霖宫奥杳人民保护神开漳灵主圣王陈元光"。巡游公王时，民众扛着开漳圣王一同出巡，最后到大福场集中祭祀。

① 麦娟娟：《客家民间信仰，客家人的"精神家园"——浅谈客家"公王"习俗的保护与传承》，《神州民俗》2007年第10期。

（三）公王崇拜的传播

1.神迹故事的增加

为宣扬公王的神力，人们往往会增加公王显灵的故事。以连城姑田的东山福主民主公王为例，其庙史是这样记载：明正德年间（1506～1521年）武宗朱厚照微服游江南，游至龙岩硿家村（位于今连城县赖源乡大河祠隔壁）时，遭村中恶歹追赶。危急之时，帝匍身钻进该村水尾公王庙边一棵大树洞隐藏。钻入之后，该洞突然布满蜘蛛网，恶歹见状认为他不会藏在洞内，于是往前直追，帝才免难得以脱身。帝在出游回京途中，一路上得到公王的暗中保护，抵京之后公王显出本相请求受封。帝念其护驾有功，即封他为"东山福主民主公王"。他与天下其他公王不同，是唯一受帝王敕封的公王。

在调研中发现，客家公王第一庙中立有石碑，其碑文是这样表述的：

姑田"客家公王"御封之来历

明正德年间（公元一五〇六至一五二一）帝微服访江南。至连城东山门姑田，日暮途穷，寓于村舍。是夜蛙蝈乱鸣，扰人不寐。帝恶之，嘱主人觅一蛙刎而做之。次晨蛙蝈尽毙于田间。由是，村中沸然，帝亦异之，捡一蛙以宣纸条扎其伤口，则蛙儿皆活蹦蹦然矣。至今，其蛙皆白颈故也。彼时，村中有恶少颇觉来人蹊跷，欲逮而讯之，帝慌矣，速遁而去。逃至东山客家公王庙，遂藏焉。公王知帝临，施法保护。恶少见公王显出本相，威严肃立，人无踪影，始扬长而去，帝方安然。或恐恶少继续追踪，乘夜赶路至东山境内一小山村，村头一茅舍中住母女俩。时帝一筋疲力尽，进屋便昏然猝倒，观其貌方颐阔脸，诚厚福之人也，当下急救之，帝苏甚是感激，母女询之，谎称京都商贾，遇盗劫掠穷追至此，感激之恩自当重报，遂解金龙玉带以谢，母女拒受。帝观其女容貌端庄，虽宫中美女如云，终不及村姑灵秀，欲聘之。母久有择婿之意，今见其人才貌，欣然允诺，帝遂以玉带为信。次晨，帝辞上路，戚然而别。

帝自遁之始，东山客家公王即暗中保驾，一路护送回京。登殿方显公王本相，拜求封号，帝念其功，遂封其"东山福主民主公王"。故姑田东山公王曾受御封，所祀公王算是钦命正宗神祇。公王庙内正厅两壁"威灵""显应"四字，是明正德皇帝朱厚照恩赐书成。

客家公王庙姑田文物管委会

2008 年晚秋

为增强东山福主民主公王的法力，人们不断增加东山福主民主公王显灵的事例。连城县姑田当地流传着两则发生于清光绪年间（1875～1908 年）的民间故事。一则讲述忠厚老实的何三元因不堪生性刁恶的老婆欺侮，到溪边庵公王处告阴状，即买张黄纸，写好阴状，初一那天到溪边庵公王面前烧香跪拜，后把阴状烧了，求公王做主。当天夜里，何三元夫妇便被阴兵押到公王庙。经公王审问后，何三元的妻子被惩戒，并从此改恶从善。

另一则讲述上堡人张达请一位公旦（即伯公）帮其看管所养的小鸡，承诺小鸡长大后三七分成，并掷筊以卜神意，结果连掷三次圣筊，即许之愿得到了公旦的同意。但是张达的小鸡在五日之内便因鼠害鹰抓，损失殆尽。张达一怒之下买了张黄纸，请人写了一张状纸，至上堡公王处口诉之后再将呈文焚化，请求公王治罪失信的公旦。当晚，张达和公旦就被衙役押至公王面前对审。公王先惩治了失信于民的公旦以严明法纪，将这个原本管人口平安的公旦贬为田公旦。公王又以张达竟敢劳烦公旦看管区区几只小鸡，还为此告状，使公王手下少了一个公旦，将张达责打四十大板。

2. 文化内涵的不断丰富

公王崇拜因活动的拓展、时代的发展，往往由单纯的民间信仰发展成地方的文化综合活动，内涵不断扩展。如梅州的祥云宫和梅溪宫等地供奉梅溪公王，为的是纪念汉代梅王梅鋗。

虽然古时对汉代梅王梅鋗的记载资料不详，但从历史记载的片段中，可以看出梅鋗是有勇有谋的，他的生前立下过丰功伟绩，具有重要的历史地位和广泛深远的影响力。梅鋗因其立下的功业被封侯，领辖梅岭梅州，故人们都崇敬他。梅鋗去世后，当地人为了纪念他而到处栽种梅花，修祠建庙，又衍生了对"梅溪公王"的崇拜，并把他的姓铭记在城池、村舍和山水之中，由此再得"梅源""梅溪""梅口""梅州"等名称和咏梅诗文，从而促使形成了梅文化并不断推动其发展。

这就是文化的拓展，追根溯源，梅溪公王崇拜有着极为悠久的历史和深厚的人文底蕴。梅州多"梅"名，世人爱梅花。祥云宫等雕塑梅王像奉祀，百姓对梅溪公王的顶礼膜拜，都是对梅鋗的一种纪念，寄托了对开发岭南的先驱梅鋗的无限追思，体现了对先贤的尊重和敬仰，是对梅文化的钟爱和弘扬。

3. 公王信仰的传播

公王信仰的传播形式多种多样，有洪水漂来的神像，有外地求来的神位，有随着移民的脚步迁移的信仰，不一而足。

移民带走信仰的例子特别多，它们表现了客家移民对文化的认同、历史的记忆、故土的怀念。这在大量客家人下南洋、去台湾、填四川的迁徙过程中特别典型。如台湾的民主公王信仰以三芝乡江姓祀奉的民主公王最为兴盛。这座民主公王庙位于陈厝坑溪与新庄溪合流处，初建于清乾隆二十六年（1761 年），系由圆窗开基祖江由兴从永定高头渡海到台开垦，迎民主公王护佑随行，次年建祠坐镇于水口，称"水口民主公王"。这座历史悠久、名字却很现代的民主公王庙，在当地有不少传说。据说：大约距今二百多年的乾隆八年（1743 年），有一批开垦小基隆（新庄子）的移民，民主公王就是指这些移民而言。因为他们是乡土的开拓者，当地民众感激他们的恩德，并且为了把这些恩德永远传之子孙，以及为了祈求平安幸福，才建了一座 4 尺方的小庙，当时称为"土地公庙"。道光二年（1822 年），从大陆来了一位翰林，此人就是巫宜福，他到台湾各地观光，有一天路过小基隆休息时，对于该庙所在地的秀丽风光叹赏不已，于是就嘱令当地人，以后要把这座庙称为"民主公王庙"，当地信徒欣然接受。四月初八是例祭日，都要举行祭典。其实，如前所述，"民主公王"之名早在大陆就久已有之，系永定高头一带百姓感念"神恩浩荡"而崇祀的村落守护神。这座民主公王庙，则是江姓移民时从永定原乡分灵而来的。台湾客家的民主公王信仰虽由永定高头渡海到台湾迄今已达二百多年，但仍表现出强烈的认同大陆、认同中华文化倾向，扩建新庙时所写碑文明示"本会为承启及弘扬我中华文化传统精神之特质，首先以重建庙宇为己任"，声称"事天、敬神、崇道三者为我中华文化传统精神之所系"，"我中华民族感恩怀德，普被上下神祇，首重祭祀之礼，真挚肫诚，薪火相通，因之国脉绵延，……天佑中华众神庇护大道弘化之所至"。这种在民间信仰层面认同大陆、认同中华文化的倾向，是一种尊重历史的行为，同时也是台湾客家人祖国认同的一种政治思想倾向。[①]

台湾新北市客家民俗信仰馆的宣传资料特别提到，台湾客家民主公工崇拜受闽南强势文化影响，名称上与大陆有所不同，称"民主公""民主千岁"，反映出台湾客家民主公王信仰的纷杂与多元。历史较早、规模最大的连城姑田镇民主公王信仰

---

① 刘大可：《闽台客家地区的民主公王信仰》，《客家研究辑刊》2011 年第 1 期。

应为发源地，向南传至永定县高头与南靖县西部等闽西客家区，向东北沿河传递到闽中沙县，各地的差异是民间信仰的随意随俗造成的。

公王崇拜是客家地区典型而广泛的民间信仰，别具特色。它是客家人安土重迁、热爱土地精神的体现。公王崇拜所形成的祭祀活动与习俗，是客家人宝贵的非物质文化遗产。

第十章　土能生万物，地可发千祥

——客家土地崇拜

客家人有着强烈的土地崇拜意识，这种意识根源于中华民族历史悠久的农耕文明。在这文明中，土地在人们生存、繁衍和发展的过程中扮演着重要的角色。人们在土地上生存，土地以不同的地貌、不同的环境形成了人类不同的生存方式，久而久之就因不同的土地文化形成了不同的聚落，凝聚成了不同的地域文化。这就是"土地生长文化"。人们以土地神灵为表述的对象，在民居建筑、节俗礼仪、祭祀仪式、绘画演艺、庙会社戏、日常生活中以各种活动形式娱乐神灵，以安慰人类的精神，孕育出各式各样丰富多彩的土地文化。无论是生产和生活，还是战争和祭祀仪式，处处都显露出人和土地之间那种深远浓郁的情缘。同时，正如有学者所说的，不同区域形成的健康积极的土地文化，反过来又滋养土地。这就是"文化滋养土地"。从古至今，中华民族在土地崇拜中形成了"皇天后土""天圆地方""天南地北""天阳地阴"这些个古老的词，反映了汉民族浓郁的天地崇拜意识。而土地生长万物的功能，使土地逐渐地成为一种权力的代表、财富的代表，也使人们在利用土地资源的时候，会爱惜它，合理地利用它，为子孙留下长久的财富。

在农耕时代，人们在土地上栽种各种类型的农作物，并且对自己亲手栽种的作物予以特别的关注，因为这与一年的生计相关，这样，人们与土地的关系就越来越密切了。但是，土壤有肥有瘠，肥沃的土地上农作物长得很茂盛，收成好；而贫瘠的土壤上农作物长得矮小，收成也低。即使是在同一块土地上，不同时间、不同的年成也有不同：风调雨顺时收成会很好，而遇上雨少干旱则歉收甚至无收。面对这种复杂的自然现象，原始人类无法理解其中因由，他们下意识地以为土地与人和动物一样也是有灵魂、有喜怒哀乐的，是神奇的土地控制着农作物的生长，土地高兴时，作物就会获得丰收，否则就相反。这样，土地有灵观念便在原始社会时期人类的意识中产生了，土地也就人格化了。

土地的人格化，产生了汉民族的许多相关文化，最典型的就是中国人的传统伦理"敬天敬地敬父母"。天地如父母，父母如天地，而天地是所有人共同的父母。这种伦理，实际也就是汉民族形成的哲理，它饱含了人们对土地一脉相承的尊崇和珍惜之情，凸显了中国农民对土地的赤子真情。这种思维形成了中华汉族的土地崇拜体系：国家有国家的土地神，州有州的土地神，县有县的土地神，村有村的土地神，各家各户里都有小土地神。

一、土地崇拜的起源及变迁

自然崇拜是人类最原始的宗教形式，土地神观念即是在原始社会自然宗教时期，人类对自然神的普遍崇拜下产生的。

在人类社会早期，人类赖以生存的是野菜、果实和动物，可以通过采集、渔猎维生，人们对自然界有依赖感。但人们所需要的各种野菜、果树在土地上生长，所捕猎的各种动物在土地上栖息，而土地对人的生存并不发生直接的影响，因而，人们也就不会神化土地、崇拜土地。只有到了农耕文明诞生后，人类社会发生了巨大的变革，由简单地向自然界索取过渡到用自己的双手生产生活资料，由攫取性的生产方式过渡到生产性的生产方式，人们与土地发生关系才越来越密切。

土地与原始人类生活密切相关，土地对古人来说，"不但是他们表演人生的舞台，而且更有过之。在土地里居留着并从那里发出来一种生命力，它钻进一切东西的里面，它把过去和现在连结在一起。……一切有生命的东西都从土地那里借来力量。……他们把自己的土地看成是他们的神赐给他们占有的封地，——土地对他们来说是神圣的"①。基于此，原始人类对土地的信仰和崇拜便从众多的自然神崇拜中脱颖而出了。

土地有灵的意识是土地神观念产生的基础。人类在长期的生产、生活实践中，从其直观经验中就认识到土地的自然属性：大地负载并生养万物。

"土"字在甲骨文和金文中有多种写法，从这些甲骨文和金文"土"字的表象上看，它就像草木从土壤或地面中生长出来一样。许慎在《说文解字》中解释"土"字说："土，地之吐生物者也。二象地之下、地之中，物出形也。"

---

① ［法］列维 - 布留尔著，丁由译：《原始思维》，商务印书馆，1981，第 31 页。

我们现在一般把"土"和"地"作为同义的关系来看待，但是在现有的甲骨文字中，只有"土"而没有"地"，"地"字显然是后起字。《说文解字》释"地"字曰："地，元气初分，轻清阳为天，重浊阴为地，万物所陈列也。"又释"也"字曰："也，女阴也，象形。"根据这个解释，"也"字作为独体象形字，它应该直接来源于古人意识中女性生殖器官的表象。"地"字从造字结构上看，是"土"与"也"的合体，所以同女性的生殖机能密切相关。①

《释名·释地》中说得更形象："土，吐也，吐生万物也。""地，底也，言其底下载万物也。"从汉字中对"土"和"地"的解释来看，"土"重在对其自然属性的解释，"地"作为后起字则更多地融入了一些人文的因素。这是人类早期对土地自然属性的概括和总结。

《周易·说卦》又说："坤，地也，故称乎母。""坤"字从土从申，土代表土地，申又通神，《周易》把土地命名为"坤"，称为"母"。人们把土生万物的现象和人类生殖的现象类比，把土地比作具有生殖能力的女性，象征母亲。"玄牝"一词出自《道德经》第六章："谷神不死，是谓玄牝。"该章又云："玄牝之门，是谓天地根。绵绵若存，用之不勤。""谷神""玄牝之门"代表的是万物所由出者。

最初，人们崇拜土地只是因为它具有生养万物之能力。步入文明时代之后，人们的土地崇拜在名称上出现了变化。俞伟超先生曾概括说："早在原始时代，世界上许多农业部落见到农作物从土地上生长出来，由于不懂得农作物生长的原因，又出于对粮食丰收的祈求和依赖，就发生了土地崇拜。在民族学中，这叫作'地母'崇拜。中国古代把这种崇拜叫'社'。"②《说文解字》解释说："社，地主也。从示土。""社"字由"示"和"土"组成，"土"字的含义上文我们已经作了叙述，兹不赘言，且看"示"字。《说文解字》曰："示，天垂象，见吉凶，所以示人也。从二。三垂，日月星也。观乎天文，以察时变。示，神事也，凡示之属，皆从示。"作为由"示"和"土"组成的"社"，字，其原始意义可以解释为把土地当作神来加以祭祀，故《礼记·郊特牲》认为："社，所以神地之道也。"著名学者吴其昌也说："社从'示'从'土'。'示'即'祀'也；祀土，故为'社'也。故土即社也，社即土地之神也。"③从这一点上来说，"社"本身就是土地崇拜观念的产物，是为

---

① 纪倩倩、盖翠杰：《论土地崇拜产生的早期文化因素》，《理论学刊》2014 年第 8 期。

② 俞伟超：《铜山丘湾商代社祀遗迹的推定》，载氏著《先秦两汉考古学论集》，文物出版社，1985，第 54 页。

③ 吴其昌：《卜辞所见殷先公先王三续考》，载吕思勉、童书业编著《古史辨》第七册上编，上海古籍出版社，1982，第 346 页。

了表达对土地的尊敬并进行祭祀而产生的。

祈求年成的祭祀早在甲骨卜辞中就有明确的记载。先秦时期，人们每年在春秋两季都会举行相应的祭祀仪式，以此来表达对土地丰产的渴求。《礼记·月令》记载："仲春之月，择元日，命民社。"郑玄注曰："社，后土也。使民祀焉，神其农业也。"《月令》又载："是月也，天气下降，地气上腾，天地和同，草木萌动。"仲春之月就是农历的二月，这时正是阳气发动、万物萌生的时候，是一年中农业活动开始的季节。故《国语·鲁语上》说："土发而社。"韦昭注曰："土发，春分也。……社者，助时祈福为农始也。"《国语·鲁语下》又说："社而赋事。"韦昭注曰："春分，祭社也。事，农桑之属也。"可见人们在播种之前举行相应的祭祀，希望通过祭祀土地神，保佑农作物能够获得丰产。到了秋天，农作物收获之后，人们认为能够取得好的收成是土地神的恩赐，因此他们怀着感恩之情，又通过祭祀的方式报答土地的载养之功。人们在感谢土地已经赐予丰产的同时，又希望下一年能够继续五谷丰登。《公羊传·庄公二十三年》何休注曰："社者，土地之主。祭者，报德也。生万物，居人民，德至厚，功至大，故感春秋而祭之。"可见，社祭是为了表达人们对社神福佑、赐予丰产的感恩之情。①

古人由此塑造的土地神即源于古代的社。正如乾隆《福建县志》卷七《祀典志》所谓"社为五土之祇，稷为原隰之祇，能生五谷，有功于民，故祀之"。

土地生长万物，人们依赖土地而生存。土地逐渐地开始作为一种权力的代表、财富的代表。它是生产要素，给人类社会带来权力财富，圈定的土地多，说明占有的财富就多。因此，历史上发生了许多争夺土地的战争，至今不息。

从区域而言也是如此。广东曾发生惨烈的土著与客家人间的械斗，史称"土客械斗"，为的是争夺土地。这场浩劫，留给后人惨痛的教训。明清大陆移民去台湾也发生过"闽客械斗"，为的也是垦殖的土地。

客家的厚葬之风很盛，对墓葬很讲究。其中之一就是墓葬的规模大，讲究墓头大，而且葬得很远。故客家人有"死人霸江山"之说。这也是土地势力范围的体现。

土地是农耕时代的根本，人们对土地非常爱惜，甚至超过自己的性命。现在进入工业时代，人们却对耕作了几千年的黑土肥田放肆填埋，征地建厂后一片荒芜，杂草连天，一点都不珍惜，许多老年人直呼看不懂。

———————
① 纪倩倩、盖翠杰：《论土地崇拜产生的早期文化因素》，《理论学刊》2014 年第 8 期。

土地崇拜意识渐渐淡薄了。

二、客家人土地崇拜的表现形式

（一）国家层面土地崇拜的设施仪式

前面提及了中华民族的土地崇拜体系：国家有国家的土地神，州有州的土地神，县有县的土地神，村有村的土地神，各家各户里都有小土地神。作为从中原而来的客家民系，传承了汉民族的土地崇拜意识，也有其完整的体系。

从国家统治层面看，汀州府及各县有设立土地神。《汀州府志》记载，汀州府治所在地及各县治地都设有"社稷坛""风云雷雨山川坛""先农坛"等。

汀州府治所在地长汀"社稷坛，在府城西，宋庆元间建，每岁春秋仲月上戊日官备牲醴致祭。长汀县附郭不别为坛"。"风云雷雨山川坛，在府城南宝珠门，宋庆元间建，在社稷坛左。明洪武间改置今所。每岁春秋仲月上巳日官备牲醴致祭。长汀县附郭不别为坛。""先农坛，在郡东郊外，国朝雍正五年建。长汀县附郭不别为坛。"建坛之意，《府志》也有载："祠者，国之大事也。坛遗之设不屋，以达天地之气。群庙则屋之，所以栖幽而妥神也。"①

祭祀土地神的仪式隆重热烈。《汀州府志》卷十一《典礼》中记祭社稷礼：

> 凡府州县皆有社稷坛。今府城坛在郊之西，春秋二祭，俱用仲月上戊日，主祭官汀州府知府。祭前三日斋戒，将祭之前一日，省牲治祭牲，洁笾豆，扫除坛上下及设幕次中门外（是夕，献官以下就幕次宿）。本日献官以下俱夙兴，执事者陈设其坛，坐南朝北，设社位于稷之东，设稷位于社之西。每位羊一（用盒盛贮，未启盖居左，在笾之北），豕一（用盒盛贮，未启盖居右，在豆之北）。笾四，盛枣栗形盐蒿鱼（居左，在羊之南）；豆四，盛韭菹菁菹醯醓鹿醢（居右，在豕之南）；簋二，盛黍稷（居笾之左）；簋二，盛稻粱（居豆之右）。铏一，盛和羹（居中，在笾豆之南）；帛一（黑色，长一丈八尺，用篚贮末上），别设一小案（阁祝版香炉，居坛正中）。献官具祭服，执事者捧祝版至幕次金名（金毕捧至案上）。执事者取毛血盘置神位前牲案下，实酒于尊加幂（在坛下东北），置水于盆加帨（在坛下西北）。焚香燃烛明炬。通赞唱。执

---

① 乾隆《汀州府志》卷十三《祠祀》，第186页。

事者各就位，陪祭者各就位，献官就位（引赞引献官就拜位）。通赞唱瘞（埋物祭地——作者注）毛血。执事者以毛血瘞于坎（在西北隅）。启牲盒盖。通赞唱迎神跪、叩首叩首叩首、兴平身（献官以下俱一跪三叩首兴平身）。又唱奠帛行初献礼（司帛者捧帛，司爵者捧爵，各立以侍）。引赞赞诣盥洗所（献官诣盥洗所），执事酌水进巾（献官盥手帨巾）。赞诣酒尊所（献官诣酒尊所），司尊者举幂酌酒（注酒于尊）。赞诣社神位前（献官升自左阶至神位前）。赞奠播（捧帛者自右进于献官，献官受而举之。仍自左授于执爵者奠于神位前）。赞俯伏兴平身（献官俯伏兴平身），赞诣稷神位前（仪同前）。赞诣读祝位（献官诣读祝位）。赞跪（献官跪）。赞众官皆跪，赞读祝（读祝者取祝跪读与献官之左）。读毕通赞唱俯伏兴平身（献官以下俱平身）。唱复位（引赞引献官降自右阶复原位）。通赞唱行亚献礼（仪同初献，但不奠帛不读祝）。通赞唱行终献礼（仪同亚献）。通赞唱饮福受胙，执事者设饮福位（在坛中稍北）。执事者先于社位前割取羊左脚置于盘及于酒尊所酌酒于爵同立福位之右以俟（引赞引献官诣饮福位）。赞跪（献官跪）。赞饮福酒（一人自右跪进爵于献官，献官饮毕，一人自左受虚爵以退）。赞受胙（一人自右跪进胙于献官，献官受讫，一人自左跪接捧由中门以退）。赞俯伏兴平身（献官俯伏兴平身）。通赞唱复位（献官降自右阶复位），唱跪、叩首叩首叩首、兴平身（献官以下俱一跪三叩首兴平身）。通赞唱撤馔（执事者各诣神位前稍移动笾豆）。通赞唱送神，唱跪、叩首叩首叩首、兴平身（献官以下俱一跪三叩首兴平身）。通赞唱读祝者捧祝进帛者捧帛各诣瘞所。（献官陪祭官离位分东西班立，俟捧祝帛者由中道而过）。通赞唱望瘞。引赞诣望瘞位（引献官至望瘞位）。执事者以帛焚于坎中。焚毕，以土实坎。通赞唱礼毕。[①]

（二）民间土地崇拜的设施场所

民间的土地神崇拜，变化比较大。由原始崇拜中的土地大神，慢慢变为后来的小土地神、土地庙，诞生了"土地公""土地爷""土地婆"的概念，称呼也各种各样。而且人们心目中的仁人义士也被崇为一方土地神。更有意思的是，人们把土地神的生活人间化，好事者怕土地公寂寞无聊，就给土地公配上了一位夫人，称为

---

① 乾隆《汀州府志》卷十一《典礼》，第 150～153 页。

"土地婆"或"土地奶奶"。这是非常奇特的。在南方地区，土地公还被视为财神。土地公的形象，有的是手持如意，有的是手持拐杖，而作为财神的土地，通常是手持元宝。这被客家人称为"财神土地"。

在后世文献中，土地神的行为和具体职责开始更多地受"神话道德化"的制约，不再仅凭不加约束的欲望和本能来支配。早期文献中做派跋扈的蒋子文，明代已经赋予其忠烈英勇的品格而被尊为"汉秣陵尉蒋忠烈公子文"，在民间立庙奉祀。历代各类笔记小说、戏剧舞台中的土地神更多为善良、仁慈、护佑百姓的正义之神，一些人们心目中的英雄贤士，如关羽、韩愈、岳飞等也成为民间信奉的土地神。土地神这种伦理化、道德化、世俗化的演变，体现了人们在敬畏的神明身上投射的文明和道德的理想。[①]

这里提到的蒋子文应该是最早人格化的土地公。蒋子文，汉代人，曾做过秣陵尉。一天，蒋子文追捕盗贼到钟山下，盗贼击伤了他的前额，不一会他就死了。到了孙权建立东吴政权时，蒋子文显灵说："我应当做这儿的土地神，为下界百姓造福，你可以向百姓宣传，给我立庙，否则会有大难临头。"于是孙权派使者封蒋子文为土地公。[②]

客家民间土地崇拜的设施及场所更为普遍：祠堂、墓地、山岭、山口、村落、户宅中、古树下，处处皆有。

1. 田伯公

客家人俗称土地公为"伯公"。这种以土地为男性，与传统的以大地为女性、为"地母"有些区别。也许这也正是探讨客家独特性的一个视角。

闽西永定的节俗中，过中秋节时有以番薯芋头敬伯公，特别是敬田头伯公的习俗。伯公是一种土地神，闽西永定各村乡山田边多设伯公坛，祀奉田头伯公。坛边一般都种有松树，由于是神树，无人敢砍，故大多数伯公边的松树都是年代久远的。古木参天，绿树成荫，这往往是农民在山田劳动时吃饭歇息的好去处。在南方许多客家人的聚居地，"八月半"正是单季稻即将成熟、番薯芋头收获的时候，农民便把刚收获的番薯芋头，挑选几颗最漂亮的，外加一个月饼，拿去敬田头伯公，祈求田头伯公保佑，除虫驱兽，田禾大熟。随着时代的发展，受经济大潮的冲击，农业地位下降，与之相关的许多习俗也渐渐为人们所淡忘。这也正说明民间的习俗信仰和人们的生存方式有着密切的联系。

---

① 姚小鸥、卢翩：《〈清华简·赤鹄〉篇与"后土"人格化》，《民俗研究》2013 年第 3 期。
② 林国平：《闽台民间信仰源流》，第 71 ～ 72 页。

2. 山伯公

客家的山神崇拜很典型，称"山伯公"。笔者小时随大人进山砍柴，每次都要跟着大人拜大树下或巨石旁的山伯公。工作后曾经登临闽西的几十座高山，许多山峰的隘口、山脚处、半山亭中，都有山伯公的牌位神坛。如永定培丰的紫云山，一路都有山伯公祭坛。

客家地区也建有三山国王庙。三山国王为粤东客家人信奉的守护山神，相传系广东省潮州府饶平县之巾山、明山、独山之山神。清朝中叶客家移民迎奉迁台，此庙客家地区有之，为数不多。台湾苗栗、吴林、宜兰、新庄、台南市等地都有三山国王庙。①

3. 石伯公

石有圣灵，是客家人土地崇拜的一个表现。石头崇拜早在原始社会时期就已存在。人们使用的石器，是生存的工具，因此，人们对石器怀有特殊的感情。古时又燧石起火，人们更感觉石头的灵性。人们深层意识中早有"神石"的概念。

石崇拜主要有两种情况：一是对原生形态的石头崇拜。一般来说，这些石头都是形状怪异、功能奇特、与某些现象相似或有关联的。二是对石制品的崇拜。人们将石头制作成石人、石虎、石狮、石敢当等。

闽西武平梁野山的最高山峰上屹立着一块巨石，人称"古母石"。古母石是梁野山的山魂。清康熙《武平县志》云："顶有古母石，大数丈，一石载之，登者见百里。"周围的山村中也有人称为"鼓子石"。一则因石形似一只大鼓，二则因客家话中"古""鼓"同音所致。关于古母石的来历有一个神奇的民间传说，我们已在相关章节提及。

闽西宁化县有"观音石"，在龙源顶之左。山中建有石佛庵，因山涧中有三块奇石，"若跏趺状，背水而坐"，村民以为神灵，特地为之搭建庵堂加以供养。后来，"远近村郭，凡水旱灾疫，奔走祈望者，感应如响。以故历宋、元而明，数百年香火不辍"。

客家地区有许多地方流传"出米石"的故事，永定县湖坑乡奥杳村、武平县中山三圣堂、清流县狐狸洞、连城县北团镇等都有，凸显的是石伯公有灵的意识。

长汀县民众以一块顺流漂下的巨石为"石猛大王"，认为它与一位死节的将军"石固大王"一样有灵性，能保佑大家祛灾来福。上杭县一处崇奉的黄仙师，也是一块石壁的化身。开庆《临汀志·祠庙》载："旧传未县前，有妖怪虎狼为民害，

① 黄顺炘、黄马金、邹子彬主编：《客家风情》，第131页。

觋者黄七翁父子三人往治之，因入石隐身，群怪遂息。风雨时，石中隐隐有金鼓声，民敬畏之，立祠香炉下，且家绘其像以奉之。"这是因人而石神。

客家人认为，土地神不仅主宰人们的祸福灾祥，也主宰动物植物的命运。闽西客家民间传说，老虎吃猪牛要问过石公，石公不点头，老虎不敢动。

以上是第一种情况。

第二种情况也不少，闽西城镇中街头巷口树立的"石敢当"，家门口的"石碣山"（门槛）以及下文提及的"吉祥哥"，都属于石制品。

闽西长汀的"吉祥哥"和上杭的"摸子石"属于典型的石制品。与闽西同渊源的梅州客家民居围龙屋中有"五方龙神"。五方龙神由五块石头组成。五块石头代表什么，学者提出了许多观点。有认为属于客家生殖崇拜的，中间石头代表妇女，其他代表女性生殖器。也有观点认为代表五行：木、火、土、金、水。排列是从座山左边开始。含义是木生火、火生土、土生金、金生水、生生不息，所以又俗称五星石、福德五方土地龙神。其依据是"五方龙神"上的对联："三星福为大；五行土是尊"。中间的方块石代表土。同时五方龙神也代表东方甲卯乙青帝龙神君、南方丙午丁赤帝龙神君、中央戊己土黄帝龙神君、西方庚酉辛白帝龙神君和北方壬子癸黑帝龙神君，五方的龙神均包括在内，所以叫五方龙神，这和五行也是相通的。五方龙神是保佑本宅平安之神，客家人逢年过节及祭祖时须拜祭五方龙神祈求保佑本宅平安。

4. 福德正神

闽台的闽南人及不少客家人，称土地神为"福德正神"。在田头地角、屋前宅后、街头巷尾，设立小石碑或小石龛，上刻"福德正神"。民间传说二月初二是土地公的生日，也有说是六月初六或腊月初八的。人们在土地公生日要杀鸡宰羊，祈求土地保佑人间五谷丰登。这在闽南较普遍。客家更多地方是春秋二祭，仪式隆重。乾隆《长汀府志》卷七《风俗附岁时》载，长汀府春祈时，各坊社"以金珠纨绮装故事，鼓乐迎神。是晚，建醮祈岁大稔"。而且，闽西客家人大多称土地神为"本坊福主公王"，称土地庙为"社公庙"。

人们为土地公所塑造的神像通常是衣冠束带，脸颊丰满，一副福寿相。山林中供奉的土地公，多骑着老虎。老虎人称"虎爷"，是土地公的脚力，老虎一切都听土地公的。

被称为"福德正神"的土地神，其来历又有不同的传说。说的是周朝时有位收税官，名叫张福德，为人公正，能体恤百姓的困苦，做了很多善事。但他死后，接任的税官，上下交征，无所不欲，民不堪命，这时人们想起了张福德为政的好处，于是建庙祭祀，取其名而尊为"福德正神"。但在闽台民间，比较流行的是另一个传说：土地公原名张明德，是周朝人，为上大夫的家仆。主人在京任职，其爱女思父心切，每日以泪洗面，张明德看了心里难过，于是就不远万里护送小姐进京寻父。不料在途中遇到下大雪，天寒地冻的，小姐身体虚弱，几乎快要被冻死。张明德就脱下自己的衣服给小姐穿上，而自己却被冻死了。天上的瑶池主人金母娘娘，见张明德舍身救弱女，深明大义，感其心术善良，就封他为福德正神，即成为后人所称的土地公。①

5. 后土龙神

在客家墓地和其他祭祀活动中，还要同时进行后土祭祀。后土在祭祀者面对坟墓的右手边，俗称"后土龙神"，祭祀者同样要烧香祭拜。《国语·鲁语上》云："共工氏之霸九州也，其子曰后土，能平九土，故祀以为社。"

许多学者对后土人格化有深入研究。后土人格化的过程，体现为后土身份的人格化、后土形象的人格化以及后土行为的人格化。早期文献中关于后土行为人格化的记载较为稀少，清华简《赤鹄》篇，填补了这方面材料缺乏的遗憾。后土信仰发端于原始时期的土地崇拜，一般认为，它是传统土地神信仰的源头。清华简中，后土身份人格化的描述，揭示了后土概念意指范围的某些变化过程。最初人们把大地作为一个有灵性的自然体来崇拜。《周礼·春官·大宗伯》："王大封，则先告后土。"郑玄注："后土，土神也，黎所食者。"《礼记·郊特牲》孔颖达疏："'地载万物'者，释地所以得神之由也。地之为德，以载万物为用故也。"在历史发展过程中，后土的神格含义逐渐出现分化，既有与"皇天"对应的地祇后土，又有人格身份愈发具体的"社"神及代表五行神之一的后土。②

张祖基、高贤治等编著的《客家旧礼俗》亦云："至若龙神系土神，看安龙的对联就明白，他话'诵经酬土府；礼忏谢龙神'，土府即系土内的龙神，吾听过人称龙神又有多加伯公两个字的。"（按：原文用客家话写成。）又言："每只屋祖牌神龛脚下大约安倒有龙神（即系土神），年节烧香也就会连带烧香去敬龙神。若使该只屋管下系人口唔平安，或者无财发无丁添，就会话龙神唔安，或者龙运过劫，就会请倒觋公来安龙。"安龙时张贴的对联常有"土奠中央，永镇斯土""土奠今朝"等语，将龙神、土神合二为一。③

---

① 林国平：《闽台民间信仰源流》，第 73～74 页。
② 姚小鸥、卢翮：《〈清华简·赤鹄〉篇与"后土"人格化》，《民俗研究》2013 年第 3 期。
③ 张祖基等：《〈客家旧礼俗〉》，第 27 页。

三、客家土地崇拜的仪式与活动

1. 节俗礼仪活动中的土地崇拜

客家人对土地神灵的崇拜很虔诚，创造了许多祭祀时机以及热闹丰富的活动与仪式。其中，一些是祈求五谷丰登的演绎，一些是丰收喜庆后的报恩。

祈求五谷丰登的民俗活动有：社戏、巡游菩萨、鞭春牛、迎春牛等，这是比较普遍的。比如永定县高陂西陂村的迎春牛活动，历四百余年，节目逐年增加，程式渐臻完整，规模愈来愈大。他们只在立春日即农历正月初二至十二日之间举行迎春牛活动。在种植农作物前，为了获得好收成，人们运用巫术仪式，试图给庄稼的生长以某种帮助。当人类意识到土地丰产与人自身的生产有某种联系时，对土地和作物实行的巫术仪式就更为复杂和发达。在人类控制"地灵"以便丰产的过程中，沟通人类与土地神灵的中介是巫师所使用的巫术，通过供献各种牺牲以求土地神灵的佑助。这种以祈求收获丰厚为目的的活动常举行于春季。早期的人类认为，当锄掘入土内，牛践踏土上时，土地神会因此而动怒，因此，必须献祭。现在客家人扛着各类神灵到田头巡游，借助神灵的力量，也要备齐三牲以示对土地神灵的敬意。巡游时，人们绕村而行，绕田而行，敲锣打鼓，鸣放炮仗，口唱祝词，祈求风调雨顺，植物生长旺盛，五谷丰登。

丰收喜庆后报恩的有永定县湖坑的"做大福"、连城上江坊的"游大粽"。

永定县湖坑抚市等地有"做大福"民俗。隆重而热烈的"做大福"民俗，三年一次，村落间轮换。时节选在秋收冬藏之际，辛勤的客家人在辛苦劳作了一年后，载歌载舞，娱神娱己，感恩天地，祝福家人。

"做大福"要提前斋戒三天。"做大福"当日，村民扛着几种神像（俗称菩萨）在田野上漫游，过后来到终点大福场，将一路巡游的众神供奉在大福场中间的神庙里。还请来八仙戏团，不断上演八仙礼仪，道师指导民众将众神按位置摆放整齐。三年一次的"做大福"，成为民间的迎神盛会，比过年还隆重，成了这一带客家人家家户户的头等大事，至今已经延续了几百年。

2. 日常生活习俗中的土地崇拜

客家人的土地崇拜意识贯穿在日常习俗中。

祭地。连城、上杭客家人，在客厅神案下或角落里设立土地神位，不时烧香祭奠。笔者首次做客连城时，被告知，席间第一杯酒，客人喝酒前，先要把酒洒些在主人家的地上，意为敬土地，也是尊重主家之意。这是很好的一个习俗，喝酒前先敬土地。

大地能生万物，力量神秘，故客家人为了孩子能健康成长，往往给孩子取名土养、土生、石头等，甚至将孩子过继给石头，以期孩子如石头般坚固，生命力旺盛。如永定湖坑镇，"拜神为之契子的湖坑李姓小孩中，或拜保生大帝、民主公王、刘汉公王为（其）契子，或拜'石伯公'（以岩石为象征的土地公）、'大树公'等为（其）契子。通常是缺金拜石为子，缺木拜树为子，缺水只要取个带水字旁的名字，缺火自认为（'自认为'应为'拜'）太阳为子，缺土拜土地公（为）子"。[①]

3. 客家人的生殖崇拜

有学者指出，人们因大地生长万物，产生土地崇拜，又将大地比作母亲，形成地母崇拜，在此基础上又形成了生殖崇拜。

随着人类对土地直观经验的增强，人们不仅仅限于用巫术的手段来控制她，而且更进一步赋予土地以母性的品格来祈祷、崇拜她，人类对土地的情感进一步丰富和复杂，从而进入了地母崇拜阶段，这时原始的土地神观念才真正产生。土地神观念是土地崇拜文化丛的核心，其他文化元素都是在土地神观念基础上产生的。土地神观念产生之后，土地神的类型、祭仪、形象、职能、神话等文化元素相继产生，并不断地发展、变化，形成了内涵丰富的土地崇拜文化丛。[②]

根据《说文解字》中对"地"字的解释，可以确认"地"是阴性的，与阳性的"天"是一种相对的存在。地为母，鉴于"社"与土地之间不可分割的关系，在古人的阴阳观念下，"社"既然被视为阴气的主宰，那么它同时也就被赋予了母性的特征，所以不少学者认为，最早的社神性别应该是女性。也正因为"社"与地母崇拜之间这种不可分割的联系，在后世的社祭中，我们依然可以看到原始地母崇拜的核心意识。我们知道，地母崇拜源于先民对土地化育万物的生殖能力的崇拜，人们意识到土地的生产和自己的生活密切相关，他们想要得到稳定的生活来源，想要种族能够不断地繁衍下去，就需要土地为他们提供源源不断的供给，而社祭仪式的一个核心内容就是祈求土地的丰产。

社祭仪式除了表达人们对土地丰产的祈求和感恩，希望土地继续展现它生养万物的能力外，还延续了地母崇拜的另一核心意识——生殖崇拜，这就使得在社祭仪

---

① 郭志超：《闽客社区民俗宗教比较的调查报告》，《客家》1996 年第 2 期。
② 何星亮：《中国自然神与自然崇拜》，上海三联书店，1992，第 110 页。

式中，社神具有了生殖子嗣的职能，社成为人们求子的重要场所。①

客家人的迁移经历以及居住环境的恶劣，使他们特别重视生育，传宗接代的观念特别强烈。因此，生殖崇拜也特别典型。正所谓"虔诚香火旺，家族万年长"。

在长汀近郊的朝斗岩，有一尊石雕的裸体男童神，名为"吉祥哥"。不少信女登山进香，母女在拜过观音、弥勒后，便来到"吉祥哥"面前，虔诚地顶礼膜拜。拜毕，女儿站在一旁面颊飞上红云，母亲就代为祈祷，口念："吉祥哥，吉祥哥，聪明伶俐福定多；请您勿在厅中坐，保佑俚女生个靓阿哥。"边念还边伸手触摸"吉祥哥"的"雀雀"（客家人对男孩生殖器的趣称），刮下一些石粉末，像包珍珠宝贝般用红纸裹着带回冲茶给女儿饮服，据说女儿因此会生育。刮的人多了，日子一久，那"雀雀"由长变短，由短到无。寺庙里的和尚为求子者着想，就用粘土为"吉祥哥"补上一节"雀雀"。

生殖崇拜到处都有。上杭县的紫金山上有座麒麟殿，殿前天井边树有一块"摸子石"，高约 80 厘米，直径约 20 厘米，呈圆柱形。当地人把它视为吉祥物。每当暮色苍茫的时刻，殿内显得肃穆朦胧，更显神秘色彩。这时，常会有一两个少妇悄悄来到"摸子石"边，露出肚皮，在"摸子石"上轻轻地摩擦几下，尔后扣好衣服，满意而面带羞色地离去。②

连城县冠豸山雄奇险峻，特别之处是有"生命之根"和"生命之门"两个形象逼真的景点。"生命之根"，在冠豸山顶长寿亭下的峡谷中，是一根硕大无朋的圆柱形石柱，很高很大。无论是近处仰望还是高处俯瞰，它都像一根高高勃起、巍然耸立的男性阳具。它傲然挺立于山谷中、天地间，直指苍穹，充盈着阳刚之气，给人以奋进、拼搏的无限遐想。"生命之门"，在石门湖畔的一面石壁上。光滑的石壁突现一狭缝，缝中临水处有一眼黑色的洞，洞的四周长着小草、青苔，洞下水光辉映，这活脱脱就是人类的"生命之门"。这两个景点相距只有一公里之遥，一个在山中，一个在湖畔，阴阳相对，遥相呼应，堪称华夏一绝、神州奇观，人称"阳刚天下第一，阴柔举世无双"，冠豸山被誉为"客家神山""生命神山"。这虽是后来旅游开发而诞生的故事，也反映了客家人的生殖崇拜意识。

---

① 纪情倩、盖翠杰：《论土地崇拜产生的早期文化因素》，《理论学刊》2014 年第 8 期。

② 黄顺炘、黄马金、邹子彬主编：《客家风情》，第 134 页。

第十一章　万物皆神圣，敬奉诚有加

——客家泛神崇拜

客家民间信仰，不同宗教混杂，宗教仪式同生活习俗活动混杂，宗教文化与非宗教文化混杂，由此而形成了泛神泛灵崇拜。

著名学者李亦园教授指出："我们的传统宗教信仰可以包括祖先崇拜、神明崇拜、岁时祭祀、生命礼俗、符咒法术等等，甚至于上述的时空宇宙观（按，指命、运、八字一类时间观和风水一类空间观）也都是我们宗教观念的一部分。由此可见我们的宗教信仰是如何与一般生活混合而普及于文化的各面，而我们的这一种方式的宗教信仰当然也不会出现有严格的教会组织，也不见有成册的经典与系统的教义。""百分之八十以上台湾居民的宗教都是扩散式的信仰。一种综合阴阳宇宙、祖先崇拜、泛神、泛灵、符箓咒法而成的复合体。其成分包括了儒家、佛家和道家的部分思想教义在内，而分列在不同的生活范畴中表现出来，所以不能用'什么教'的分类范畴去说明它，因此宗教学者大多用'民间信仰'或'民间宗教'称之，而绝大多数的宗教信仰都应属于这一范畴，即使一些自认为是无信仰的人，在某一程度上也或多或少具备了民间信仰的成分于其思想中。"[1]

客家人对神明的认识是模糊的。"中国民间信仰中只有神灵的概念而无宗教概念。……他们一方面没有专业的知识去区分哪一尊神是属于哪一种宗教的，而且对他们而言，这种区分也没有意义。"[2]

尽管客家人的神灵系统庞杂繁琐，但是对于民间信徒来说，他们一言以蔽之，"敬神"而已。

---

[1] 李亦园：《文化的图像》下卷，允晨文化实业股份有限公司，1992，第 199、119 页。

[2] 钟伯清：《多元与和谐：中国民间信仰的基本形态——一个村落民间信仰的实证调查》，《福州大学学报》2007 年第 5 期。

一、客家宗教信仰

客家民间信仰的特点是包容混杂。从目前已有资料看，客家宗教信仰主要有佛教、道教、儒教（如果儒家教义归属的话，也是一种）、天主教、基督教等五种，大多数客家人信佛教，但许多祭拜仪式又是道教的，建立的庙坛最多的又是儒家倡导的先祖圣贤。信众既信佛又信道，而又笃行儒家学说，形成了"儒门释户道相通，三教从来一祖风；释道从来是一家，两般形貌理无差"的理念及"菩萨与神仙齐餐，祖先与鬼神共祭"的景观。这是很奇特的现象，值得探究。

1. 佛教

（1）佛教传入闽西

据专家考证，佛教传入闽西汀州有千余年的历史，第一座佛寺为开元寺，创于唐开元二十四年（736年）。时唐玄宗诏令天下各州均须建一寺一观，以"开元"命名。唐代还建有感应天王院、天王堂、龙兴尼寺等。五代时，闽王王审知及其家族笃信佛教，在政治上、经济上优待僧侣。闽地大建佛寺，几年间，官方发给度牒的僧尼达三万之众，一时闽地有佛国之称。单长汀就增佛寺二十座，如报恩光孝禅寺、东禅院、南山同庆禅院等，僧尼达千人以上。汀州刺史王继业，在衙内大厅塑十八尊者和五百罗汉像。随后汀州又创建罗汉院、法林院等庙堂。

闽西明溪也是唐代传入佛教。唐贞观二年（628年），在明溪县与将乐交界的陇栖山西南，常坪焦溪村前海拔1561米高峰的圣水岩始建圣水岩佛庵（又名三济祖庵），后于唐开元九年（721年）在枫溪茶新村瓦子坪建寺，明天顺七年（1463年）重建，清代康熙年间（1662～1722年）更名聚龙寺，是明溪县驰名海内外的寺庙之一。宋代起，聚龙寺弟子将佛教传至瀚仙镇洋龙村建觉圣寺，同时传至宁化县城建华严寺，后又传至盖洋镇湖上村建聚灵寺。[①] 从这个史料看，明溪传入佛教比汀州府治所在地长汀更早。

后唐天成四年（929年）和宋乾德二年（964年）先后有两位高僧伏虎和定光来汀州府的长汀、武平传教，信徒遍布汀州府各县，弘扬了佛法。而两位高僧的事迹又形成了具有闽西特色的定光佛与伏虎禅师崇拜。这种诞生于闽西客区的信仰又随着闽西客家人的迁移潮传播海内外，如台湾彰化的定光佛庙、淡水的鄞山寺，

---

① 王必金：《浅谈明溪客家人的宗教和民间信仰》，载福建省炎黄文化研究会、福建省龙岩市政协编《客家文化研究》，第780页。

均由汀州移民创建。宋代汀州府各地的寺、院、庵、堂达数百座，各县县志中记载的许多寺庙都是宋代营建的。

元明时期，佛教继续发展，信众不断增加。明崇祯八年（1635年）建同庆寺，形成了汀州"八大寺"：定光寺、报恩寺、南禅寺、普惠寺、罗汉寺、南廓寺、戒愿寺、同庆寺。长汀民众及各邻省邻县的信众成群结队依次到八大寺焚香拜佛、礼佛诵经，俗称"走八寺"。之后，闽西汀州府佛寺不断增加。

2. 佛教主要神祇的影响

佛教的道德观及其理念全方位影响了客家人的社会生活。

佛教的善恶观念。佛教有"五善""十善"和"五恶""十恶"之说。"五恶"为杀生、偷盗、邪淫、妄语、喝酒。"五善"则是其反面，即不杀生、不偷盗、不邪淫、不妄语、不喝酒。"十恶"是杀生、偷盗、邪淫、妄语（诳语）、两舌（离间语）、恶口（粗恶语）、绮语（杂秽语）、贪欲、嗔恚、邪见。"十善"则是其反面。佛教中的施舍、尊敬父母长者、尊敬佛法僧三宝、帮助他人等，也被客家人应用于生活中。

佛教影响客家人的最典型的观念是"善有善报，恶有恶报"。这是佛教的业报理论。从性质上言，有善报、恶报、无报三类；从时间上言，有现报、生报、后报三种。佛教劝人趋善避恶，对净化人心、安定社会是有大作用的。这对中国人的思想起到深远的影响。

佛教在民众中广泛传播，而且日益普及。上至帝王将相，下至平头百姓，都崇法礼佛，祈求保佑，到后来发展到"见庙就烧香，遇神就磕头"的境地。人们拜佛念佛，"顶礼膜拜""五体投地""稽首合十"成为人们的礼敬姿势。人们"念经""转经"，积聚功德寻求保佑。人们向佛祈祷发愿，为的是祈福禳灾。

佛教的轮回报应说，让许多人敬畏来世。因此许多人广行善事以积阴德，一为今世的平安，二为来世的福泽，三为子孙的昌盛。人们因对轮回的信仰，做出修桥铺路、扶贫济危、修寺造像、治病救人、养老抚孤、掘井造林、念经布施等义举。

佛教传入中国，经历了许多曲折，逐渐与中国原有的思想、文化慢慢磨合，最后在中国流行，融入民众的生活中。其最大的成功之处：一是将佛教诸神中国化，二是中国人物的佛教化。这些神灵都成为民间信仰的对象，被广泛供奉在佛教寺庙的神殿上，焚香祭拜。佛教诸神中国化的有观音菩萨、弥勒佛、四大天王、阎罗王、地藏王、金刚、罗汉、韦陀以及恶魔罗刹、夜叉等等。中国人物佛教化的有龙王、关公、济公、二郎神、哪吒，还有一些知名人物如包拯、范仲淹、苏东坡等。

各地民众还把一些高僧神化，如客家地区的定光佛，等等。

（1）观音菩萨

应该说，客家民间信仰中信众最多的、最受推崇的就是观世音菩萨了。观世音是鸠摩罗什的旧译，玄奘新译为观自在，民间简称为观音。

观世音菩萨家喻户晓、人人皆知，其神位除了常规庙宇、公众场所、公司外，许多家庭都有供奉，影响比如来佛还大。观音信仰极为普及，正所谓"家家阿弥陀，户户观世音"。

观音菩萨的相关艺术品、装饰品也是最多的，客家区有"男戴观音女戴佛（弥勒）"之说。汉传佛教的观世音菩萨都是女身，仪态端庄、心性温和，是慈悲柔和的象征，男子佩戴观音，增加了一份平和祥瑞，一份稳重端正。"男戴观音"是希望男子能够在平和祥瑞中取得事业成功。同时，"观音"的谐音为"官印"，这与中国传统的"封侯挂印""升官发财"思想相对应，也是人们对事业前程蒸蒸日上、飞黄腾达的良好期望。

观世音菩萨是佛教中慈悲和智慧的象征，无论在大乘佛教还是在民间信仰中，都具有极其重要的地位。大乘佛教极为强调悲心，视悲心为佛法的根本。《佛说法集经》中观世音菩萨说："菩萨若行大悲，一切诸佛法如在掌中。"因为大乘的发菩提心，广度众生，就是"菩提所缘，缘苦众生"的悲心发动。

民众虔诚拜观音，一是因为观世音菩萨能闻声救苦。她到处行慈运悲，以此大悲行愿而救度众生，广做佛事。观世音菩萨的大智大悲、大愿大力，即是她成就佛道之所，所以观世音菩萨乃是大悲为道场。观世音菩萨具有救度一切众生的神力，传说人们在任何时候、任何地点，只要心存善念默念"救苦救难观世音"的名号，就能解除烦恼、逢凶化吉，因此观世音菩萨格外受欢迎。

二是观世音菩萨能幻化各种身相为众说法。观世音菩萨的化身无数，都是不可取不可得的幻化假相。唐代以前的观音，以大丈夫相居多，也现女相。但到后来，特别是妙善公主的传说流行以后，汉地的观音形像被汉化佛教不断改造，越来越趋向女性化，最后定型为"三十三观音"，基本都是女身。人们直称观音为东方女神。观世音菩萨能生千手千眼，千手遍护众生，千眼遍观世间，象征观世音菩萨的广大慈悲和无边愿力。

根据《观无量寿经》之说，观世音菩萨的身体非常广大，并呈紫金色；头上圆光有五百化佛，每尊佛有五百菩萨和无数诸天侍奉；头冠有一高大宏伟的站立化佛；菩萨面部呈金色；眉间的白色毫毛放八万四千种光明，每道光有无数化佛，每尊化佛化显无数菩萨；菩萨手臂如红莲花色并有八十亿光明；手掌杂合五百亿莲花的各种颜色；每个手指能显示八万四千犹如印文的画面，每种画面有八万四千色，每种色又有八万四千光，且光明柔软，她用宝手接引众生；举足时，足下的千辐轮自然化成五百亿光明台，落脚时便有金刚摩尼花遍满一切。

人们不断改造、丰富观音的形象并赋予其专项名目：水月观音、送子观音、南海观音、鱼篮观音等。其中最经典、最有代表性的是杨枝观音。杨枝观音形象为女性，面貌端庄秀丽，眉目慈祥柔美，手持净瓶和杨枝，长衣下垂，裙带飞逸，足下莲花台座。这一形象已深入人心。

（2）弥勒佛

民间普遍信奉弥勒佛，客家地区亦如此。

弥勒佛，也称弥勒尊佛，即未来佛。《阿弥陀经疏》中解释说："或言弥勒，此言慈氏。由彼多修慈心，多入慈定，故言慈氏，修慈最胜，名无能胜。"

《法华嘉祥疏二》曰："弥勒，此云慈氏也。过去值弥勒佛发愿名弥勒也。出一切智光仙人经，弥勒昔作一切智光仙人。值慈氏佛说慈心三昧经，故曰慈也。"《华严经》云："初得慈心三昧，故名慈也。"《佛说弥勒下生经》："尔时弥勒菩萨。于兜率天观察父母不老不少。便降神下应从右胁生。如我今日右胁生无异。弥勒菩萨亦复如是。兜率诸天各各唱令。弥勒菩萨已降神生。是时修梵摩即与子立字。名曰弥勒。弥勒菩萨有三十二相八十种好。庄严其身身黄金色。"

根据《杂阿含经》，兜率天的天人寿命是四千岁，相当于人间 5.76 亿年，这是以万万为亿，如果以千万为亿则有如五十六亿年这样的记载。等时机成熟后，菩萨将会继承释尊而降生南瞻部洲人世间，出家修行，觉悟成佛。并将于龙华菩提树下举行三次传法盛会（又称龙华三会），分别度化九十六亿、九十四亿、九十二亿众生，令他们开法眼智，证阿罗汉果，脱离生死轮回。

我们现在所见都是笑口弥勒佛的塑像。弥勒佛的这种形象，大约五代以后开始出现在江浙一带的寺院中。这种形象其实是按照"布袋和尚"的形象塑造的。

"布袋和尚"名契此，号长汀子，浙江奉化大桥镇长汀村人，生于五代后梁乱世，矢志出家，因常背一布袋出游四方而得名。他蹙额大腹，笑口常开，佯狂疯癫，出语不定。时常以禅杖荷一只布袋出入街市，见物就乞，无论给他什么，即装入大布袋，所有供身资具通通放在囊袋中，却永远也装不满。有时在稠人广众面前，他也将袋中之物倾倒于地，高声叫喊道："看、看、看！"随即哈哈一笑，将之收回袋内。当有人问他的法号时，他就用偈语作答："我有一布袋，虚空无挂碍。展开遍十方，入时观自在。"

他居无定所，且走且行，席地坐卧，随遇而安。但令人诧异的是：他居雪水中而衣不湿，处暑寒而无炎凉。他常无意之中示人祸福，无不应验。只要他身穿蓑衣在街道上疾走，片刻之后就会下雨；而当他脚踏木屐在大桥上倒立，天气则会由阴变晴。他身边也经常围绕着一群孩童，与他在街头追逐嬉戏，人们却不知这些孩子来自哪里，又去向何方。

后梁贞明二年（916年）三月三日夜，契此跏趺端坐在岳林寺东廊下的一块大青石上，说偈曰："弥勒真弥勒，分身千百亿。时时示世人，世人自不识。"言讫，溘然而逝。人们这才领悟到，原来这位语默无常、举止癫狂的胖和尚就是弥勒佛的化身。[①]

所以此后弥勒菩萨的塑像就经常被塑成和蔼慈祥、满面笑容、豁达大度、袒胸露腹的慈爱形象，常被中国人称为笑佛、欢喜佛、大肚弥勒佛。

关于弥勒佛的著名楹联"大肚能容容天下难容之事；开口便笑笑世上可笑之人"，把菩萨的宽广胸怀和乐观态度描绘得惟妙惟肖、淋漓尽致。

在民间的寺庙中，所有的佛主都被塑造成无比的庄严神圣，甚至恐怖狰狞；唯独弥勒佛笑口常开，逍遥放旷，不修边幅，永远都是一个经典的表情，那就是笑。笑是他信奉的信条，传递的信息。他那发自内心、貌似毫无理由却又意味深长的笑，看似荒唐，貌似疯癫，却是诙谐中满是慈悲，平淡中透着神奇，饱含着禅机与智慧，代表了宽容、和善、智慧、幽默、快乐的佛学精神，寄托了人们对美好未来的无限期待。生活在俗世烦恼中的人们被他的笑感染、净化，因此弥勒佛备受人们的尊敬和爱戴，在客家地区许多地方、场所甚至家庭中都能看到他的画像或雕塑。

（3）四大天王

佛教说六欲天中有"四天王天"，位于须弥山山腰。四天天王分别守护四方人民，如东方天王名多罗吒，率领乾达婆和毕舍遮神将；西方天王名毗留博叉，统领一切诸龙及富单那；南方天王名毗琉璃，统领的部将为薜荔神、鸠槃荼；北方天王名毗沙门，统领着夜叉、罗刹将。他们分别保护东方弗波提（东胜神洲）人、西方瞿耶尼（西牛贺洲）人，南方阎浮提（南赡部洲）人和北方郁单越（北俱卢洲）人。后来，中国寺庙中把这四大天王塑造成四位护法神，而且手中各执一物，掌管

---

① 石宪：《日本佛教绘画〈布袋和尚〉赏析》，《溥仪研究》2015年第1期。

风调雨顺,老百姓把他们叫作"四大金刚"。四大天王中,中国民间最崇拜的是北方天王毗沙门,一是因为中国位于印度的北方,新疆及中原属于北俱卢洲,是由北方天王毗沙门管辖;二是他受到唐代密宗的推崇,到宋代进一步中国化,与唐初李靖拉上关系,成为托塔李天王。民间大都知道托塔李天王,而逐渐忘了毗沙门天王。①

（4）阎罗王与地藏王

阎罗王又称阎罗、阎王、阎摩等,是印度上古神话中的天神,掌管人死后的灵魂。佛教吸纳了这一天神,让他掌管地狱。在佛教中,阎王与狱卒都是掌管阴间罪犯的执法者,阎王为首,狱卒辅从。阎王如同今世的法官,狱卒则像法官以下的各种法警和刑警等,专门实际执行法官对各犯人的判决。

阎王从印度传到中国,也被民众改造。人们相信,人间的许多不平等事到阴间后就能得到公平的判决。在人们的心目中,阎王是铁面无私的,阎王、狱卒为佛教执行善恶报应的工作。是故,在中国历史上,人们还把一些刚正不阿、威严勇猛的现世人物附会成阎罗王,如北周时的韩擒虎以及宋朝的范仲淹、寇准、包拯等历史名臣。

中国民间受佛教影响,把阎罗王当作阴间的主宰。因阎罗当过毗沙国王,有十八臣佐,在中国又形成"十八层地狱"的观念。由于中国历代小说和戏剧的宣传,俗话所说的"见阎罗"已成为人人皆知的"死"的代名词。

与阎罗王相关的,还有一个地藏王,又称地藏菩萨、地藏尊者。从中国古代历史故事中可以看出,地藏王也是掌管人死后的灵魂的,是冥官。这就容易把地藏王和阎罗王混淆。

根据佛教说法,阎罗王的职责与地藏的职责根本不同,前者是审判罪人,把人下地狱,对恶人施刑;后者是想救人出地狱。中国历史上有目连救母故事。相传目连的母亲做了很多坏事,死后变成了饿鬼,目连通过神通看到后十分伤心,就运用法力,将一些饭菜拿给母亲食用,可是饭一到母亲口边就化为焰灰,目连大声向释迦牟尼佛哭救。佛陀告诉他,必须集合众僧的力量,于每年七月中以百味五果,置于盆中,供养十方僧人,以此般功德,其母方能济度。目连依佛意行事,设盂兰盆会,救其母出饿鬼道。其母终得解脱。民间根据这一故事说目连即是地藏王。

---

① 薛克翘:《佛教与中国文化》,昆仑出版社,2006,第243～244页。

（5）龙王

中国民间普遍崇拜龙王。龙王信仰一方面来自中国人的龙崇拜，另一方面也受到佛教影响，是中国人物的佛教化。中国上古的龙，综合了蛇、鳄等多种动物的形象，是中华民族的象征物。前面章节已有论述。

印度古代也有龙崇拜。印度龙属于蛇、蟒之类。佛教中的龙有善恶之分。佛教传入中国，印度龙的一些特征和故事也传到中国。传说释迦牟尼出生为太子时，龙吐温凉水为之沐浴。于是龙吐水成为中国民间龙崇拜的一个事象，天降雨水被说成是龙吐水。人们把出水的地方命名为龙口、龙泉、龙眼等，还特意在寺庙、园林、屋脊等处修建出水龙头，让水吐出。

佛教中的龙女故事也传至中国，唐代《柳毅传》写龙女与人的爱情故事，美丽凄婉、感人至深，成为龙故事中的经典。

古代中国的黄河之神叫河伯，海神称海若。自佛教传入后，所有水之神都称龙王了。不仅有四海龙王，江河湖泊之神也都称龙王。中国民间对龙王的崇拜逐渐普及，许多地方建起了龙王庙。

中国人物佛教化最为典型的是关帝，已有专章论述。

3. 法眼宗闽西中兴

特别值得一提的是民国时期法眼宗在闽西的发展兴盛。这不仅是闽西佛教界之大事，亦是全国佛教界的大事。

作为中国禅宗的"五家七宗"之一，法眼宗是最后产生的一个宗派，由唐末五代的清凉文益禅师开宗，在南京创立。法眼宗祖庭为南京清凉寺。

禅宗自六祖惠能大师建立南宗，分传出荷泽神会禅师、南岳怀让禅师、永嘉玄觉禅师、南阳慧忠禅师和青原行思禅师五家。其中南岳怀让禅师和青原行思禅师两家最盛，由此二家生出后来的沩仰宗、临济宗、曹洞宗、云门宗和法眼宗，是为禅宗五宗。其中临济宗又分化出黄龙禅师与杨歧禅师两家，是为"五家七宗"。

作为法眼宗宗祖的文益禅师，出于青原行思禅师法系之下的第八世，因其圆寂后南唐中主李璟谥为"法眼大禅师"，后世称此宗为"法眼宗"。

法眼宗从文益、德韶、延寿三世，嫡嫡相传，在宋初极其隆盛，这几位祖师都是吴越地区学修并重的高僧，后即逐渐衰微，到宋代的中叶，法脉就已断绝，其间不过一百年。

近代，著名高僧虚云法师兼承法眼宗，并将法脉传授予长汀本湛法师，本湛传连城慧瑛法师，慧瑛传新罗光胜法师，三代法眼宗传人均在闽西弘法修身，使闽西成为近代法眼宗的中兴之地、传承重镇。而今，法眼宗在日本、韩国以及东南亚等地也颇具影响。

汀州府历来为闽西、赣南十数县的佛教活动中心，历史上诞生过许多得道高僧。

本湛禅师是福建长汀人，俗姓卜。1937 年创建长汀八宝山峻峰寺，礼请同为长汀人的宁化法轮寺见镛法师回长汀南寨广场设坛讲经，提倡净土宗，影响极大。本湛和尚受见镛法师影响，专门修持，1942 年赴南华寺拜全国名僧法眼宗大师虚云禅师为师，苦练参禅，领悟禅机，希望绍隆法眼一宗。虚云禅师嘉其志，查阅典籍，确定法眼宗法脉传承为法眼文益、天台德韶、永明延寿、圆照宗本、智者嗣如、宝林文慧、祥符良庆，共七世，自续为第八世，成为遥承祥符良庆法脉的第八世佛慈虚云禅师。为了法眼宗能继续弘扬，虚云禅师又从良庆禅师与自己名号中各摘一字，继演成五十六字的宗脉字派诗："良虚本寂体无量，法界通融广含藏。遍印森罗圆自在，塞空情器总真常。惟斯胜德昭日月，慧灯普照洞阴阳。传宗法眼大相义，光辉地久固天长。"这就成就了佛教宗派传承史上的一段佳话。

本湛禅师回到汀州，剃度了四十余名僧尼，接受五百余名俗家弟子，现今闽西各县的僧尼大多属于本湛禅师的徒嗣。

本湛禅师生前还与见镛法师为八宝山徒嗣制定法派三十二字辈："慧光普照，谛理融通，法相全幻，尘念永空，教规勤学，度生愿宏，智灯远朗，大道昌隆。"并将衣钵传与连城慧瑛法师。连城中华山性海寺主持慧瑛法师成为八宝山第一代慧字辈僧人。

中华山地处连城县新泉镇马背村，山间曾有一小庙，开创于明洪武四年（1371年）。后几经兴毁，皆以"中华山"为庙名，没有寺名。1944 年，慧瑛法师入主此山，根据《华严经》"昆卢性海"而取名"性海寺"。

慧瑛法师参考了全国名山大寺之宫殿式建筑模板，一手设计兴建了中华山性海寺。庙宇典雅庄严、高大雄伟，内供大小菩萨一千多尊。博学的慧瑛法师在寺内珍藏了大型经书、佛学志、佛学大辞典，品种齐全。慧瑛法师自身热爱书法，一手隶书工整秀美，有口皆碑。寺内收藏了赵朴初、虞愚、罗丹等多位书法名家的墨迹，均为不可多得的艺术珍品。名山、名寺、名僧、珍藏，使中华山性海寺成为闽西客家游览胜地，与冠豸旅游相互辉映。

法眼宗在闽西的脉系传承如下：

第九世本湛青持禅师：

本自如来圆明体，湛寂真常凡圣同。

青虚妙义无变异，持传万古度迷人。

第十世（本湛传）寂照慧瑛：

寂然灵光能显露，照破凡情圣智成。

慧心得悟无生理，瑛莹无瑕示迷人。

第十一世（慧瑛传）体澄光觉（即楞严悲华）：

体空虚妙无一物，澄澈无染森罗现。

光明焰赫照世间，觉佛心印度群萌。

2015 年 11 月 28 日，"法眼宗思想传承与当代文化建设"学术研讨会在当代法眼宗传承重镇——闽西龙岩市举行，有高僧大德和专家学者三十多人参加学术研讨。2016 年 12 月 21 日，福建省法眼宗佛教文化交流促进会在闽西龙岩成立，来自全国佛教界、学术界代表以及会员代表共计两百多人参加成立大会。促进会成立的宗旨在于进一步弘扬中华优秀传统文化，促进福建法眼宗佛教文化交流与研究，弘扬法眼宗佛教文化精神，有效挖掘、整合省内外法眼宗佛教文化资源，进一步提升福建文化软实力，促进社会和谐发展。

作为禅门最后创立的宗派，法眼宗博采众长、针砭时弊、当机应世的特点十分明显。在宗风特点上，法眼宗秉承"一切现成"之理，平实无华，直击当下；注重文字，汇合统摄各路教理，宗归一心，践行"禅教合一"——用禅宗的方法检验汉传佛教的教理结构；强调警戒时弊，戒饬偏差，直接明了，不落偏执，体现了"理事不二，圆融无碍"的辩证思想。

法眼宗作为中国优秀传统文化、禅宗文化的重要组成部分，对中国的哲学、政治、伦理、文学、艺术等都产生过积极影响。法眼宗所提倡的修善、平等、求智等理念，以及"对病施药，相身裁衣""理事不二，贵在圆融"等思想，对于个人修德、社会文明和生态文明建设，都具有借鉴意义。

调研中，笔者与慧瑛法师的弟子海印寺方丈、天马山净慈寺光良法师多次交流。光良法师修行很深，认为法眼宗的"理事不二，圆融无碍"，就是不能单纯讲理论，还要有行动，做成事。这也是法眼宗的本色："当下彻见，心性平等；立马入世，普度众生。"光良法师也是按这一理念行事，注重与地方的文化交流，在天马山净慈寺创办图书馆，方便民众，弘扬佛法；为龙岩学院捐赠整套的大藏经。

修建海印寺是光良法师的一大贡献。海印寺位于龙岩新罗区雁石镇，光良法师从小在此长大，1973年十岁时入海印寺。他介绍，这里原来是沙滩地，1933年只有像民房一样的小房子供一尊观音，1952年有了土地证。"文革"前，师父慧瑛法师在福州鼓山做当家，经过此地，觉得山清水秀，四面环水，清澈的溪水倒映着岸上的楼房，相互映衬。慧瑛法师是中国佛学院的高材生，修行极深，熟悉经典，此种镜像与佛经的"海印三昧"之名相合，故定寺名为"海印寺"。《华严经·贤首菩萨品》中有"海印三昧"之名。海印者，约喻以立名，即以大海风止波静水澄清时，天际万象巨细无不印现海面，譬喻佛陀之心中，识浪不生，湛然澄清，至明至静，森罗万象一时印现，三世一切之法皆悉炳然俱现。

海印寺"文革"期间有所损毁。1993年政府归还后，光良法师重建佛院，规模越来越大。2001年在如同龟背的小山包上建经堂，他自己设计，突出综合实用。一楼为饭堂，可供一两百桌信众使用；二楼为法堂，供奉菩萨；三楼为藏经楼，珍藏了许多名僧、名家的字画。海印寺注重与当地居民融合，创设农历十二月廿五过佛家年的习俗，邀请周边民众以及外地僧众齐聚，共度佛年，非常隆重，参与者有时达百桌以上。信众有钱出钱、有粮出粮、有油出油、有力出力，义工达五十多人，和谐融合，喜庆吉祥。

近年来，海印寺广种樱花，已初具规模。每年花开时节，会迎来四面八方的赏花人，形成"一花引来万人观"的奇观。海印寺赏花成为龙岩城春游盛事。寺庙与樱花相映，僧众与俗民相融，进一步拉近了佛界与俗世的距离，也许这正是法眼宗"理事圆融"思想的一个体现吧。

2. 道教

道教是指以"道"为最高信仰，相信人们可以通过修炼达到长生成仙的一种宗教。道教是中国土生土长的宗教，形成于东汉中叶。它是一种多神教，以中国古代宗教信仰为基础，吸纳了方仙道和黄老道的一些宗教观念和修持方法。道教的思想渊源主要是古代鬼神思想、巫术、神仙方术和黄老思想。道教尊老子为教主，奉老子的著作《道德经》为主要经典，并对其进行了宗教性阐释。

道教的发展对中国古代社会的政治制度、学术思想、宗教信仰、文学艺术、医药科技等都有重要影响。人们日常生活的价值观念、思维方式、审美情趣，尤其是风俗民情等，都深受道教的影响。

道教在发展过程中受到佛教的影响，形成一些成体系的观念。如受佛教"十善"影响，提出道教的"十善"：孝敬父母，忠事上师，慈爱众生，忍性容人，谏净解恶，损己救人，放生爱物，修路造桥，济人利物，教化度人。道教"十恶"也是如此，包括杀生、偷盗、淫邪、贪爱、恚嗔、邪痴、绮语、妄言、恶口和两舌等。

一般的宗教都是一神教，而道教则是多神教。道教把世界分为天人两界，把神分成天神地祇、鬼与神仙等几种类型，不仅认为宇宙万物都由神祇主宰，甚至连人体中的所有器官均由神灵控制，万物有灵论仍然残存于道教之中。

认真分析，客家人泛灵泛神意识比其他民系更重，说明其道教意识很浓。与佛教传入不同的是，我们认为，客家人的道教信仰是随着迁徙而来的。

道教是众多宗教中最重视现实生命的宗教，其设计出来的神仙世界，迎合了人们羽化升仙、长生不死的渴求。尤其在医学幼稚，瘟疫猖獗时代，道士建醮以祭祷瘟神之举深受欢迎。道教在客家地方之流行，与佛教并行不悖。现在，医学昌明，瘟疫天花已近绝迹，但在乡间安龙打醮、祈福、竖符、起土、安胎、驱邪、压煞以及以符水为人治病等活动仍有之。

道教最早的神仙是赤松子、黄帝等上古传说人物；汉魏以后把逝去的道教人物如王玄甫纳入神仙系列；唐宋以后，把仙化的历史人物如张果老、吕洞宾、何仙姑也纳入神仙体系；之后一发不可收拾，人们把认为是圣贤的人物，包括儒佛人物都纳入道教神仙的行列，这在前面已有叙述。

道教的神仙世界被描绘为如同世俗的官僚体制一样，等级森严，各相统属，有仙官，有僚佐，有仙吏，也有无官无职的散仙。

闽西客家民间信奉的主要神祇有：关圣帝君、天妃妈祖、城隍、土地神、门神、灶君、财神，以及地方自立的神仙。这些神仙的共同点是"死而不亡"。

（1）何仙姑信仰

在闽西客家，最典型的神仙人物是何仙姑。

清康熙《武平县志·方外志》记载："何仙姑，父大郎。世居南安岩。生而不茹荤，誓不适人，父母货饼自给。吕纯阳见其人仙质，日过索饼啖，辄与之。吕感，赠一桃，云食尽则成仙。仙姑遂辟谷南岩。北宋乾德二年，定光佛抵岩，欲开道场。一日，何仙姑出观洪水，遂摄衣入岩趺坐，大蟒猛虎皆盘伏。仙姑语大郎（何仙姑父亲何大郎），遂舍宅与岩为佛道场。乡人争构庵以祀佛，并构楼以祀仙姑。最显灵验，有病烦热者，扫像上尘而饵之辄愈。"《事文类》又载："大宋太祖祥符间，岳州玉真观灾，唯留一柱，有侧书'谢仙火'三字。庆历中有以问何仙姑者，辄曰：谢仙如雷部中鬼，主行火。闻者果于道藏中验之，益信庆历之仙姑，实为大郎之女矣。"《古今图书集成·博物汇编·神异典·神仙部》亦记载有关何仙姑的资料："仙姑，父大郎。世居武平南岩，货饼自给。吕纯阳见其有仙质，日过索饼啖，辄与。吕感，赠以一桃，云食尽则成仙。仙姑遂辟谷南岩。"

据武平《何氏族谱》记载："何仙姑生于后晋天福二年丁酉。仙姑幼性清净，不蚀酒，不茹荤，隐迹岩中，矢不适人。"宋哲宗元祐元年（1086 年），何仙姑卒于武平县岩前镇宁洋村刘坑自然村何大郎公五世孙立六一郎家中，享寿一百五十岁，为武平有史以来最长寿的人。《族谱》载："仙姑寿终时，闻空中有鼓乐声，一朵祥云从卧榻直上霄汉，见者无不惊异。自是乡人敬慕，塑遗像于仙姑楼。"何仙姑真身葬在岩前宁洋乾湖塘。

何仙姑一生经历了后晋、后汉、后周、北宋四个朝代，在中国历史上亦属罕见。

闽西客家的道教神祇还有很多，有些前文已述。

（2）风水算命

客家人崇尚风水算命是出了名的。民间流传"一福（有称居）二命三风水""医药不明杀一人，地理不明杀全家"等俗语，认为住宅或坟的风水，会影响住者或子孙后代的吉凶祸福，故营造住宅和修建坟墓，必先请地理先生踏勘风水。而小孩出生或男婚女嫁，或遇到疾病灾厄，决定某项事情，他们就找个算命先生论论八字，算算吉凶祸福。凡举办婚丧喜庆、动土作灶、开业营生，都要请先生拣日子，或自己翻通书，选良辰吉日进行。这些崇信在客家地区已成为根深蒂固的传统民俗了。

"风水"二字始见于晋代郭璞所著的《葬经》："葬者乘生气也。经曰：气乘风则散，界水则止，古人聚之使不散，行之使有止，故谓之风水。"风水术又称堪舆，俗称"地理"。"地理"与"天文"相对，地脉的所在和走向变化就是风水。

唐宋时风水大盛。赣南是风水文化的发祥地。唐朝末年，祖籍山东窦州的杨筠松四十五岁时，因黄巢之乱，避居赣州宁都怀德乡，潜心风水学，带领其兴国、宁都弟子曾文遄、廖瑀、赖文俊等创风水"形势派"，世称"江西派"，实则为"赣南派"。杨筠松被后代堪舆家尊之为形派宗师，著有《撼龙经》《疑龙经》。此后赣南风水名师辈出，代有传人。曾文遄著《阴阳问对》，传弟子陈抟；廖瑀作《穴法》，传谢世南。

风水术在明清发展到极致，其活动遍及民间与皇室。风水学著作被收入了《永乐大典》《四库全书》。据载，明代时，兴国三寮曾、廖裔孙曾从政、廖均卿被荐为明成祖勘测皇家建筑，今北京天坛、长陵（后成为明十三陵）、八达岭长城等，便是他们的作品。三寮村因此被视为风水师的祖地，许多海内外从事风水和风水研究的术师和学者，都纷纷前往朝圣，该村曾、廖两姓子弟也向被世人看作风水术正宗传人。

与赣南毗邻的闽西客家人特别迷信风水术，崇信风水。道教的保护神"四灵"（朱雀、玄武、青龙、白虎）、斋醮、祝咒、符箓流行风水之中。客家人信奉的是江西赣州的杨筠松的形法兼福建的王赵卿理法。受赣南风水理论影响，不少人也深入学习探讨地理，出现了对地理术造诣很深的行家，如武平的石西之，上杭的林乙章，清末民初汀州城的邱步纬，民国时期的汤金龙等。[①]

风水学中，山为体，水为用；山为骨肉，水为血脉。五行之气行于地中，有土才有气。而土又为气的脉络，它的精英成为山岳，山是土气升而成体的外形，所以有气聚于内而有形现于外。风水的核心是"气"，风水术的关键是寻找和得到生气及如何趋吉避凶。

闽西客家人的风水体现在建造房屋和建造坟墓两方面。

闽西客家人称建房为"做屋"。"做屋"要请堪舆师（俗称"地理先生""风水先生"）看风水，称"阳宅风水"。阳宅基地的选择依空间、时间（年、月、日、辰）村、山、水、田、林、路，集环境、方位、地质、建筑、美学、心理学为一体，选择"生气"的风水宝地，是追求人身的小宇宙之"气"，与周围环境的大自然宇宙之"气"相协调，相统一。而丧葬方面一样讲究，称"阴宅风水"。因此，客家民众与堪舆师结下不解之缘，民间流传许多风水先生看风水的传说。

我们平时比较多看见的是"风水林"。闽西客家山村土楼老祖屋的后面，大都留有一片原始次生林或针阔叶混交林，少则十几亩，多则几百亩。这些树木大部分是上辈人传下来的，树龄已有几十年、上百年了，历经几代人至今。风水林的形成耐人寻味。有专家认为，古时，从北方迁徙南来的人们，身处"客"的地位，大都落户在偏僻的山区，靠山、耕山、吃山，是林木使他们得以栖身，又是靠林产品换来生产、生活的必需品而得以生存。他们在这种特殊的生存环境下繁衍生息，从而产生了崇敬树木、爱护树木的思想。于是依山而居的人们在居住屋后或村后山上种上了树木，将它看成是全村或全姓人的保护树，看成是希望和发达的象征。

---

① 黄顺炘、黄马金、邹子彬主编：《客家风情（续集）》，第144页。

3. 基督、天主教

基督教分罗马公教（中国称"天主教"）、正教（又称"东正教"）、新教（中国称"基督教"或"耶稣教"），天主教与基督教于明末清初始传客家地区。

明崇祯十四年（1641年），意大利传教士到汀州老古井传教，但没有流传开来，这是天主教传入客家地区的最早记录。后到1844年旅居马来西亚的华侨教徒吴东回嘉应州（今广东梅州）书坑村传教，天主教才开始为客家人所接受。而基督教主要是新教，19世纪下半叶流行于客家地区。教会在客家地区兴办教堂，修教院、教会医院、学堂。

闽西客家区有不少地方留有教堂遗址，如永定虎岗茫荡洋就有一处教堂遗址。因其建于山上，还有传说这是因为地下有铜矿。

儒教、佛教、道教的教规、教义相互渗透，佛教、道教世俗化，与入世的儒家学说相互杂糅。天主教、基督教为在中国推行，也吸收了佛道儒的思想，让民众更能接受。

客家人兼容多种宗教，以道佛为主。但笔者也注意到一个现象，信儒佛道的民众，他们到每座寺庙，即使是基督教堂都会烧香膜拜，起码也是合掌祈祷；但客家信徒信奉上帝之说后，不再进佛道的庙庵烧香拜佛，而是做"弥撒""礼拜"，每年还有四大瞻礼：耶稣圣诞日、耶稣复活日、圣神降临日和圣母荣名升天日。除每周日做礼拜外，每逢瞻礼日期，教堂均举行弥撒圣祭。虽然他们在生活中还会遵循客家地区的世俗化礼仪，但遇到正规的祭拜时就有所区别。由此可见儒佛道教的包容性，以及基督教、天主教的排他性。

二、客家火神崇拜

从原始社会开始，人类就开始了对火的崇拜。因为，火是原始初民赖以生存和发展的重要工具，学会利用火，标志着人类文明的肇始。对火的崇拜，普遍存在于世界许多民族中。在中国各民族中，也多有祭火、拜火的习俗。

中国的火神崇拜源远流长，情况也非常复杂。早期的火神，并不固定，如燧人氏、炎帝、祝融、阏伯、回禄等，都曾被记载为火神。汉代以后，祝融作为火神被逐渐固定下来。相传祝融是颛顼氏的后代，名重黎，也叫吴回，官居火正，能光被天下，帝喾乃命曰"祝融"，死后成为火神。道教兴起之后，又将火神吸收进自己的谱系，称为"火德星君"。

文献记载，官方祭祀火神从春秋时期就开始了，一直延续到清末，是国家祀典的重要内容。而民间祭祀火神，在明清两代也非常盛行。每个州县都建有祭祀火神的专门庙宇，如火神庙、火德真君庙、火星庙、火德祠，不一而足。

祭祀火神，是为了纪念火神"以火施化，为民造福"的德行。汉族的火神崇拜，有"流派"的区别。以形象和来历言，一般都以祝融为火神。民间俗信亦有以炎帝或燧人氏为火神的说法，如谓远古时燧人氏钻木取火，使人类进入熟食阶段，后人尊为火神，又称火德真君，定时祭祀。

闽西客家人传承了汉民族崇拜火神的习俗，而且更进一步。因为他们迁移南方，所到之地大多为蛮荒未开发之地，为求生存，还要以"刀耕火种"的方式生产劳动，对火神的崇拜更为虔诚。

1. 日常生活的火崇拜

客家人认为，火是在天地分开时产生的，来自"天火"。火是纯洁的象征，是神灵的化身。火能赐给人类一切幸福和财富，还能使人丁兴旺。火能祛秽辟邪，阻吓鬼魅，保佑平安。所以，拜火是客家民众很早以前就有的一种最古老的祭祀活动，并与崇拜大地、祖先紧紧地联系在一起。

客家人的日常生活中有不少崇拜火神的习俗。连城一带逢年过节时，要在家门口烧上一个火堆，以辟邪祈福。烧火的材料往往为松树最赤的根片。还有一些地方，晚上有客人来时，要在门口点上一堆松脂火让客人跨火进门，俗意也是辟邪祈福，消除客人经过荒野之地时粘上的邪秽。

几乎所有的客家人，结婚时，新娘进新郎家门时也要跨火堆。古时，客家地区新娘出门大多是晚上，她与陪嫁送嫁的人群走过荒郊野岭，需要跨火堆以驱邪祛秽，开始新的生活，融入新的家族。

客家区"游大龙"、游灯笼时的许多习俗也与火有关。

火能让许多东西浴火重生。前面提到的闽西、台湾客家人，他们保留着敬重汉字的习俗。庙宇前都有两个炉子，一个写着"金炉"，一个写着"字炉"。"金炉"是朝拜时用来烧金纸的，而"字炉"是用来烧收集来的字纸的。同时因人们对文字本身充满着敬意，故尊称它是"圣迹"，刻于炉子上。印有文字的字纸被丢弃或是被拿来做其他用途，他们都视为是对文字的一种污辱。古时的客家地区，常会有人背着字纸篓，自愿做捡字纸的工作。他们捡拾被丢弃在路旁的字纸或到各家各户去收集不用的字纸，洗干净之后，统一拿到附近的惜字亭内焚烧，这个过程叫作"过化存神"，意思是藉着火焚的洁净效果，保留文字的神圣性并传达对文字的崇敬之情。

火能将现世的东西送往另一个世界。如老人过世，要将他用过的东西在露天烧化；庙堂、坟墓祭祀时要烧化纸钱。笔者每年春节祭祀父亲，最后一个环节就是烧化纸钱，上面标记有父亲的名讳。母亲在烧化之时，总要念叨，现在孩子有出息了，会赚钱了，不像过去那么穷了，你尽管花，好好保佑孩子赚更多的钱。烧化纸钱的过程中，母亲还要用祭祀的酒把纸堆浇三圈，意为将钱圈住，不至于让孤魂野鬼抢走。母亲常给我们说，父亲读书人，是医生，活着的时候身体弱、文雅，受别人欺负，死了怕也是抢不过别人，以后祭墓时一定要用酒圈三圈。

对火神的崇拜还表现在生活禁忌上。生活中，忌向火中，或向燃烧中的柴炭、谷灰等有火的地方小便，因为火中有火神。如果犯了禁忌，会使生殖器和膀胱感染、肿痛。

2. 灶君崇拜

灶神又称灶王爷、灶君、司命菩萨或灶君司命，其全衔是"东厨司命九灵元王定福神君"。汉族民间祭祀灶神的历史十分悠久。古代庶士、庶人立一祀，"或立户，或立灶"。魏晋以后，灶神有了姓名。隋杜台卿《玉烛宝典》引《灶书》称"灶神，姓苏，名吉利，妇名博颊"。

古代典籍中有不少关于灶君的记载。《周礼》称"颛顼氏有子曰黎，为祝融，祀以为灶神"。还有"炎帝作钻燧生火"（《管子·轻重篇》）"炎帝死而为灶"（《淮南子·氾论训》）等记载，炎帝部落本来是一个崇拜火神的部族。而且炎帝本身，初义也正是火神。

灶君崇拜就是火神崇拜。

灶神之所以受人敬重，除了因掌管人们饮食，赐予生活上的便利外，灶神还是玉皇上帝派遣到人间考察一家善恶之职的官。灶神左右随侍两神，一捧"善罐"，一捧"恶罐"，随时将一家人的行为记录保存于罐中，年终时总计之后再向玉皇上帝报告。

灶君上天称为"辞灶"，家家户户要送灶君。一般没有很特别的仪式，永定高陂一带就是把墙上贴的灶君的牌位及对联撕下烧化。有些地方隆重些，在牌位前摆上一些又黏又甜的祭品，目的是要塞灶神的嘴巴，让他回上天时多说些好话，所谓"吃甜甜，说好话"，"好话传上天，坏话丢一边"。还有举行仪式的，摆齐供品，焚香祭拜，敬酒祷告，将旧有的灶君像撕下，连同甲马及财帛一起焚烧，代表送灶君上天，并喃喃叮咛"上天言好事，回宫降平安"之类的话。因此，祭灶君有祈求降福免灾之意。

"谢灶"，即让灶君上天的时间是有分层的。汉族民间有所谓"官辞三""民辞四""邓家辞五"之说。"官"指官绅权贵，习惯于年廿三谢灶；"民"指一般平民百姓，会在年廿四谢灶；"邓家"即指水上人，会在年廿五举行。闽西客家人和大多汉族民间百姓一样会选择年廿三谢灶，希望有贵气，取其意头。谢灶还有讲究，"忘了辞五别辞六"，就是说，廿三、廿四没辞，就辞廿五，但千万不要辞廿六了。

迎回灶君的时间是除夕日。一般情况下，除夕日，永定高陂镇的客家人，大人们杀鸡宰鸭，先敬天地，再去祠堂祭拜祖，然后准备年夜饭。孩子们除了帮忙外，最大的任务是贴对联，这时要将灶君牌位贴于灶君台架上。家庭主妇会烧上一炷香以示迎接。一般家家户户都贴灶君年画，上面附有对联"上天言好事；下界降吉祥"，或"上天奏善事；下地降贞祥"，或"上天去多言好事；下界回宫降吉祥"。客家人的灶君神位一般固定在厨房的某个地方，或做个专门的架子钉于墙上，或在建筑时就设计好一个墙洞。

灶君与人们的生活息息相关，被尊为"一家之主"。所以，在客家地区，灶君的牌位，有时也作为祭祀一家之主的牌位。家庭男主人辞世了，一些客家人以灶君牌位同时作为祭祀家庭男主人的牌位，或在边上放上小牌，逢年过节祭祀。笔者家乡永定高陂镇就有此习俗。

灶神祭祀寄托了汉族劳动人民祛邪、避灾、祈福的美好愿望。

三、客家民间禁忌

长期的生产生活经验的积累，形成了许多民间禁忌。过去，林林总总的民间禁忌，大多是一个社群的民众为求福消灾而设置的层层关卡。这种禁忌体系是以更好地服务于该社区民众的生产和生活为目的的。禁忌大多出于某种功利目的，用来规范人们的思想、道德和行为，它渗透到人们的物质生活和精神生活的各个领域。

学者们把民间禁忌分为生产禁忌和生活禁忌两大部分。生产禁忌涉及各行各业，如农业、商业、渔业等，客家区以农业禁忌为主，这与过去以农耕文明为主是相适应的。生活禁忌包括有关人的禁忌，如产妇、儿童等人必须遵循的种种忌讳；有关行为的忌讳，如祭祀礼仪、婚假丧葬、建房、饮食等方面的禁制；有关物的禁忌，如动物、植物及其他宇宙间存在的事物等。

林国平指出，禁忌在其本质上是人类要求自律的一种表现，而自律则是人类走向文明的象征。最初的原始人群缺乏自律，可以毫无顾忌地全面满足自身的种种欲望，因而耗尽了绝大多数的能量，而无法创造文化。人类自律的最初形式是禁忌，当人类意识到一丝不挂是一种羞耻时，人类就向文明迈进了一大步，即出现了自律禁忌：裸体禁忌。此后，随着禁忌（自律）的不断增加，人类对自身欲望的限制越来越多，这样便节省出大量能量用以创造文化。从这种意义来讲，禁忌本身即是一种文化现象，它象征着人类的文明程度与进化历程。所以，探讨禁忌，也就是探讨人类社会本身的发展历程。①

闽西客家民间禁忌，不仅具有汉民族传统禁忌的共性，用时也具有地方特色。

1. 生产方面的禁忌

在农耕时代，生产力低下，祸福难以预料，收成不可估算，人们最大的追求就是风调雨顺的平安生活，于是就逐渐形成了一系列的禁忌。

福建汀州素以竹造玉扣纸、毛边纸和连史纸著称于世。宋代《临汀志》就有相关的记载。清代《临汀汇考》亦载"汀地货物唯纸远行四方"。连城为皮料纸主要产地，尤其是姑田所产的皮料纸，其色如金，莒溪出产的石粉纸，其色如银，故历史上有"金姑田，银莒溪"之称。造纸业发达，做纸的地方称"厂下"，要供祀蔡伦先师神位。纸厂每天早晨开工时，不能说不吉利的话，否则就可能发生事故。②

蒸酒时，手脚要洁净，不能随便说话；封酒缸后要用菜刀或柴刀压缸盖；吃酒饭时不能用筷子，要用汤匙，意为越舀越多。

进山干活，吃饭不能直说，要说"量米"；见蛇不能直说，要说"溜溜"；听见陌生声音叫你，不能随便应人。

其他禁忌还有忌用手指向正在生长的各种瓜类，否则会使瓜未熟透即败坏掉落，或使瓜长不大，导致歉收。等等。

2. 生活方面的禁忌

古代因缺医少药、环境恶劣，人们在生存中往往会遇上许多问题。他们对这些问题感到疑惑，就设计了一些禁忌，以免触犯神鬼。

如，客家民间认为女性的经血是秽物，有"不吉"之说。故产生了男人不能从女性衣服下经过的禁忌，否则对男人的功名和福气不利。这样又引出禁忌，那就是女性的衣物尤其是内衣不能挂在公共场合，特别是过道。因为认为"不吉"，所以孕妇不能参加许多喜庆活动，忌入新娘房，忌到丧葬场合，不得出入寺庙，不能观看建灶、凿井、上梁等活动。民间不会把房子借给孕妇生产，认为会将借家的福气

---

① 林国平：《闽台民间信仰源流》，第378页。
② 黄顺炘、黄马金、邹子彬主编：《客家风情》，第119页。

和运气带走。

又如，永定客家人任何时候都忌用筷子敲碗，因为碗是盛饭的，用筷子敲碗，会把米谷子（谷神）敲走，敲碗者就会来"穷气"，只有乞丐才会这样敲碗沿街乞讨。饭盛好后，不能把筷子插在米饭上，因为只有祭鬼时才将筷子竖插于米饭上。忌将饭碗翻盖于桌上，更不能翻盖于地上。小孩不小心打破碗，大人忌大声斥责，而应说"碎碎（岁岁）平安"。其实，这些禁忌有不少是礼仪和人文关怀的体现。饭桌上不敲碗是礼节；大人不能骂，是因为小孩打碎饭碗本身已有懊悔，不能雪上加霜。

再如，闽西客家人对小孩乳牙换新牙也有讲究，忌将牙齿乱丢。如果脱落的是上牙，便丢到床下，双脚靠拢整齐，说："老鼠公，老鼠嫲，金牙给你换银牙。"如果脱落的是下牙，就要丢到屋顶上，双脚靠拢整齐，说："鸟哩公，鸟哩嫲，金牙给你换银牙。"这样，重新长出的牙齿就会整齐白洁。其他涉及人的做梦、打喷嚏、眼皮跳等都有不同的禁忌说法，不一一详述。

客家人还认为自身的唾液具有超常法力，能制服鬼魅，祛除邪气。旧时，又称唾液为"玉液""琼浆"。我们在小时候，大人就提示，夜间遇上鬼影，要吐口水；看见不洁东西，要吐口水；采食山中、原野上的果实，要用气吹三下，吹去邪气毒气；等等。生活中还忌用扫把指人，吃饭时忌用筷子指人，这些禁忌也是有礼仪规范蕴涵其中的。

客家人对生活中遇见的物，也有一些禁忌。如家庭中看见草蜢，不能打死，传说那是死去的亲人返回家中。上山祭墓时看见草蜢，也认为那是坟墓中的先祖出来享用祭品。故敢吃草蜢的人被视为异人。客家有"猪来穷，狗来富，猫来着麻布"之说，且认为狗血可以压惊驱邪，建房时将狗血泼于四周屋角，或将狗血涂于门上，鬼祟便不敢进来。

其他如忌用手指彩虹，不然会断手指，等等，还有不少。前面的专题中也有涉及民间禁忌的部分。

综上所述，客家民间禁忌很多，林林总总。大凡婚嫁、房事、孕妇、产妇、婴儿、儿童、居家、行业、动物、节令、巫术、村落、交通、服饰、丧葬、宗教祭祀、民间艺术等方面都保留着禁忌习俗，涉及日常生产生活的方方面面，覆盖了整个客家民俗系统。随着社会的进步和人们认识世界能力的增强，许多古老的民间禁忌逐渐被抛弃，慢慢消失了，但也诞生了一些新的禁忌。

后　记

中国民间信仰历史悠久，具有丰富的文化内涵。民间信仰所形成的祭祀活动与习俗，是客家人宝贵的非物质文化遗产。经过长期的演进，一部分民间信仰已转换为极具韵味的民俗文化现象，它丰富了民间的文艺活动，是民众的精神家园。

客家的民间信仰与生活劳动融合一起，丰富多彩、生动有趣，在民间起到了规范道德、扬善抑恶、和谐乡里、娱乐精神、教化子民的作用。同时，它作为民间文化的重要组成部分，具有一定的美学和艺术价值，包含追求美好、幸福、希望的寓意。客家人从小就浸淫其中，受到熏陶感染，得到人文启迪，熟悉而亲切。

我出生于乡村中医世家，从小就受到客家民风民俗的教化。逢年过节，每每被前辈拉去祭拜供奉在家族大厅的药王仙师孙思邈，希望仙师保佑家传医术提升，所用的草药及方子灵验，能治病救人；祭拜厅堂中的观音菩萨，希望保佑平安幸福、行行顺利；祭拜村头的公王，祈求保佑五谷丰登、国泰民安；祭拜家族祠堂的祖先，庇佑子孙荣华富贵、光宗耀祖。

祖父是村中有文化的人，每年全村族人在正月里走十几里地祭扫开基公及以下"众公太"（共同的先祖）墓地时，他负责主持祭祀仪式、朗诵祭文。每到一个墓地，他都如数家珍般向年轻一辈讲述墓中这位先祖及孺人的业绩、故事。他那铿锵有力、抑扬起伏、亲切自然、富含深情的声音，减少了少年儿童对坟墓鬼神的恐惧感，增强了后辈对先祖的感怀之情。祖父祭祀时表现出来的那种对祖先的虔诚敬重，对后代的深情祝福感动了小时的我。祖父经常和我讲《三国演义》《水浒传》《西游记》，尤其对刘关张的桃园三结义情有独钟，让我打下文学的功底。

祖母出身大户人家，慈祥而善良，尤爱讲妈祖的传说。祖母姓林，对同姓姑婆太的神迹有着和一般人不同的迷信与骄傲，而且她的娘家就在著名的西陂天后宫边上，常带我在春节走亲戚，然后到天后宫祭拜。她讲述的许多民间传说、神鬼故事、民间禁忌，都渗透着她对人生价值、对善的理解与追求，熏陶了后人。虽然她没去过台湾，但娘家有人去过台湾，带回很多传说，故她对台湾一年三熟的富庶尤为向往。

父亲随祖父学医，传承了家族一点手艺，虽读书不多，却也爱几句之乎者也。他很少骂孩子，更不打孩子，常常是拉长声调念《朱子治家格言》中的"黎明即起，洒扫庭除，要内外整洁。既昏便息，关锁门户，必亲自检点""一粥一饭，当思来处不易；半丝半缕，恒念物力维艰。宜未雨而绸缪，毋临渴而掘井""祖宗虽远，祭祀不可不诚。子孙虽愚，经书不可不读。居身务期质朴，教子要有义方。勿贪意外之财，勿饮过量之酒""与肩挑贸易，勿占便宜；见贫苦亲邻，须加温恤"等富含哲理的语句，针对孩子的问题进行教化。他温文尔雅，态度和善，病人到家求医时，父亲那把脉的动作、对待病人的温和关切之情，常常让我心动。

斯人已逝，音容笑貌宛在，精神已融入后人身心。

我那不识字的母亲，勤劳善良，热心民间的俗信活动，去庵堂、拜公王、祭祠堂等，很是积极。每年春节小家庭祭祀，带我们上山去祭拜祖父母、父亲时，她会先割干净坟地上的杂草，摆好祭品，点燃香烛，然后交给我们兄弟，说好好祭拜你们的公爹（爷爷）、娭毑（奶奶）、细叔（我父亲老二，客家人习惯以排行称父亲），请他们出来享用，过个大春节，保佑你们。然后，自己站立一边念念有词，说些祝福话，把我们兄弟姐妹的爱人、孩子的名字念一遍，叫升天为神的祖父、祖母、父亲要保佑自己的子孙平安幸福、学业有成、事业发达，保佑子孙脚踏四方、方方吉利。为了我们上班的便利，她又把原来安排在正月初九的祭祀改为初六。客家妇女是客家民间信俗虔诚的执行者和创新者。

而我，常年生活在客家地区，研究客家文化，参与过姑田"游大龙"、罗坊"走古事"、芷溪"游花灯"、坎市"打新婚"、湖坑"做大福"、大溪"迎关帝"等大型民俗活动，为各地丰富多彩的民俗活动而赞叹，为客家民众热心公益、热爱生活的精神所感动。

从古至今，由民间信仰而形成的诸多民俗活动，成为民众重要的精神支柱，蕴含了许多教化意味，对一代代客家子女的成长产生了积极作用，尽管其中也有糟粕的地方。只是可惜，随着城市化、市场经济的发展，这些都渐渐远去，而新的日常生活教化模式还没有完全建立，以至许多日常礼仪规范教育在新一代青年尤其是农村青少年身上无法实施，缺少了教化的一个渠道。农耕文明所创造的文化，其优秀部分如何在城市化进程中传承是值得思考的大问题。

我生长于客家，对客家文化有着特殊的感情，总想记录丰富多彩的民间信仰活动。从申报省社科课题《生存的智慧——福建客家民间信仰研究》开始，到龙岩学院闽台客家研究院立项《闽西客家民间俗信研究》，逐渐积累，乃至形成一部专著

《闽西客家民间信仰与风俗研究》。后在九州出版社的领导的关心下，进一步完善，增加章节，修改内容，最后形成此书。尽管生长在客家，亲身经历了许多民俗，但客家民间信仰各地不一，为了保证研究的整体性，书中参考了许多名家的观点和材料，在此表示感谢。还要感谢陈运均、揭焕南等先生在资料搜集方面的帮助，以及陈红英、黄建敬等在整理资料、核对稿件等方面所作的贡献，尤其要感谢恩师郭丹教授拨冗赐序，以及九州出版社郭荣荣主任为本书的出版所付出的辛苦而睿智的工作。

陈弦章

2018 年 8 月于奇迈山校园